中国艺术研究院
基本科研业务费项目

中国艺术研究院学术文库
主　编　王文章　周庆富

张慧瑜 著

体魅影
大众文化研究

北京时代华文书局

图书在版编目（CIP）数据

主体魅影：中国大众文化研究 / 张慧瑜著 . -- 北京：北京时代华文书局，2025.6
（中国艺术研究院学术文库 / 王文章，周庆富主编）
ISBN 978-7-5699-5145-5

Ⅰ.①主… Ⅱ.①张… Ⅲ.①群众文化－文化研究－中国 Ⅳ.① G249.2

中国国家版本馆 CIP 数据核字 (2024) 第 064264 号

ZHUTI MEIYING：ZHONGGUO DAZHONG WENHUA YANJIU

出 版 人：陈　涛
责任编辑：陈冬梅
装帧设计：周伟伟　段文辉
责任印制：刘　银　訾　敬

出版发行：北京时代华文书局 http://www.bjsdsj.com.cn
　　　　　北京市东城区安定门外大街 138 号皇城国际大厦 A 座 8 层
　　　　　邮编：100011　电话：010-64263661　64261528

印　　刷：三河市嘉科万达彩色印刷有限公司
开　　本：710 mm×1000 mm　1/16　　　成品尺寸：170 mm×240 mm
印　　张：20.125　　　　　　　　　　　字　　数：296 千字
版　　次：2025 年 6 月第 1 版　　　　　印　　次：2025 年 6 月第 1 次印刷
定　　价：95.00 元

版权所有，侵权必究
本书如有印刷、装订等质量问题，本社负责调换，电话：010-64267955。

"中国艺术研究院学术文库"编辑委员会

主　编　王文章　周庆富

副主编　喻　静　李树峰　王能宪

委　员　王　馗　牛克成　田　林　孙伟科
　　　　李宏锋　李修建　吴文科　邱春林
　　　　宋宝珍　陈　曦　杭春晓　罗　微
　　　　赵卫防　卿　青　鲁太光
　　　　（按姓氏笔画排序）

编辑部

主　任　陈　曦

副主任　戴　健　曹贞华

成　员　马　岩　刘兆霈　汪　骁　张毛毛
　　　　胡芮宁　（按姓氏笔画排序）

"中国艺术研究院学术文库"再版序

周庆富

由中国艺术研究院策划、北京时代华文书局出版的大型系列丛书"中国艺术研究院学术文库",历经十余载,陆续出版近150种,逾5000万字,自面世以来取得了很好的社会反响。这套丛书以全景集成之姿,系统呈现了中国艺术研究院新一代学者在文化强国征程中,承继前海学术传统,赓续前辈学术遗产的共同追求,也展现了学者们鲜明的研究个性和独特的学术风格,勾勒出我国当代文化艺术从理论研究到实践探索的发展脉络,对推进中国艺术学学科体系、学术体系、话语体系建设具有重要的史料价值和学术价值。

北京时代华文书局意将整套丛书再版,并对装帧、版式等进行重新设计,让这一系列规模庞大、内容广博的研究成果持续发挥它应有的作用,这无疑是一件好事!衷心祝愿"中国艺术研究院学术文库"再版成功!中国艺术研究院的学者们也将继续以饱满的学术热情,将个人专长与国家需要紧密结合,不断为新时代文化艺术繁荣发展,为文化强国建设贡献智慧和力量。

2024年12月20日

总 序

王文章

以宏阔的视野和多元的思考方式，通过学术探求，超越当代社会功利，承续传统人文精神，努力寻求新时代的文化价值和精神理想，是文化学者义不容辞的责任。多年以来，中国艺术研究院的学者们，正是以"推陈出新"学术使命的担当为己任，关注文化艺术发展实践，求真求实，尽可能地从揭示不同艺术门类的本体规律出发做深入的研究。正因此，中国艺术研究院学者们的学术成果，才具有了独特的价值。

中国艺术研究院在曲折的发展历程中，经历聚散沉浮，但秉持学术自省、求真求实和理论创新的纯粹学术精神，是其一以贯之的主体性追求。一代又一代的学者扎根中国艺术研究院这片学术沃土，以学术为立身之本，奉献出了《中国戏曲通史》《中国戏曲通论》《中国古代音乐史稿》《中国美术史》《中国舞蹈发展史》《中国话剧通史》《中国电影发展史》《中国建筑艺术史》《美学概论》等新中国奠基性的艺术史论著作。及至近年来的《中国民间美术全集》《中国当代电影发展史》《中国近代戏曲史》《中国少数民族戏曲剧种发展史》《中国音乐文物大系》《中华艺术通史》《中国先进文化论》《非物质文化遗产概论》《西部人文资源研究丛书》等一大批学术专著，都在学界产生了重要影响。近十多年来，中国艺术研究院的学者出版学术专著在千种以上，并发表了大量的学术论文。处于大变革时代的中国艺术研究院的学者们以自己的创造智慧，在时代的发展中，为我国当代的文化建设和学术发展做出了当之无愧的贡献。

为检阅、展示中国艺术研究院学者们研究成果的概貌，我院特编选出版"中国艺术研究院学术文库"丛书。入选作者均为我院在职的副研究员、研究员。虽然他们只是我院包括离退休学者和青年学者在内众多的研究人员中的一部分，也只是每人一本专著或自选集入编，但从整体上看，丛书基本可以从学术精神上体现中国艺术研究院作为一个学术群体的自觉人文追求和学术探索的锐气，也体现了不同学者的独立研究个性和理论品格。他们的研究内容包括戏曲、音乐、美术、舞蹈、话剧、影视、摄影、建筑艺术、红学、艺术设计、非物质文化遗产和文学等，几乎涵盖了文化艺术的所有门类，学者们或以新的观念与方法，对各门类艺术史论做了新的揭示与概括，或着眼现实，从不同的角度表达了对当前文化艺术发展趋向的敏锐观察与深刻洞见。丛书通过对我院近年来学术成果的检阅性、集中性展示，可以强烈感受到我院新时期以来的学术创新和学术探索，并看到我国艺术学理论前沿的许多重要成果，同时也可以代表性地勾勒出新世纪以来我国文化艺术发展及其理论研究的时代轨迹。

中国艺术研究院作为我国唯一的一所集艺术研究、艺术创作、艺术教育为一体的国家级综合性艺术学术机构，始终以学术精进为己任，以推动我国文化艺术和学术繁荣为职责。进入新世纪以来，中国艺术研究院改变了单一的艺术研究体制，逐步形成了艺术研究、艺术创作、艺术教育三足鼎立的发展格局，全院同志共同努力，力求把中国艺术研究院办成国内一流、世界知名的艺术研究中心、艺术教育中心和国际艺术交流中心。在这样的发展格局中，我院的学术研究始终保持着生机勃勃的活力，基础性的艺术史论研究和对策性、实用性研究并行不悖。我们看到，在一大批个人的优秀研究成果不断涌现的同时，我院正陆续出版的"中国艺术学大系""中国艺术学博导文库·中国艺术研究院卷"，正在编撰中的"中华文化观念通诠""昆曲艺术大典""中国京剧大典"等一系列集体研究成果，不仅展现出我院作为国家级艺术研究机构的学术自觉，也充分体现出我院领军国内艺术学地位的应有学术贡献。这套"中国艺术研究院学术文库"和拟编选的本套文库离退休著名学者著述部分，正是我院多年艺术学科建设和学术积累的一个集中性展示。

多年来，中国艺术研究院的几代学者积淀起一种自身的学术传统，那就是勇于理论创新，秉持学术自省和理论联系实际的一以贯之的纯粹学术精神。对此，我们既可以从我院老一辈著名学者如张庚、王朝闻、郭汉城、杨荫浏、冯其庸等先生的学术生涯中深切感受，也可以从我院更多的中青年学者中看到这一点。令人十分欣喜的一个现象是我院的学者们从不故步自封，不断着眼于当代文化艺术发展的新问题，不断及时把握相关艺术领域发现的新史料、新文献，不断吸收借鉴学术演进的新观念、新方法，从而不断推出既带有学术群体共性，又体现学者在不同学术领域和不同研究方向上深度理论开掘的独特性。

在构建艺术研究、艺术创作和艺术教育三足鼎立的发展格局基础上，中国艺术研究院的艺术家们，在中国画、油画、书法、篆刻、雕塑、陶艺、版画及当代艺术的创作和文学创作各个方面，都以体现深厚传统和时代特征的创造性，在广阔的题材领域取得了丰硕的成果，这些成果在反映社会生活的深度和广度及艺术探索的独创性等方面，都站在时代前沿的位置而起到对当代文学艺术创作的引领作用。无疑，我院在文学艺术创作领域的活跃，以及近十多年来在非物质文化遗产保护实践方面的开创性，都为我院的学术研究提供了更鲜活的对象和更开阔的视域。而在我院的艺术教育方面，作为被国务院学位委员会批准的全国首家艺术学一级学科单位，十多年来艺术教育长足发展，各专业在校学生已达近千人。教学不仅注重传授知识，注重培养学生认识问题和解决问题的能力，同时更注重治学境界的养成及人文和思想道德的涵养。研究生院教学相长的良好气氛，也进一步促进了我院学术研究思想的活跃。艺术创作、艺术教育与学术研究并行，三者在交融中互为促进，不断向新的高度登攀。

在新的发展时期，中国艺术研究院将不断完善发展的思路和目标，继续培养和汇聚中国一流的学者、艺术家队伍，不断深化改革，实施无漏洞管理和效益管理，努力做到全面协调可持续发展，坚持以人为本，坚持知识创新、学术创新和理论创新，尊重学者、艺术家的学术创新、艺术创新精神，充分调动、发挥他们的聪明才智，在艺术研究领域拿出更多科学的、具有独创性的、充满鲜活生命力和深刻概括力的研究成果；在艺术创作领域推出更多具有思想震撼力和艺术感染力、具有时代标志性和代表性的精品力作；同时，培养更多德才兼备的优秀青年人才，真正把中国艺术研究院办成全国一流、世界知名的艺术研究中心、艺术教育中心和国际艺术交流中心，为中华民族伟大复兴的中国梦的实现和促进我国艺术与学术的发展做出新的贡献。

2014年8月26日

目　录

时代的石头（代序）／1

第一编　主体位置

"被看"的"看"与三种主体位置
　　——鲁迅"幻灯片事件"的后（半）殖民解读／3
作为中介者的看客与摄影师的位置
　　——以《点石斋画报》和《真相画报》为中心／38
"哀悼"仪式与作为修辞的"墓碑"／71
显影与退场：20世纪中国电影中的工农形象／88

第二编　理论反思

马克思政治经济学的叙述动力与话语结构／107
从符号中拯救历史
　　——对索绪尔及其《普通语言学教程》的一种解读／129
阿尔都塞"理论实践"的意义／150
接合理论与主体缝合
　　——"伯明翰学派"与"《银幕》理论"的异同及融合／188

第三编　他者再现

遮蔽与突显：中国农民工在大众传媒中的修辞术／211

他者的再现与整体性的历史视野／253
"熟练地掀开记忆"：工人诗歌的文化位置与意义／266
后工业社会的基本形态与文化逻辑／284

后 记／295

时代的石头（代序）

对于出生于改革开放时代的我来说，没有经历过大风大浪，再加上成长在小康之家，除了读书，还是读书，一路读完博士，2009年近30岁才进入中国艺术研究院从事研究工作。做学术、写文章，在这个时代都是没名没利的"苦差事"，幸好，这是我的兴趣所在。近些年，我主要偏重电影、电视和大众文化研究。对于很多人来说，看电影、看电视，是工作之余的消遣娱乐，而于我，这些都是消遣之余的工作。我并非艺术鉴赏家，也不是创作者。文艺作品对我来说是观察社会、把握时代的石头，这里面浸染着历史和社会的痕迹，而我的任务是从中找出时代的病症和文化的症候。"没有无缘无故的爱，也没有无缘无故的恨"，文艺作品，尤其是大众文化作品更是如此，它们如同时代的标本，储存着特定历史时期的气息。在这一点上，我更认同于考古学家和侦探的角色。这篇序言，我想把自己的"文化经验"也变成一块时代的石头，借此折射出这30年来中国社会与文化的变迁。现在想来，对我影响最大的有三个阶段：一是在县城度过的中学时代，大致是20世纪90年代初期到末期；二是大学中文系的时代，是20世纪90年代末期到新世纪之初；第三是读博士选择学术生活，从2005年至今。

一 中学时代的三种文化经验

借用法国理论家阿尔都塞对意识形态国家机器的讨论，教育、现代教育体系无疑是一个国家最为重要的意识形态国家机器之一，尤其是基础教育更成为塑造合格公民、树立主流价值观的主战场。从现代性的角度看，教育不仅是现代科学、现代知识传播的重要空间，而且老师与学生的关系也是启蒙与被启蒙的核心隐喻。相比赤裸裸的殖民战争，现代教育被认为是传播西方现代文明的更"文明化"的方式。新中国成立以来，教育领域出现了两次转折，一次是"文革"期间，发生在教育领域的造反运动成为这场轰轰烈烈的革命运动的重头戏；二是20世纪七八十年代之交的社会转型，"恢复高考"成为开启改革开放的重要组成部分，这种选拔式的精英教育不只是落实知识分子政策、培养符合现代化要求的新人才，更是把"知识改变命运"作为社会阶层晋升的理想杠杆。正是这种新的教育制度，培养了包括我在内的80后们特殊的主体状态。

我在山东西南部的一个历史悠久又是革命老区的县城上重点中学。记忆中这是一种集体主义的学习氛围，有点像军队一样，有固定的班级、固定的同学、固定的班主任，甚至每个人在教室里的位置也是固定的。从早到晚除了被安排得满满当当的课程之外，学校经常组织各种集体活动，如每周五的班级大扫除、一年一度的歌咏比赛、演讲比赛等，每个班级和年级之间还有各种诸如卫生、成绩之类的排行榜。当然，最让同学们开心的是每年元旦每个班级都会组织隆重的元旦晚会，如同紧张学业之外的狂欢节一样。与这种高度集体化、组织化的生活相呼应的则是中学时代所接受的语文教育。相比数理化等"客观"的科学知识，作为基础课程的语文课是最有文化和时代内涵的。对于我这种20世纪90年代初接受中学教育的人来说，语文课本的基调还是人民史观和革命史观，课文的主体是现代文学和"十七年文学"，以革命作家为主，就连古文也是以现实主义作家和浪漫主义作家为线索，鲁迅的作品最多，80年代在反思革命文艺的背景下被"翻案"的沈从文和张爱玲的作品都没有，也就是说20世纪90年代的中学语文教育依然滞后于80年代以来的主流文学。我们对于作家、作品的评价采用现实主义的标准，看作家是否具有反抗性以及作品是否真实地反映了社会现实。我们总是很崇拜那些以身抗暴反抗黑暗现实的革命者和英雄，也对劳苦大众有一种"天然"的同情感。这种摒除了"文革"的激进革命而"拨乱反正"到十七年时期的人民史观，连同一种强调集体主义、大公无私、热爱劳动等社会主义价值观，成为没有经历过革命和"文革"的80后们对社会主义体制的最直接的文化经验。

与这种20世纪80年代出现的"五讲四美三热爱"和"四有新人"的价值观相平行的是另外一种文化形态所产生的价值观，这就是港台流行文化。20世纪90年代初磁带刚刚流行，每当走出校园，满大街都放着小虎队、四大天王的歌，这些流行歌手成为我们的文化偶像，不仅随口传唱他们的歌曲，而且也模仿明星的发式、穿着和口音。相比音乐课中所讲授的革命歌曲、民族唱法的民歌，这些流行歌曲更贴近我们这些青春期孩子的内心，朦朦胧胧的爱情、大都市的孤独感、对成功的渴望等，对于生活在落后县城的我来说，这些节奏感强的音乐都是遥远的、精彩的、外面的世界。除了流行歌曲，最吸引我们的还有街头的游戏机和录像厅，这些让人入迷的街机以及打打杀杀、卿卿我我的港台娱乐片，与学校组织的文化生活形成了强烈对比。我记得在课堂上，老师"严厉"打击的对象就是听歌以及看武侠、故事会之类的课外书，仿佛这些"靡靡之音"和通俗文艺会腐蚀我们的思想。不过，这两种文化形态并非没有交集，如果说一年一度的歌咏比赛，每个班级都选择一首适合集体演唱的革命歌曲，而元旦晚会，大家都愿意选择个人演唱的流行歌曲。印象中有一位歌手一直受到我和几位好伙伴的追捧，这就是台湾歌手郑智化，他很少唱情歌，他的歌曲带有社会批判色彩，经常描述都市底层青年人的生活，这吻合于我们所接受的革命文化的口味。很多年之后，当我也开始在大都市生活之后，还会回想起郑智化的歌，才体会到《蜗牛的家》中"我身上背着重重的壳努力往上爬／却永永远远跟不上／飞涨的房价"、《大国民》中"这不再是个适合穷人住的岛／一辈子辛苦连个房子都买不到"的真切含义和苦涩。从这里可以看出，我们接受的是两种文化教养，一种是集体化的、组织性的、带有荣誉感的社会主义文化价值观的革命文艺，另一种是个人化的、娱乐化的、带有刺激性的消费主义色彩的大众文化。

主体魅影

除了这两种文化经验之外，在中学时代更为重要的经验恐怕是一种个人奋斗的竞技文化。表面上看，从中学课本到学校的日常管理，都带有社会主义文化的典型特征。第一，培养集体荣誉感，小到班集体，大到国家，强调以集体的利益为先、个人服从集体，甚至为了国家和公共利益可以牺牲自己，学习雷锋和赖宁的精神；第二，培养劳动价值，不仅在班级设立劳动委员，而且每天都有打扫卫生及各种劳动实践，任劳任怨、吃苦耐劳也被作为好学生的品质；第三，通过语文课、历史课、政治课等传递一种革命史、人民史和社会进步史，20世纪80年代的儿童、青少年读物基本上还是以革命历史故事为主，如《神笔马良》《阿凡提的故事》等动画片依然是穷苦人嘲讽地主的故事。可是，这些社会主义文化却在中学教育的过程越来越空洞化和教条化，也就是说学生们都知道这是一种官方的、口头上的说辞。这就涉及"恢复高考"之后所建立的一种以高考为核心的选拔机制。进入高中之后，学校和班级的核心任务就变成一切为了高考，考试成绩成为第一要务。于是，学校采取各种管理和激励机制来提升学生的学习积极性和效果，其中最为有效的措施是灌输竞技文化和竞技意识。按照老师的话来说，高考是一场千军万马过独木桥的比赛，也是一场"一将功成万骨枯"的残酷游戏，"吃得苦中苦，方为人上人""提升一分，超越千人""要想成功，必先发疯，今日疯狂，明日辉煌""在这个世界上唯一可以拯救我的人是我自己""拥有知识改变命运，拥有理想改变态度"等成功语录都变成高考的励志口号。其实，这种个人主义化的竞技状态不只是为了高考，更是为了适应市场化制度下个人奋斗的理想人格，甚至这种竞技文化里面没有团队、合作精神，只有一种个人主义化的、个人成功的理念。在这个意义上，这种相对滞后的集体主义式的社会主义革命文化恰好是为了培养自由市场背景下个人竞技的接班人。

可以说，中学时代留下的是三种文化的烙印，一种是集体主义的革命文化，二是大众文化，三是个人主义的竞技文化。这使得接受这种教育的主体经常处于一种精神分裂的状态，一方面是共产主义的远大理想，另一方面又是最为现实的通过高考来改变个人命运。人们已经习惯于这种情感结构，在课堂和正式场合是一种空洞的说教和政治教条，私下里或内心深处的个人情感、个人出路才是最真实的。这种彼此矛盾的主体状态，是20世纪80年代以来所形成的一种特殊的主体状态，正如主旋律与商业电影之间的裂隙一样，至今没有完全弥合。

二 大学时代的自由氛围及转变

从中学进入大学，如同进入一个崭新的世界。与中学时代的集体主义管理模式截然相反，大学生活完全是个人化的，尽管大学也有班级、集体宿舍、社团等集体生活的形式，但相比中学时代，大学生活充溢着自由的空间和解放的感觉。对于进入北京大学中文系学习的我而言，更大的新鲜感是，20世纪90年代末期的我才开始接触到新时期文学的冲击。上大学之前，我只知道两个80年代的作家，一个是张承志，这是因为年轻的语文老师利用课余时间给我们朗诵过张承志的小说，这也是我最早的文学启蒙；第二是贾平凹，在县城的书摊上有他的小说，和赵忠祥的自传、余秋雨的《文化苦旅》并列。从这里也可以看出，20世纪80年代轰轰烈烈的文化思想运动，其实很大程度上集中在大城市和精英阶层。我像刚刚经历了"文革"岁月迎接改革开放一样，经历着"思想解放"的洗礼。

大学时代的文学教育首先改变我的是，中学时代形成的那种现实主义的文学标准以及用现实、政治来评价文艺作品的方法。我开始被朦胧诗（顾城的诗、海子的诗等）、先锋小说（从马原到余华、苏童等）、法国新小说（阿兰·罗布－格里耶、玛格丽特·杜拉斯等）等所吸引。如同20世纪80年代对于好文学的评价标准是语言、技法和形式，这些也成为我判断文学作品的新标准，认为文学与现实、政治、历史没有关系。这样一种反政治的"政治"态度导致当时的我最喜欢两个作家，一是王朔，二是王小波。王朔小说所使用的北京话对我来说是一种新的语言，但他对革命话语的挪用和嘲讽，非常吻合于刚刚离开中学时代的我的心情。从这里可以看出，中学时代的社会主义文化起到了一种相反的功能，

主体魅影

它让生活在改革开放时代的人们误以为这种革命文化、人民史观是一种主流文化,而意识不到恰好是那些个人主义的竞技文化才是真正的主流文化。我记得大一时有一位著名历史学家向我们推荐王小波的杂文集《我的精神家园》,因为当时正赶上王小波逝世不久,王小波、顾准、陈寅恪都是20世纪90年代末期图书市场上最畅销的作者,因为他们是"独立之精神,自由之思想"的知识分子。王小波的成名作《黄金时代》从语言上颠覆了我对文学的想象,原来叙述历史可以是戏谑的、颠覆性的,与此同时我也接受了他对那个疯狂年代的种种荒唐事的批判,包括"沉默的大多数""做一只特立独行的猪"等都成为我津津乐道的口头禅。

1999年有两件事让我印象很深刻。5月8日中国驻南联盟大使馆被美国轰炸,我跟随着夜幕里越聚越多的人流到美国大使馆抗议,融入陌生的人流中,既有恐惧感,又有亲切感。恐惧感来自父母在我去北京上大学时的忠告:一定不要参与各种游行;亲切感来自一种与历史遭遇、见证历史的热情,仿佛中学时代历史课、政治课所培养的社会和政治意识又被唤起。那段时间,我每天都到三角地看各种大字报(这是一种前网络时代、非打印的政治传单),并抄录下来,我觉得自己有责任记录这份历史。几个月之后,我因为是学生党员的缘故又参加了另外一场庆祝新中国成立五十周年的大游行,这成为大学时代少有的集体活动。在穿着统一服装的游行队伍中,我并没有感觉到个人的渺小,反而有一种历史的参与感和自豪感。除此之外,大学时代的我再也没有兴趣参与任何集体活动,我认为个人的兴趣和爱好是最重要的,对各种集体活动有一种"天然"的排斥。于是,本科对我影响最大的事情就是喜欢上看电影。北京大学图书馆有一个地下录像厅,可以借阅各种各样的电影,我经常一个人去那里看录像,或者跟着朋友到北京大学东门外的雕刻时光咖啡馆看艺术电影(如安哲罗普洛斯的《流浪艺人》《永恒和一日》等)、独立纪录片(如《流浪北京》《老头》等)。我变成了一个标准的有"小资"趣味的人,并且借助当时刚刚兴起的网络论坛(BBS),成为网络业余影评人。

在本科高年级,因为喜欢电影而经常旁听戴锦华老师的课。戴老师的文化研究的思路和对电影文本的细读，给我很大的影响，使我意识到文艺作品除了艺术、审美，还与意识形态、社会、政治有关。我记得2001年冬天参加戴老师主持的文化研究工作坊，讨论到当时所发生的全国各地工人下岗的问题，我被深深地感动，没有想到文学和艺术研究还与正在发生中的社会现实有关。这改变了我对"纯文学""纯艺术"的想象，并尝试用文化研究的方法来分析一些文化现象。这就是我最早的两篇文章的主题，一是《关于"地下电影"的文化解析》，二是《关于王小波的文化想象》，试图把这些我所喜欢的文本重新放置在社会的语境中来分析，呈现大众传媒如何呈现和命名"地下电影"和作为自由知识分子的王小波。这种文化研究式的思路一方面给我提供了一系列理论化的研究方法和视角，在戴老师的指引下我开始学习20世纪的文化理论（如语言学、结构主义、后结构主义、精神分析等），另一方面文化研究擅长把个人经验与广大的历史文化结构联系起来，使我时刻保持一种自我批判的意识。

20世纪90年代末期和新世纪之初是中国社会危机最为严重的时刻，如"三农"问题已经在学界引起激烈讨论，我当时读过一本叫《黄河边的中国》的书，书中学者的个人调查报告让我看到市场化改革后农村所面临的各种社会问题，使我想起中学时代曾经背过的屈原的一句诗"长太息以掩涕兮，哀民生之多艰"。随后，我又找来温铁军、李昌平等"三农"问题专家的书，这些对我理解当时的中国社会和农村有很大帮助。与此同时，我也注意到知识和思想界所展开的"新左派"与"自由派"之争以及延伸到大众媒体中的各种争论，这极大地改变了刚上大学时我所形成的80年代的"新启蒙主义"的问题意识。借助"新左派"的一些文章，我对毛泽东时代有更多"同情的理解"，这也使得那些在中学时代所接受的一些马列教条、革命史观重新变得新鲜起来。我也正是在这个时候对学术产生了强烈的兴趣，学术不再是束之高阁的玄学论道，而是一种与自己的生活和时代密切相关的事情。记得大四毕业前我读了阿尔都塞的《意识形态与意识形态国家机器》这篇文章，感到一种深深的绝望感和无助感，这不仅打破了我大学期间所建立的一种个人主义的幻想，而且使我认识到主体由历史所塑造，并时刻受到意识形态的询唤。后来，在中国人民大学读文艺学专业的我，最终选择阿尔都塞作为硕士论文的主题，或许与这次阅读体验有关。

三　崛起时代的两副面孔

2005年我开始在北京大学中文系跟随戴锦华老师读博士，这是决定我人生的转折点。我从对"农民工在大众传媒中的再现"的研究转向对新革命历史剧、谍战剧等热点影视文化现象的关注。我的博士论文借助文化研究和视觉理论的方法，重新阐释中国现代文学史上的经典议题，也就是鲁迅的"幻灯片事件"，借此总结出三种中国人的主体位置，第一是教室中到日本学习的现代医学的"我"，第二是被鲁迅所批判的"麻木的看客"，第三是被日本人屠杀的中国人民。如果说那个"弃医从文"的"我"代表着启蒙者、革命者、知识分子的位置，那么后两个主体则分别是需要被启蒙、被唤醒的群众和受迫害、奋起反抗的人民。对于积弱积贫的中国来说，启蒙与革命不是彼此交替的关系，而是同时产生的两重历史任务，启蒙是为了反封建，革命是为了反帝国主义。在20世纪80年代反思革命的启蒙论述中，曾经被作为历史主体的人民又变成了愚昧的大众。这三种主体位置成为20世纪中国历史中不断复现、演绎的主题。这些研究经验使我意识到历史视野的重要性，很多当下的文化现象都是对历史问题的回应和回响。

从读博士到毕业工作的十余年，于我而言，感受最大的就是中国的变化。与新世纪之交中国社会危机丛生、改革进入攻坚战不同，20世纪90年代的双轨制变成市场经济的单轨制，加入世界贸易组织的中国进入经济高速起飞的阶段，一种新的国家和文化认同浮现出来。首先，是传统文化的复兴，曾经在20世纪80年代被视为现代化包袱的中华文明又变成中国经济崛起的内因；其次，是国家主义的强化，纪录片《大国崛起》《复兴之路》等重新讲述世界和中国近现代历史，把中国作为正在复兴中的世界强国；再者，是革命

时代的石头（代序）

文化的归来，相比80年代作为伤痕的革命历史，《激情燃烧的岁月》《亮剑》等流行的影视剧在去除革命叙述中的阶级政治、人民史观之后变成了个人英雄主义故事。在这种国家经济崛起的氛围中出现了一种新的中国认同，这里的中国既带有几千年文明史的痕迹，又带有近现代以来中国追求现代化的历史。在一种回望的视野中，2008年成为一个格外重要的年头，因为发生了两件大事，一是汶川大地震，二是北京奥运会。重大自然灾害激发、培育了中国民众尤其是青年一代的国家认同和爱国精神。5月的汶川大地震实现了一次全民总动员，不管是政府调配一切资源全力救灾，还是普通市民踊跃捐款、献出大爱，80后也摆脱"小皇帝、小公主""独生子女一代是不负责任的一代"的"恶名"，成为救灾志愿者的主力军。紧接着，8月盛大而华丽的奥运会完美落幕，超过百万的奥运志愿者被命名为"鸟巢一代"，出色地向世界展示了现代、包容、自信的中国青年一代。在金融危机的背景下，2010年前后的中国成为世界第二经济体，初步实现了20世纪80年代通过现代化走向世界的梦想。这种经济崛起所带来的国家认同，改变了近代以来积弱积贫、"落后就要挨打"的主体感受。

可是，就在中国崛起变成一种可见、可感的社会事实之时，对于我这种通过读博士后进而留在大城市工作的青年人来说，尤为强烈地感受到一种沉重的生活压力和被剥夺感，也就是说通过智力劳动所换来的工资收入很难满足高房价、高物价的都市生活，这也是屌丝得以流行的社会基础。与在20世纪八九十年代的市场化改革中沦为社会底层的农民、老工人、新工人不同，经历高考选拔的中产阶层的屌丝化使得70年代末和80年代初出生的一代人，成为最"悲惨"的一代人。工作之后，我才意识到原来我的工资根本不够在北京这样的大城市生活下去，房子、汽车等大件物品都来自父母的"接济"，而我所从事的学术研究基本上已经变成了一种精神活动，这也使得我对民国时期的作家可以用稿费来租房或者用工资来买房"羡慕不已"。借用喜剧片《心花路放》（2014年）中的说法，屌丝就是社会中的Loser（失败者），这部电影与其说讲述了屌丝如何失败的过程，不如说在猎奇、猎艳的旅途中呈现了屌丝不得不接受失败的心灵蜕变。在这个"梦想是一定要有的，万一实现了呢"的时代里，Loser成为屌丝的"新常态"。这成为崛起时代的两种彼此有反差的心理感受，一种是对国家强盛的渴望和认同，另一种是依靠劳动获得工资收益的工薪阶层变成都市中低收入者。

在这种文化和时代氛围中，出现了两种颇具症候性的文化命名方式，"小时代"和"老男孩"。郭敬明的《小时代》非常准确地表达了当下时代的感受，生活在"大时代"的人们拥有一种把握时代脉搏的主体感，而在"小时代"中，不需要面对拯救民族于危难之中，也不需要面对你死我活的冷战对抗，人们只关心自己的"小悲欢"和"小确幸"。对于分享个人主义和消费主义文化的80后、90后们，面对市场经济时代日益不平等、等级制、封建化的社会结构，"我们躺在自己小小的被窝里，我们微茫得几乎什么都不是"。相比20世纪80年代"大写的人"，30年后个人却变成了《小时代》里"无边黑暗里的小小星辰"。与"小时代"相契合的是一种未老先衰的老男孩心态，一方面，青年人拒绝长大，渴望停滞在无忧无虑的校园生活中；另一方面，青年人一旦离开校园、走进职场，一夜之间就变成了心思缜密、冷酷无情的成年人。比如微电影《老男孩》及大电影中所讲述的，这是一群还没有成长、历练就变老的"老男孩"。电影版中筷子兄弟一出场就是落魄的中年大叔，他们走出校园后，再也无法像《中国合伙人》那样实现美国梦，即使"猛龙过江"到纽约，"奇迹"也没发生。影片结尾非常伤感，筷子兄弟又回到中学的演出舞台，他们假装还没有毕业，渴望像20世纪90年代遭遇下岗的大叔大妈们一样"从头再来"。

从历史的角度来看，青年屌丝的出现是金融危机背景下的全球现象，也是经济自由化的主流逻辑使得社会阶层分化严重的结果。放在中国的语境中，这与20世纪90年代开启的激进市场化改革有着密切关系，尤其是住房的商品化，使得工薪阶层只能望房兴叹，劳动收益与以房地产为代表的资本收益的差距越来越大。在此背景下，与90年代末期的"新左派"与"自由派"之争不同，左翼知识分子与政府（体制）的关系发生了新的变化，一些知识分子认同中国崛起的态势开始变成国家的智库，参与到社会治理或管理中（统治和执政的问题变成社会的治理问题），另一些知识青年在屌丝化的危机中开始"左倾"化，曾经在历史教科书中的革命历史不再是空洞的说教，而变成了一种对不平等的经济、政治秩序的反抗性资源。

在这个希望与绝望并存的时代，我们这些伴随改革开放成长的一代人，是像鸵鸟那样躲到无望的小时代中，还是积极地寻找新的未来，是需要迫切回答的时代问题。有一天，我从网上听到新工人艺术团团长孙恒演唱的一首歌，叫《不朽的石头》，是纪念指导大学生支农乡建的教师刘老石的歌，歌中唱道："你是那盏微弱不灭的灯火，照亮崎岖的道路带来温暖，你是那位脚步匆匆的行者，走过千山万水走过田间地头。"这样一首赞美普通人无私奉献的歌曲，让我感动不已。我想，这才是真正的、不向现实低头的时代的石头。

（写于2016年7月，发表于《艺术广角》2017年第1期。）

|第一编　主体位置|

"被看"的"看"与三种主体位置
——鲁迅"幻灯片事件"的后(半)殖民解读

如果说在后殖民主义的视野中,形成了西方对东方的看与被看的基本权力结构,那么对于被看的东方来说,这种视觉经验是如何发生的呢?或者说这种位置是如何形成的呢?如果说对这种观看的反思形成了西方关于现代性的内在批判视野的话,那么这种批判视野能否被东方所分享呢?看与被看的问题成为后殖民讨论的重要议题,这种议题主要在两个向度上来展开,第一个是以西方为中心,东方作为他者在建构西方自我认同中的作用,如美国后殖民理论家爱德华·W.萨义德对东方学的研究,第二个是以东方为中心,西方作为他者在形塑东方的过程中的功能,如法国理论家弗朗兹·法农对殖民地主体的研究,西方与东方不再是单向的权力关系,而成为彼此的镜像,他者与自我纠缠在一起,尽管这种西方与东方二元假设存在着本质主义的陷阱。本文试图以中国现代文学史的发端处鲁迅关于自己从事现代文学事业的动机的叙述,也就是著名的"幻灯片事件"来呈现这种"视觉性遭遇"所造成的复杂的现代性经验,尤其是在这个场景中,中国人的主体位置被分裂为三个:鲁迅/我、看客与被砍头者,这不仅带出了中国的后殖民经验,更与中国的半殖民地境遇相关。

我把"看"与"被看"作为处理鲁迅主体位置的基本策略,是为了呈现中国现代性经验中的几种特殊的主体表达方式。"观看的隐喻与机制之所以成为极度重要的谈论方式,完全是因为'观看'带有本体论上'自我'

与'他者'界线划分的意涵，无论就种族、社会或性别而言皆是如此"[1]，也就是说，观看本身是一种不断地划定自我与他者的方式，尽管自我与他者是一种确认主体位置的基本方式，如何在自我与他者的看与被看的权力中，打破这种本体论所包含的本质主义倾向，是一个关键问题。我想强调的是，这里的自我位置并非固定的，而是处在不断地置换、传递之中。处理东方或中国的主体位置，并非要重新移植或颠倒西方与东方的自我与他者的论述，而是要把东方从这种被看的位置中解放出来，看到中国主体位置的某种不确定性或复杂性，正如鲁迅作为启蒙者的位置，显然与占据西方视野的位置是有关的，但是这种位置对于鲁迅来说并非那么自然或自信。如果说鲁迅作为启蒙者的位置是一种把自我他者化的过程，那么这种他者并不仅仅是一种自我东方化，而是容纳在一个"启蒙者—看客—被砍头者（刽子手）"的多重视觉结构之中，尽管"刽子手—被砍头者"在"铁屋子"寓言中成为被遮蔽的对象，但恰好是这种不可见，可以保证"铁屋子"作为启蒙者的绝望体验的有效性。因此，在鲁迅这里，"看"成为一个格外关键的问题，"看"成为处理启蒙、拯救国民等一系列现代性方案的核心，而这种似乎无可置疑地"看"的启蒙立场，却更为繁复地呈现为一种被看的焦虑，恰如"狂人"/迫害狂眼中到处都是被吃掉的危险，也就是说，"孤独者"/启蒙者深陷"看客"的围观之中，与其说狂人在看，不如说狂人处在被看的位置上，一个启蒙者/清醒的人为什么需要自我病理化为狂人呢？或者说，作为"医生"的鲁迅，作为疗救愚昧国民的灵魂的鲁迅，为什么要以病人的身份出场呢？这种被看的焦虑是如何产生的呢？在这种位置翻转中，看客则由被看的位置变成了"观看者"，看客并非只是麻木的国民灵魂，还发挥着"看"的功能，这种功能究竟意味着什么呢？而作为示众材料的被砍头者在"幻灯片事件"中又占据什么

---

[1] [美]周蕾：《妇女与中国现代性：西方与东方之间的阅读政治》，蔡青松译，上海三联书店2008年版，第1页。

样的位置呢？这些也许是不应该被忽视的问题，下文将沿着"幻灯片事件"中所呈现的三种主体位置，依次检讨不同的位置所具有的文化症候性。

一 "被看"的"看（客）"

关于"幻灯片事件"中的"幻灯片"究竟是幻灯片还是电影，已经成为"文学史上的一桩无头公案"①。由于无法在现存的日俄战争幻灯片中找到鲁迅所论述的主题②，再加上"幻灯片事件"是鲁迅事后十几年追溯的情景，是否属实已无法考证，但无论真实还是虚构，都不影响叙述的效应，这件事在鲁迅的记述中也成为一次影响深远的事件。国内文学史一般按照鲁迅的叙述把"幻灯片事件"作为他弃医从文的缘由，同时也是鲁迅进行国民性批判的内在动因。20世纪80年代初期，国内学界是从对"改造国民性"的争论开始鲁迅研究的③。在左翼叙述中，鲁迅"改造国民性"的看法是被忽略或压制的，因为愚昧的国民的启蒙立场与作为革命主体的人民群体的左翼叙述之间存在着裂隙。在左翼叙述中，更强调鲁迅后期杂文的革命性及其对国民党政府的批判，而80年代初期对于鲁迅的争论，恰好确立了鲁迅的"国民性批判"的"立人"思想（呼应彼时知识界关于马克思主义与人道主义和异化问题的争论），因此，鲁迅前期作品（如《呐喊》《彷徨》《野草》）获得更多的阐释，这就颠倒了左翼叙述中褒

---

① [美]王德威：《从"头"谈起——鲁迅、沈从文与砍头》，《想象中国的方法：历史·小说·叙事》，生活·读书·新知三联书店1998年版，第136页。

② 由于无法在现存的日俄战争幻灯片中找到鲁迅所论述的"幻灯片"，因此，只能根据当时的状况进行推测，渡边襄在《幻灯片事件的事实依据与艺术加工》（北京鲁迅博物馆鲁迅研究室编：《鲁迅研究资料》，天津人民出版社1987年版）中认为幻灯片是报纸上的照片，从当时的报刊上可以找到与鲁迅记述类似的照片，新岛淳良在《关于鲁迅的"幻灯事件"》（《日本学者中国文学研究译丛》第二辑，吉林教育出版社1990年版）中认为幻灯片应该是日俄战争的新闻电影。相关文章转引自张历君：《时间的政治——论鲁迅杂文中的"技术化观视"及其"教导姿态"》，罗岗、顾铮主编：《视觉文化读本》，广西师范大学出版社2003年版，第284页。

③ 关于国民性的讨论，参见鲍晶编：《鲁迅"国民性思想"讨论集》，天津人民出版社1982年版。

后期鲁迅、贬前期鲁迅的做法，这种研究思路本身构成了对左翼文化的有效批判。在这种鲁迅由革命者变成启蒙者的过程中，革命群众也由历史的主体变成了需要被启蒙的庸众，鲁迅也成为20世纪80年代知识分子的理想镜像，以呼应知识分子由革命历史的受难者（"落难书生"）变成启蒙者的角色转换。其中最典型的叙述"文革"场景之一是批斗会上"右派""修正主义"分子如何忍受被革命热情所蒙蔽的庸众的批斗，这种把人民指认为"乌合之众"的同时，受难者也就变成了历史暴力的亲历者和洞察到政治暴力荒谬性的觉醒者，同时也把受难者放置在赦免与无辜的位置上，也就是说，受难者不是革命历史的参与者，而是受害人与见证人。这种被庸众围观的悲壮感与牺牲精神，在鲁迅的小说中可以找到基本原型[如《狂人日记》《野草·复仇》《野草·复仇（其二）》等]，因此，"启蒙"成为新时期初期最为重要和自觉的文化实践（"五四"也成为新时期初期被高扬的旗帜[①]），昔日的被改造对象又变成了启蒙者，蒙昧者变成了被革命尤其是"文革"意识形态所蒙蔽的众人们。这种解释重新框定了鲁迅作为作家／启蒙者与麻木的看客之间的启蒙与对立关系。

而最近十几年，对于这个问题，海内外的学者又有许多新的论述，尤其是把这个问题放置在后殖民理论的语境中，产生了丰硕的成果。其中最有代表性的论述是，美国华裔知名学者周蕾从现代性和视觉性的角度来重新反思第三世界知识分子在遭遇西方的过程中所形成的后殖民主义式的权力位置，在其著名的论文《视觉性、现代性与原始的激情》中，"幻灯片事件"成为周蕾批判以鲁迅为代表的五四精英／启蒙／男性知识分子在视觉性／现代性的"震惊"下退守到从事文学／书写文字这一"延续文字的古老示意性特权"[②]

[①] 汪晖：《当代中国的思想状况与现代性问题》，《死火重温》，人民文学出版社2000年版；贺桂梅：《80年代文学与五四传统》《人道主义思潮及其话语变奏》，《人文学的想象力——当代中国思想文化与文学问题》，河南大学出版社2005年版。

[②] [美]周蕾：《视觉性、现代性与原始的激情》，罗岗、顾铮主编：《视觉文化读本》，广西师范大学出版社2003年版，第268页。

运动，这种批判背后是把电影等视觉经验作为现代性在西方的表征，而把文学等文字书写活动作为一种保守的传统的属于东方的媒体再现方式，所以，"这些书写的文本成了博学的男性知识分子所赖以安身的避难所，甚至转变成为了掩饰罪恶的遮蔽物，将中国人在跨国帝国主义中被屠杀的粗俗残暴景象掩饰了起来"①，这种对文学与视觉的等级关系的颠覆本身是对五四精英立场比以电影为代表的大众文化更"进步"的批判。暂且不讨论周蕾论述中的"文字／影像的二分对立逻辑"②，其实，周蕾的论述本身存在着一种复杂性，虽然她把鲁迅等五四精英知识分子从事文学写作看成是一种对"传统"的回归，但同时她也指出"如果文学是作为逃避视觉震惊的途径，而这个震惊又会通过其他的方式来占据和改变文学"③，所以，她也指出鲁迅从事短篇小说、杂文等"快照"式创作，其他如萧红、茅盾、郁达夫、巴金等"现代"作家的创作中也具有电影化或视觉化的因素。对于这次"幻灯片事件"，我更为关注其中所呈现的一种复杂的观看与被观看的关系、这种被观看的"看"是如何与一种"国民性批判"连接起来以及这种"将中国人在跨国帝国主义中被屠杀的粗俗残暴景象掩饰了起来"的机制是怎么发生的等问题。

众所周知，"幻灯片事件"是指，在日本求学的鲁迅，看到了幻灯片上被砍头者和围观的看客，引发了他关于"愚弱的国民"的感慨，从而"弃医从文"。鲁迅主要在两篇不同的文章中叙述这件事，一是《呐喊·自序》(1923年)中用来阐述"《呐喊》的由来"，二是收入《朝花夕拾》的《藤野先生》(1926年)。根据记述，我试着绘出"幻灯片事件"发生时的图表：

---

① [美]周蕾：《视觉性、现代性与原始的激情》，罗岗、顾铮主编：《视觉文化读本》，广西师范大学出版社2003年版，第269页。

② 张历君：《时间的政治——论鲁迅杂文中的"技术化观视"及其"教导姿态"》，罗岗、顾铮主编：《视觉文化读本》，广西师范大学出版社2003年版，第289页。

③ [美]周蕾：《视觉性、现代性与原始的激情》，罗岗、顾铮主编：《视觉文化读本》，广西师范大学出版社2003年版，第269页。

主体魅影

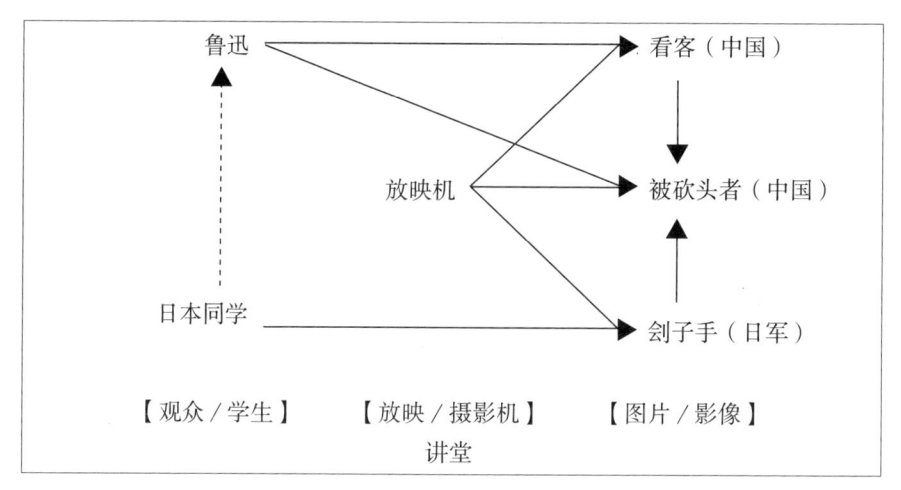

```
鲁迅 ──────────────→ 看客（中国）
  ↑  ╲            ╱      │
  ┊   ╲          ╱       │
  ┊    放映机 ───→ 被砍头者（中国）
  ┊   ╱          ╲       ↑
  ┊  ╱            ╲      │
日本同学 ──────────→ 刽子手（日军）

【观众/学生】   【放映/摄影机】   【图片/影像】
                  讲堂
```

（箭头代表观看的方向，其中日本同学到鲁迅的观看是虚线，原因在于这是鲁迅意识到自己是中国人，想象之中的来自日本同学的被看的目光）

  让我们先从幻灯片说起，不管它是图片还是影像，这都是一个富有戏剧感的场景。与单纯的肖像照不同，这张幻灯片由三个角色组成，一是绑在中间的被砍头者，二是站在左右的看客，三是刽子手，显然看客和刽子手的视点都投向被砍头者，其功能在于把（剧场中的）观众的视点吸引到被砍头者那里，以遮蔽照相机／摄影机的存在（所谓演员不能直视镜头的禁忌），也就是说这张图片本身已经预设了观众的视觉中心，就是被砍头者，如果真能找到这张图片，被砍头者应该处在透视中心的位置[①]。从这里，可以清晰地意识到，放映幻灯

[①] 根据我对于晚清画报的阅读，我认为这种群体性的看客更容易出现在画报而不是摄影中。不在于摄影中没有类似的场景，而在于这种围观的看客成为引导画报的视觉中心的重要策略，因此，看客成为晚清画报中必不可少的重要元素，无论画报的视觉中心是街头杂耍，还是西方的新鲜玩意（飞艇、火车、路灯等），都处在一群看客的围观之中，这种围观可以引导画报的观众来关注画面的视觉中心。在这里，晚清画报中的"看客"是一种视线的引导者，而不是鲁迅笔下的需要被改造的"愚昧的国民"的指称，《鲁迅生平史料汇编》（第二辑）（薛绥之主编，天津人民出版社1982年版）中也记载"日俄战争幻灯片"不是现场拍摄的照片，而是由时事绘画加工而成的幻灯片。

片的讲堂是一个典型的剧场空间或影院空间，作为学生的鲁迅，同时也占据了观众的位置，这个位置是与他的日本同学共同分享的。因此，鲁迅的观看是一次主动的观看，占据透视中心的被砍头者和看客都成为他的观看对象，只是与他的日本同学从中看到了"胜利"不同，鲁迅看到了"愚弱的国民"：因为弱小所以被砍头（被砍头者），因为愚昧所以带着"麻木的表情"（看客），这就鲁迅所看到的"做毫无意义的示众的材料和看客"，也成为他进行"国民性批判"的起点，问题在于：鲁迅为什么会看见呢？他怎么会有这样一双"洞察"的眼睛呢？或者说他又是怎样占据了这样一个观看的位置呢？

在他的《呐喊·自序》中，他叙述了父亲的亡故（中医无法救治），"有谁从小康人家而坠入困顿的么，我以为在这途路中，大概可以看见世人的真面目；我要到N进K学堂去了，仿佛是想走异路，逃异地，去寻求别样的人们"[1]。如果稍微做一些精神分析，父亲的亡故与儿子的出走，是典型的成长主题，而"走异路"也是寻找精神之父的旅程。这段旅程被清晰地描述为一系列现代教育之旅，鲁迅最先学习了地质、矿物学、金石学等自然科学（这从他早期的论文《科学史教篇》中可以看出），去日本留学之后才转为学习西方医学。发生幻灯片事件的场所，就在"教霉菌学"的教室，放映幻灯片的机器是为了呈现"细菌的形状"，只是这次被换成了"时事的画片"，而鲁迅的观看位置并没有改变，那么观看"细菌的形状"与这次观看"砍头的场景"之间是否具有同构的关系呢？

在《藤野先生》中还有一个细节，是藤野先生帮鲁迅修改课堂讲义上的解剖图，藤野说："你看，你将这条血管移了一点位置了。——自然，这样一移，的确比较的好看些，然而解剖图不是美术，实物是那么样的，我们没法改换它。现在我给你改好了，以后你要全照着黑板上那样的画。"[2]这次藤野

---

[1] 鲁迅：《鲁迅全集》（第一卷），人民文学出版社2005年版，第437页。
[2] 鲁迅：《鲁迅全集》（第二卷），人民文学出版社2005年版，第315页。

先生对鲁迅的批评，是为了强调解剖图就是实物的观念。解剖图的出现奠定了现代西方医学的基础，解剖图本身也是现代医学对人体／身体的观看／透视的产物，而第一个绘制解剖图的人恰恰是发明透视画法的文艺复兴巨匠达·芬奇，这种医学家／画家的身份重叠与其说是天才之举，不如说对身体的透视与对世界的透视一样，都是同一双眼睛的产物，一种观看方式的结果。而藤野先生所告诉鲁迅的就是要学会这种透视的眼睛，正如鲁迅所说"至于实在的情形，我心里自然记得的"，可以说鲁迅已然把这种观看方式内在化了。藤野先生还提到"我们没法改换它"，这里的"我们"又指的是谁呢？与其说"我们"具体地指藤野先生和鲁迅，不如说"我们"代表着认同于"解剖图不是美术，实物是那么样的"这种观念的人类／现代医生，或者说不仅藤野先生把这种西方现代医学理念内在化，鲁迅也站在藤野先生的位置上接受了这位老师或"精神之父"[1]的已然内在化的视点。作为东方／亚洲人的藤野先生和鲁迅，与西方医生分享了同样一份关于什么是解剖图以及解剖图可以"无间地"再现实物的信念或者说话语系统，也就是说在这样一份"亲密无间"的"我们"的集体代词中，就自然遮蔽了藤野先生／鲁迅被这种观念规训或者说"主动"学习的过程。而"解剖图不是美术"恰恰暗示着一种科学与艺术的分离，或者说当"好看"等审美价值作为"美术"的内在价值的时候，科学就建立了"解剖图=实物"的意识形态。在这种视野之下，作为医学／科学的解剖图与美术等艺术再现分道扬镳了，不过，在这种西方的参照／目光之下，藤野先生／鲁迅处在同样的被西方规训的位置上。

鲁迅学习这种观看的空间是放着放映机的教室，如果说幻灯片上的砍头示众是一种法国理论家米歇尔·福柯论述的古典的惩罚，那么教室就是一处

---

[1] 鲁迅在《藤野先生》的最后，写道："只有他的照相至今还挂在我北京寓居的东墙上，书桌对面。每当夜间疲倦，正想偷懒时，仰面在灯光中瞥见他黑瘦的面貌，似乎正要说出抑扬顿挫的话来，便使我忽又良心发现，而且增加勇气了，于是点上一支烟，再继续写些为'正人君子'之流所深恶痛疾的文字。"[《鲁迅全集》（第二卷），第318—319页。]

标准的现代规训空间,相比看客与被砍头者的观看(在场的观看),鲁迅和他周围的日本同学的观看经过了摄影机的重新组织(缺席的在场的观看),或者说是一种"技术化观视"。在这样一套机械装置下,解剖图、细菌的形状(细菌被"放大"或细胞化为几何图形,正如人被透视为骷髅一样)与"愚弱的国民"(准确地说愚弱的东方人/殖民地人)就成为西方科学认知的结果,而作为学生的鲁迅就在这个空间中学习或认同这种视野。这种被摄影机重新组织的空间正是教室/影院得以存在的前提,只是对于"我们"(包括鲁迅和藤野先生)来说,这种观看是一种被规训的观看。正如刘禾在《国民性理论质疑》中所指出的,这种"国民性理论"的话语本身来自西方传教士的视野,也就是说,愚昧、落后的国民,是一种西方视野中的产物,而鲁迅之所以也具有这样的视野,显然与上面提到的他所占据的放映机的位置有密切关系,正是因为鲁迅拥有了"观众"的视点,他才看见/透视出这张图片的"真义"。因此,在这个教室里,鲁迅一边学习西方医学知识,同时,也学习批判国民性的方法。从这个意义上说,鲁迅并没有真正"弃医从文",反而在他从事文艺的运动中,成为著名的"医生"①。

但是,鲁迅真的能占据摄影机的位置吗?刘禾在比较《藤野先生》和《呐喊·自序》中对于"幻灯片事件"的描述后指出"此段叙述与先前《呐喊》自序很不同,在此鲁迅强调他与日本同学之间的差异,他无法如他们一样拍手叫好,同时,也无法与中国旁观者认同。他既与看客又和被观看者重合(因为都是中国人),但又拒绝与他们任何一者认同"②,在这个教室中,鲁迅深刻地意识到"还有一个我"(《藤野先生》),而正是这个"我",使鲁迅认出了看客、被砍头者的国族身份,这个"我"是怎么出现的呢?这个"我"正是来自鲁迅周围日本同学的目光,使鲁迅由一个观众/"看"客变成一个"被

---

① 张历君在《时间的政治——论鲁迅杂文中的"技术化观视"及其"教导姿态"》一文中,也论述了鲁迅的人体解剖与国民性批判的隐喻关系。
② 刘禾:《国民性理论质疑》,《跨语际实践——文学,民族文化与被译介的现代性(中国,1900—1937)》,宋伟杰等译,生活·读书·新知三联书店2002年版,第91页。

看"的"看"客。作为"看"客,鲁迅看到了幻灯片上的看客们的"愚弱的国民",而作为被看者,鲁迅又意识到自己恰恰属于这个国民,像处在视觉中心的被砍头者一样也处在被观看的位置上,也就是说,鲁迅的认同游移在被砍头者和看客之间。可是,这种被看的处境并没有改变鲁迅作为观众所透视出来的"恶劣的国民性",当然就不会对被砍头者产生某种认同,不过,这种"刺耳"的欢呼声也驱使鲁迅离开这个教室,也正是在这里藤野先生所说的"我们"分裂了,或者说,观众分裂了:鲁迅看到的是"愚弱的国民",他的日本同学看到的是刽子手的"胜利"(而当这种胜利被作为亚洲的觉醒的时候,日本又成为东方的西方,成为"脱亚入欧"的典范)。

在这次"幻灯片事件"中,鲁迅成了"被看"的"看"客,一方面他确实是"看"的观众(客),另一方面这种观看又处在被观看的位置上。鲁迅是一种分裂的主体,这种分裂的状态既使鲁迅拥有批判国民性的外在视点,同时又把鲁迅绑缚在被这种外在视点所观看的位置上。需要指出的是,这种被规训的看,西方恰恰是缺席的,取而代之的是日本,也就是说,这种"被看"的"看"并非西方/中国的二元关系,还有来自日本的中介(正如国民性话语也来自日本的翻译),而周蕾把鲁迅的这种"视觉性遭遇"看成是"预示了一些欧洲知识分子,如马丁·海德格尔和瓦尔特·本雅明将对现代性所做的反应,海德格尔和本雅明都将现代性与改变的艺术概念联系在了一起"[1],就忽视了鲁迅处在西方—日本—中国的三角关系中的复杂性。因此,准确地说,鲁迅的被"看"来自已然内在西方视点的日本的观看,或者绕口地说,在中国遭遇西方的过程中,发生的是"被看"的"被看"的"看"。需要指出的是,在这个场景中,除了鲁迅/我,还有"看客"也处在一种"被看"的"看"的位置上,与鲁迅不同的是,看客被鲁迅的目光所观看,同时又在观看被砍头者。因此,在"幻灯片事件"

---

[1] [美]周蕾:《视觉性、现代性与原始的激情》,罗岗、顾铮主编:《视觉文化读本》,广西师范大学出版社2003年版,第260页。

中，存在着三个主体位置，分别是鲁迅／"我"、看客和被砍头者，可以说，不同的主体位置被锁定在不同的看与被看的位置上。

二 "铁屋子"的寓言与"棺木里的木乃伊"

鲁迅并非偶然地在《呐喊·自序》中记述了"幻灯片事件"之后又讲述了一个同样著名的"铁屋子"的故事："假如一间铁屋子，是绝无窗户而万难破毁的，里面有许多熟睡的人们，不久都要闷死了，然而是从昏睡入死灭，并不感到就死的悲哀。现在你大嚷起来，惊起了较为清醒的几个人，使这不幸的少数者来受无可挽救的临终的苦楚，你倒以为对得起他们么？"[①]"铁屋子"是鲁迅作品中的核心意象，"铁屋子"中只有两类人，一类是"清醒的几个人"，另一类是"熟睡的人们"，按照文学史的说法，就是"独异的个人"与"庸众"，他们之间的紧张关系，成为鲁迅小说的基本叙事原型。清醒的人焦虑于能否唤醒"熟睡的人们"（即毁坏"铁屋子"）而陷入无路可走或绝望反抗之中，如《狂人日记》中的狂人、《在酒楼上》中的吕纬甫、《孤独者》中的魏连殳等，熟睡的人们则是"庸众"们，如闰土、豆腐西施、祥林嫂、孔乙己、阿Q等，可以说，鲁迅的大部分小说都是对"铁屋子"寓言的复沓。

虽然鲁迅更多呈现了"我"作为清醒者的挣扎与无力，但是他并不怀疑"我"与"庸众"之间的启蒙（醒）与被启蒙（睡）的关系，鲁迅的疑虑在于启蒙能否成功或有效，而不是"清醒者"何以为"醒"，"沉睡者"何以为"睡"。因此，鲁迅小说的张力在于"庸众"沉浸在"麻木""不自知"的状态中，而"我"看见了"铁屋子"中已然"熟睡"的"庸众"却无能为力、无路可走（恰恰是"路"本身而不是路所通向的地方成为鲁迅寄予希望的所在）。相比"幻灯片事件"中的三种主体位置，在"铁屋子"中只剩下"我"与看客／庸众的二

[①] 鲁迅：《鲁迅全集》（第一卷），人民文学出版社2005年版，第441页。

元图景了，缺少的正好是刽子手与被砍头者这样一对关系。被砍头者在"铁屋子"中没有位置，正如鲁迅把"毫无意义的示众的材料和看客"放置在一起，被砍头者头上的屠刀融化在看客麻木的表情之中。打碎"铁屋子"的力量只能来自内部，这种叙述巧妙地遮蔽了刽子手的位置。如果把"铁屋子"看成是旧中国或老中国的象征，那么这与近代史以来西方列强打开闭关锁国的老帝国的叙述之间存在着什么关系呢？中国作为密闭空间的叙述正好是站在西方／现代视野中对中国的描述（正如地理大发现的主体是西方人／殖民者，发现的对象和客体是"新大陆"，是落后的印第安部落），而"铁屋子"故事的有趣在于，西方列强／刽子手是缺席的，这种外部的威胁在"铁屋子"中被转移为一种作为封建礼教吃人的内部文化批判。在这里，有必要引入另外一个在晚清民初流传甚广的中国作为"睡狮"的故事。

与"铁屋子"相似，这也是一个"熟睡"与"唤醒"的故事，或者说"睡狮"的意义在于如何被唤醒，正如研究者指出"一部从鸦片战争到20世纪初期的中国历史，曾经被不断地讲述为从帝国的幻觉和昏睡状态到现代中国的'觉醒'"[1]，据说这个故事来自拿破仑的话："看着中华帝国。让它沉睡，因为一旦这条龙醒过来，世界将会发抖"。而根据美国汉学家费约翰考察："实际上，一个静止的中国从沉睡中醒过来，这一预言最初是由基督教传教士在教会内部做出的，然后被清朝总理衙门的一名高级官员宣扬开来，他在19世纪80年代让这个预言引起了世界的注意，最终由清末的中国民族主义者播及全世界。将它归功于拿破仑，未免剥夺了晚清官员们的知识产权，正是他们，在19世纪末最早让世界注意到了中国的兴起。"[2]

与国民性话语一样，睡狮的故事也是传教士的发明，睡狮是幻灯片事件

---

[1] [美]费约翰:《唤醒中国：国民革命中的政治、文化与阶级》，李霞等译，生活·读书·新知三联书店2004年版，第71页。

[2] 同上，中文版序，第3页。

中要被砍头的人,唤醒的人则是鲁迅式的观看者[1],这个故事本身是一个"被看"的"看"的故事。而问题的关键在于,当清朝的高级官员们在向全世界宣讲中国这一睡狮就要"觉醒"的故事时,尽管故事的中心在于中国"觉醒"之后可以使世界发抖,但不自觉地却把传教士对于中国作为"睡狮"的表述内在化或者说合理化了,而不会去追问中国究竟在什么意义上被作为或建构为一头"睡狮"呢?这种"睡狮"的形象与中国漫长的封建制度相联系[2],被作为一种几千年都没有变化的"超稳定结构"。[3]已经有太多关于中国近代史的著作,证实曾经被鸦片战争敲开国门的中国,在政治、经济上都处在当时世界最先进的行列[4]。从这个角度来说,尽管"睡狮"的故事总是为了凸显那份强烈地被唤醒的欲望,但这种似乎"毋庸置疑"的欲望却非常有效地遮蔽了"中国/睡狮"这个比喻本身是西方建构或者说欧洲中心主义的结果,这种比喻恰恰为中国需要被西方唤醒或自我唤醒预留了位置。如果把这段叙述与"幻灯片事件"联系起来,可以说,鲁迅似乎对自己作为一种被唤醒的唤醒者的位置有所迟疑,他一方面知道自己可以充当一个启蒙者,另一方面又不知道启蒙之后要往哪里走,也就是著名的"梦醒之后无路可走",这

---

[1] 陈建华:《百年醒狮之梦的历史揶揄——"群众"话语与中国现代小说》,《"革命"的现代性:中国革命话语考论》,上海古籍出版社2000年版。

[2] [美]阿里夫·德里克:《革命与历史:中国马克思主义历史学的起源,1919—1937》,翁贺凯译,江苏人民出版社2005年版。

[3] 把中国描述为"超稳定结构"是金观涛、刘青峰的著作《兴盛与危机:论中国封建社会的超稳定结构》(湖南人民出版社1984年版)中的核心观点。

[4] 其中比较有代表性的研究成果是:[德]贡德·弗兰克:《白银资本——重视经济全球化中的东方》,中央编译出版社2001年版;[美]彭慕兰:《大分流:欧洲、中国及现代世界经济的发展》,江苏人民出版社2003年版;[美]何伟亚:《怀柔远人:马嘎尔尼使华的中英礼仪冲突》,社会科学文献出版社2002年版。前两本书主要从经济史的角度说明16世纪到18世纪,中国处在世界经济版图的中心位置,后一本书则从文化史的角度,把18世纪末期的马嘎尔尼使华事件讲述为两个扩张性的帝国(即满族建立的大清帝国与大英帝国)之间的文化及礼仪的碰撞,而不是生机勃勃的扩张性的西方面对停滞的闭关自守的东方的故事。

或许就是鲁迅的"绝望"所在吧①。

如果说睡狮、铁屋子在某种意义上是中国人的自我叙述，那么把中国比喻为"密闭棺木里的木乃伊"则是马克思在论述鸦片战争对中国及世界革命的意义中使用的比喻。在1853年马克思为《纽约每日论坛报》撰写的文章《中国革命和欧洲革命》中："所有这些破坏性因素，都同时影响着中国的财政、社会风尚、工业和政治结构，而到1840年就在英国大炮的轰击之下得到了充分的发展；英国的大炮破坏了中国皇帝的威权，迫使天朝帝国与地上的世界接触。与外界完全隔绝曾是保存旧中国的首要条件，而当这种隔绝状态在英国的努力之下被暴力所打破的时候，接踵而来的必然是解体的过程，正如小心保存在密闭棺木里的木乃伊一接触新鲜空气便必然要解体一样。"②

似乎与鲁迅要从内部打碎铁屋子相反，马克思叙述了一个通过外来的力量（新鲜空间）来解体"密闭棺木里的木乃伊"的方案，而对于铁屋子／棺木里面的人们，马克思与鲁迅并没有太大的差别。在"木乃伊"的比喻之前，马克思这样论述鸦片对于中国的"正面"价值："随着鸦片日益成为中国人的统治者，皇帝及其周围墨守成规的大官们也就日益丧失自己的权力。历史的发展，好像是首先要麻醉这个国家的人民，然后才有可能把他们从历来的麻木状态中唤醒似的。"③

在中国被比喻为一个密闭或封闭空间的意义上，鲁迅和马克思是一致的。他们的不同在于，马克思认为文明世界对于天朝帝国的意义是双重的，一是麻醉作用，二是唤醒作用，因此，"木乃伊"无法自我复活或具有觉醒的力量。而鲁迅则认为麻醉中国的力量来自内部，那就是吃人的封建礼教，因此，"铁屋子"的故事中无法安置"刽子手"的位置。这两种叙述，一个指向

---

① 汪晖：《反抗绝望——鲁迅及其文学世界》，河北教育出版社2000年版。
② [德]马克思：《中国革命和欧洲革命》，[德]马克思、恩格斯：《马克思恩格斯选集》（第二卷），人民出版社1972年版，第3页。
③ 同上，第2页。

西方资本主义文明内部，另一个指向中国传统文明，都是某种批判性表述，只是这种表述却无法安置西方作为殖民者对于东方的欺诈与剥削的事实（尽管他们在其他地方并非没有意识到这个问题）。马克思的叙述可以很清楚地指认出其背后欧洲中心主义的认识逻辑，是一系列以东方为他者的西方建构自我神话的一部分，因此，一种批判现代性的叙述在处理东方问题时，就变成一种保守的叙述。而对于鲁迅来说，打碎"铁屋子"的前提是能否真正唤醒熟睡的人们，或者说把鸦片战争以来的屈辱史内化为中国人自身的问题，把外部的威胁与耻辱转移为了一种内部的文化批判。

我把"铁屋子"放置在睡狮、棺木里的木乃伊这一比喻系列中，并非因为它们之间具有直接的影响关系，而是惊异于西方人关于中国的描述以及中国人的自我描述之中存在着巨大的相似性。首先，马克思对于西方现代性的批判与东方处在密闭棺木里的落后、愚昧状态是不冲突的；其次，这种东方主义的话语又变成了东方人的自我叙述。虽然这两种表述都可以成为西方殖民主义话语的自我辩解，但是也不得不指出，睡狮、铁屋子的故事并没有把外来的"新鲜空间"作为拯救方案，而是诉诸一种自我觉醒。所以说，鲁迅没有使用马克思式的从外部来摧毁铁屋子，而是列宁式的革命者需要唤醒历史主体来毁灭旧世界（先锋党的唤醒作用），在这个意义上，作为启蒙者的鲁迅可以转换为毛泽东式的革命者，启蒙与救亡的逻辑并非如此不可兼容。

三 "看客"的功能

在"幻灯片事件"中，"看客"成为鲁迅改造国民性的具体所指。为什么是看客而不是被砍头者承担了庸众的代名词呢？或者说，为什么是看客而不是受到戕害的被砍头者成为鲁迅"哀其不幸""怒其不争"的客体呢？在鲁迅的叙述中，经常把看客和被砍头者等同起来，正如鲁迅所述他们都是"毫无意义的示众的材料和看客"，看客成为鲁迅进行国民性批判的最佳中介，同时也是他书写启蒙者与被启蒙者、清醒的人与熟睡的人的"孤异的个人"与"庸众"的故事的基本原型。如果没有看客,鲁迅作为"彷徨于无地"的启蒙知识分子的位置就很难成立。而看客本身也处在一种视觉结构之中,也就是看客们观看被砍头者,进一步说,这些作为群体／庸众的对象最显著的特征和行为是"看"。因此,看客与被砍头者最大的不同在于,看客"观看"被砍头者,被砍头者处在绝对的"被观看"的位置上,而鲁迅的愤怒在于,"看"客之"看"是观看同胞被杀害却无动于衷,也就是说,看客之看在于没有看见自己是与被砍头者一样的同胞,反而"尽享"这种观看的愉悦。暂且不讨论这里的看客是否具有"自主"的可能,还是一种被胁迫下的观看,更重要的是,在幻灯片事件中,看客与其说是一个看客,不如说是被观看者,鲁迅对于看客的观看,成功地压制了看客的看,或者说看客作为需要被改造的国民处在被启蒙的位置上。而在鲁迅的小说中,看客成了"永远是戏剧的看客"[①],永远都不参与、不行动,在这里,看客成为麻木的围观者,也就是说看客占据观看者的位置,而作为观看者的"我"却变成了被观看的对象。由此,"幻灯片事件"中"我"与看客的权力关系发生了翻转,看客由被看者转变成了观看者,而"我"则占据了被砍头者的位置,实现这种转换的机制在于看客作为一种"被看"的"看"客的位置。如果联系到"我"／启蒙者也同样处在想象中的日本人的凝视之中,那么这种翻转所实现的文化功能是把一种外在／日本人的凝视转化为一种内部／中国人的凝视,日本人的目光被麻木的看客所取代,从而一种外部的威胁变为一种内部的自我批判。

[①] 鲁迅关于看客的描述,最有名的来自《呐喊·自序》(1922年12月3日),其次是不久之后在北京女子高等师范学校文艺会上的演讲《娜拉走后怎样》(1923年12月26日)中,后者提到这种"看客":在"群众,——尤其是中国的,——永远是戏剧的看客。牺牲上场,如果显得慷慨,他们就看了悲壮剧;如果显得觳觫,他们就看了滑稽剧。北京的羊肉铺前常有几个人张着嘴看剥羊,仿佛颇愉快,人的牺牲能给与他们的益处,也不过如此。而况事后走不几步,他们并这一点愉快也就忘却了。"〔《鲁迅全集》(第一卷),第170页。〕

《呐喊》的首篇是著名的《狂人日记》，这篇小说一般解读为鲁迅借"狂人之眼"表达一种对几千年吃人历史的批判，成为鲁迅反封建的代表篇章，与此同时，这篇小说也奠定了鲁迅小说的经典结构，就是孤独的个人与庸众的对立。在这里，具有启蒙立场的"我"已经替换"被砍头者"而成为看客观看的中心了。具有症候性的是，启蒙者／狂人的焦虑恰好被呈现为一种被看的焦虑。故事是一个得了"迫害狂"的"狂人"留下的日记，而狂人最担心的事情，就是被人吃掉，从赵家的狗、赵贵翁、小孩子、陈老五、大哥、医生（中医）等都成为"吃人的人"，甚至连"一碗蒸鱼"都"同那一伙想吃人的人一样"，而这种"吃人"的计谋来自写满"仁义道德"的吃人的历史，狂人对于吃人的"洞察"来自"那赵家的狗，何以看我两眼呢"，或者说"迫害狂"的被害意识来自一种被看的焦虑。[①]暂且不讨论《狂人日记》与果戈理的影响关系以及狂人／疯子在西方文学传统被作为启蒙者／真理讲述者的传统，只是这种狂人的视野是先在的，作者并没有提供具体的病理学依据，正如研究者指出，"作者完全没有描写主人公被逼到'发狂'的过程；作者将主人公的'发狂'作为小说的开端；或者说构成小说世界前提的是主人公的

---

① 如果联系郁达夫笔下的形单影只的主人公"他"或于质夫，与鲁迅笔下的"我"或"孤独者"们，虽然都处在被凝视的位置上，但最大的不同，在于郁达夫没有"看客"的位置，因此这种病理化的"他"并没有陷入庸众的眼睛或被吃的焦虑之中，而是深深地感受到日本人的凝视。因此，在《沉沦》中，"他"处在被砍头者的位置上，在日本人的凝视中获得中国人的主体位置，并把这种外在的凝视转换为一种自我的内视，形成了一种自渎／自虐式的主体位置。《沉沦》中的"他"并非一个启蒙者，因为没有"看客"，所以也没有需要拯救的国民灵魂，反而自己作为一种病人存在，也就是说，他和众人、庸众的关系并非"清醒的人"与"熟睡的人们"的关系。这种看客的缺乏，使"他"回国之后变成了一个具有观看能力的主体（尤其是返乡序列：《怀乡病者》《还乡记》《还乡后记》），而不再是陷入看与被看的分裂状态的主体。与《沉沦》不同，在郁达夫笔下的回国的"个体"，已经不处在一种被凝视的位置上了，反而成了一种具有观看能力的"看客"了。这与鲁迅的小说有着非常大的差异，在鲁迅的叙述中，当"我"回到国内的时候，"我"依然受到庸众、看客的围观，而郁达夫的小说，"他"则成了一个都市漫游者。

'发狂'"①。狂人自己认为处在一种被观看的位置之上，狂人的这种身份与"幻灯片事件"中"我"作为启蒙者／医生的角色完全相反，医生变成了"病人"，也就是一种启蒙的立场变成了一种自我病理化的过程。这种病理化的缘由是中国的礼教及其封建体制，这当然也是五四时期所建构的一种对于传统的批判策略。这种自我病理化的书写，或许也可以从鲁迅叙述"父亲的病"中看出，父亲的病不能靠外来的"鸦片"／"新鲜空气"来麻醉或拯救，而是中医使得父亲／中国"病入膏肓"。这种自我病理化的主体方式，恰好成为鲁迅获得主体身份的方式，可以说，狂人式的主体是自我否定的主体，是一种无父之子的自我仇恨。而这种意识，与其说是内部危机的爆发，不如说是对外部威胁的内化，也就是把外部的侵略转移为一种内部批判。正如"幻灯片事件"中鲁迅看见了被砍头者的被杀，却通过看客无动于衷的内在批判，把这种被杀转移为礼教的吃人，这种被看的焦虑，成功地把"幻灯片事件"中来自想象中的日本同学的目光转移为一种看客的目光。在我看来，这部小说所完成的功能就是一种把外在的威胁内在化、把外在的凝视转移为内部凝视的过程。

我还想再举一个与《狂人日记》同样著名的例子——《阿Q正传》——来论述这种被砍头者与启蒙者是如何重叠在一起的。阿Q的愚昧以及作为国民性批判的对象，一直是新时期以来阐释阿Q的核心②，按鲁迅自己的话说，创作《阿Q正传》是为了"写出一个现代的我们国人的魂灵来"③，以至于这种愚弱的国民的形象成为反身建构一个具有外在视野和权威的叙事人"我"，正如

---

① [日]伊藤虎丸：《〈狂人日记〉——"狂人"康复的记录》，乐黛云编：《国外鲁迅研究论集》(1960—1981)，北京大学出版社1981年版，第473页。
② 阿Q或许是鲁迅研究中争议最多的形象之一，在左翼叙述中，阿Q的阶级出身成为其论述革命性的依据，而阿Q的劣根性是在80年代以来关于鲁迅的国民性争论中被重新提出来的。(参考彭小苓、韩蔼丽编选《阿Q70年》，北京十月文艺出版社1993年版。)
③ 鲁迅：《鲁迅全集》(第七卷)，人民文学出版社2005年版，第83页。

"被看"的"看"与三种主体位置

刘禾指出"鲁迅的小说不仅创造了阿Q，也创造了一个有能力分析批评阿Q的中国叙事人。由于他在叙述中注入这样的主体意识，作品深刻地超越了斯密思的支那人气质理论，在中国现代文学中大幅改写了传教士话语"[1]，叙事人"我"与阿Q的分离在于"他只能跪伏在文字面前，在书写符号所代表的中国文化巨大象征权威面前颤抖。相对而言，叙事人的文化地位则使他避免做出阿Q的某些劣行，并且占有阿Q所不能触及的某些主体位置。叙事人处处与阿Q相反，使我们省悟到横亘在他们各自代表的'上等人'和'下等人'之间的鸿沟。叙事人无论批评、宽容或同情阿Q，前提都是他自己高高在上的作者和知识地位。他的知识不限于中国历史或西方文学，而且还包括全知叙事观点所附带的自由出入阿Q和未庄村民内心世界的能力"[2]。这样一种借助福柯所论述的知识／权力的同构关系来理解叙事人"我"与阿Q的权力关系，确立了"我"与阿Q的启蒙与被启蒙的关系，而叙事人所占据的"某些主体位置"究竟深刻地超越了传教士的国民性话语，还是把这些话语内在化了呢？与其说这是一种"改写"，不如说更突显叙事人作为中介人的身份。

更为复杂的是，在《阿Q正传》的结尾部分，阿Q已经不再是一个被启蒙的对象，而是在"大团圆"中，在砍头示众的时刻突然"觉悟"了，他发现自己置身于被吃人的疯狂世界之中。阿Q是如何觉悟的呢？从被当作革命党抓捕到被判刑，阿Q一直都"蒙在鼓里"，只记得这是第几次走进、走出栅栏门，这种省悟的时刻，恰好是阿Q看到"两旁是许多张着嘴的看客"，"他突然觉到了：这岂不是去杀头么？"，这种"省悟"来自"看客"的眼睛，因此，他立刻意识到自己应该为看客表演，如同《野草·复仇》中的"他们俩"一样，意识到自己的被看位置，"阿Q忽然很羞愧自己没志气：竟没有唱几句

---

[1] 刘禾：《国民性理论质疑》，《跨语际实践——文学，民族文化与被译介的现代性（中国，1900—1937）》，宋伟杰等译，生活·读书·新知三联书店2002年版，第103页。

[2] 同上，第102页。

戏",而当阿Q无师自通地喊出"过了二十年又是一个……"时,引来了"豺狼的嗥叫",但是,阿Q并没有满足看客们,事后舆论是"他们多半不满足,以为枪毙并无杀头这般好看;而且那是怎样的一个可笑的死囚呵,游了那么久的街,竟没有唱一句戏:他们白跟了一趟了",阿Q"于是再看那些喝彩的人们","刹那中"他把看客的眼睛联想到"饿狼之眼",于是,又出现了吃人的幻想:"不但已经咀嚼了他的话,并且还要咀嚼他皮肉以外的东西,永是不近不远的跟他走",[1]这非常像狂人的境遇,也就是说,阿Q由一个愚昧的庸众变成了狂人/觉醒者。从这里,可以看出启蒙者(叙事人)—看客—被砍头者之间既是相互分离的,又是可以互相转化的,所以说,被砍头者与狂人之间存在着某种镜像关系,启蒙者/被砍头者都是看客的对象。

阿Q的位置,正好呈现了被启蒙者与启蒙者的内在连接和转化,而看客的功能在于实现这种转化,把启蒙者放置在被砍头者的位置上。从《狂人日记》和《阿Q正传》中,启蒙者恰好没有占据"幻灯片事件"中鲁迅的位置,也就是摄影机的位置或者说观众的位置,反而是占据了被砍头者的位置,看客的位置依然没有变,只是由围观被砍头者变成了围观启蒙者/先驱者/革命者/这样的战士。这种位置的替换,并不仅仅是为了突显"这样的战士"的西西弗式的无力和绝望,而是完全颠倒了启蒙者/医生与被砍头者/被医治者的关系,这究竟是启蒙话语遮蔽了救亡危机,还是救亡危机转移为了启蒙话语呢?

在这种转化之中,被砍头者被遮蔽了,这种遮蔽使得鲁迅看不到刽子手,而只能注目于看客。这可以从《准风月谈》的《电影的教训》(发表在1933年9月11日的《申报·自由谈》上)一文中看出,鲁迅记述了自己看电影的一次经历:"但到我在上海看电影的时候,却早是成为'下等华人'的了,看楼上坐着白人和阔人,楼下排着中等和下等的'华胄',银幕上现出白色兵们打仗,白色老爷发财,白色小姐结婚,白色英雄探险,令看客佩服,羡慕,恐怖,自己

---

[1] 鲁迅:《鲁迅全集》(第一卷),人民文学出版社2005年版,第547—552页。

觉得做不到。但当白色英雄探险非洲时,却常有黑色的忠仆来给他开路,服役,拚命,替死,使主子安然的回家;待到他豫备第二次探险时,忠仆不可再得,便又记起了死者,脸色一沉,银幕上就现出一个他记忆上的黑色的面貌。黄脸的看客也大抵在微光中把脸色一沉:他们被感动了。"[1]

按照《鲁迅与电影》一书中的记述,鲁迅很少看国产电影,发表这篇文章的1933年,恰恰是中国左翼电影浮出影坛的时候,《春蚕》是第一部左翼电影,但鲁迅谈到更多的还是外国电影。根据鲁迅的叙述,这些讲述了白色英雄探险故事的电影,受到"黄色的看客"感动的,不是荧幕上的白人,而是跟随"白色英雄探险"的"黑色的奴仆",这继续了鲁迅关于作为奴隶的看客的位置,在这一点上,"黄色的看客"确实处在黑人的位置之上。但是,这种被剥削的位置,并没有使鲁迅质疑白人/黑人作为殖民与被殖民者之间的权力关系,反而依然是要把电影院中的"黄色"观众继续钉死在自我奴隶化的位置上。这影响到鲁迅对于另外一部模仿白人探险故事片的中国电影《瑶山艳史》的解读:"这部片子,主题是'开化瑶民',机键是'招驸马',令人记起《四郎探母》以及《双阳公主追狄》这些戏本来。中国的精神文明主宰全世界的伟论,近来不大听到了,要想去开化,自然只好退到苗瑶之类的里面去,而要成这种大事业,却首先须'结亲',黄帝子孙,也和黑人一样,不能和欧亚大国的公主结亲,所以精神文明就无法传播。这是大家可以由此明白的。"[2]

《瑶山艳史》(编剧:刘呐鸥,导演:杨小仲)是1933年左翼电影创作处于高潮时,软性电影一派的艺联影片公司受美国蛮荒野兽猎奇片的影响,以所谓"开化瑶民""沟通文蛮的分野、发掘原始的遗迹"为主题,到广西苗族地区拍摄的,在电影史中被追溯为中国第一部少数民族电影,其评价为对少数民族

---

[1] 鲁迅:《鲁迅全集》(第五卷),人民文学出版社2005年版,第309—310页。
[2] 同上,第310页。

做了猎奇化和展览化的描写。汉人是以白人的位置去"开化瑶民",却被鲁迅解读为一种依然是"也和黑人一样",也就是说,在鲁迅的逻辑中,白人/黑人(黄人)/苗瑶之类的权力关系是固定的。鲁迅眼中的看客,不可能占据白人的位置,反而只能认同于受到白人奴役的黑人的位置,因此,鲁迅不会质疑白人与黑人的殖民与被殖民的关系,反而把依然占据白人位置的开放苗瑶的黄人指认为黑人。在这个电影院空间中,与"幻灯片事件"相似,鲁迅只注目于"看客",对于白人殖民者视而不见,这也许与鲁迅的半殖民地经验有关。

四 "国民"的出现

在这份视觉性遭遇中,鲁迅似乎无法认同看客和被砍头者,因为他拥有一个西方观看的外在视点,但是,鲁迅通过幻灯片的镜像所意识到的恰恰是一种被西方建构的中国人身份,或者说"幻灯片事件"得以成立在于鲁迅认出了"国民",正如在《呐喊·自序》中,鲁迅说"竟在画片上忽然会见我久违的许多中国人了",这种对中国人身份的确认是他进行"国民性批判"的前提,而鲁迅实际上并没有看见中国人,他看见的是中国人的图片或影像(能指)。影像以不在场的方式建造了在场的幻觉,影像的功能正在于一种缺席的在场,或者说解剖图并不是实物,反而是以实物的缺席或者说对实物的放逐为前提的。也就是说,在这样一个空间中,当鲁迅与自己的同胞遭遇的时刻,恰恰是以这些同胞的不在场为前提的,也正是在这个意义上,教室是一种现代的规训空间,而不是古典的示众。

从这个角度,观众与幻灯片之间在时间上是断裂的,但在同一个空间中被"看见"却使这种断裂的时间重新弥合起来。也就是说,这种观看的连续性成功地遮蔽了一种缺席,以至于鲁迅并没有意识到幻灯片上的场景实际上并不在场。正如藤野先生所说"解剖图不是美术,实物是那么样的,我们没法改换它",解剖图的意义在于替换实物,而又意识不到这种替换,或者说摄影机/放映机的诡秘之处在于,无论对于被拍摄者还是观看者,都能够隐而不见，从而产生一种观看的"同时性"。因此，在鲁迅和他的同学观看幻灯片时，根本看不见"放映机"的存在，或者说对这个放映装置"视而不见"（在上面的图表中，幻灯片是鲁迅和日本同学的视线所在，但放映机并不会被看见，或者说电影院的放映机本身就放置在观众身后）。为什么摄影机／放映机不能出现呢？因为它们的出现打破了观众与影像之间观看的连续性，破坏了观众的剧场幻觉，也破坏了观众与被观看对象之间的认同（正如面对照片或影像，人们一方面认为这拍摄的就是"真实""现实"，另一方面也清晰地知道这毕竟是机器"拍出来"，是"假的""不真实的"）。而之所以能够对这个装置"视而不见"，还在于幻灯片中的看客成功地取代了摄影机的视点，为观众提供了观看动机，或者说摄影机的视点被图片内部的观看视点所取代。

可以说，在这次"幻灯片事件"中，存在着多重的看与被看的关系。第一种是幻灯片上的看客和被砍头者是一种观看关系；第二种是作为学生的鲁迅和日本同学在讲堂中观看幻灯片；第三种是鲁迅处在想象中的日本同学的"视线"之中。因此，强烈地感受到"在讲堂里的还有一个我"。这三种观看是不一样的，第一种是一种在场的观看，也就是福柯所论述的古典的观看，观众与被看者处在同一个时空当中，是观众和演员没有完全隔绝的剧场空间；第二种是不在场的观看，也就是现代的观看，一种观众与被看者完全被隔绝的空间，如果说第一种还存在观众与被看者之间的参与性互动，第二种就只剩下"看"了（观众像聋哑人一样成了被"看"所驯化／驯顺了的"观"众）；第三种观看是前两种的综合，既是一种在场的观看，又是隐去了摄影机的第二种观看（鲁迅看到了看客的麻木的表情，而鲁迅恰恰也是一种麻木而沉默的聋哑观众）。进一步说，这样两种"看"与"被看"，恰恰是两种类型的观看，前者是一种科学的、认知的观看，是主体与客体之间的观看，而后者则是一种类似于阿尔都塞意义上的询唤／臣服，也就是一种主体与他者和主体与大他者之间的承认式观看，或者说这是一种伦理的、政治的观看[1]。作为科学教育的空间，也成为主体获得询

---

[1] [美]米歇尔：《图像理论》，陈永国、胡文征译，北京大学出版社2006年版，第25页。

唤的空间，在主客关系与主体间性之间存在着相似的认同机制。从这里可以看出，鲁迅对国民性的批判是"被看"的"看"的结果，而这里的"国民"/我的出现，就在这种"被看"的"看"的机制中制造出来，尽管是以一种对国民性批判的方式确认了国民的身份。

也正是在这个意义上，可以为我们反思视觉呈现在建构"想象的共同体"的过程中所扮演的角色。美国理论家本尼迪克特·安德森在阐述"想象的共同体"得以发生的前提时，尤为强调一种不同空间的人们在同时性里被组织起来的过程，他借用本雅明意义上的"同质的、空洞的时间"使"想象的共同体"可以穿越空间的阻隔而彼此"想象"，而且安德森举1887年菲律宾民族主义之父荷塞·黎萨的小说《社会之癌》来呈现不同空间的人们是如何以想象的方式联系在一起的，他截取了小说的开场，即一个上尉举行晚宴的场景，主人虽然很晚才公布晚宴的消息，但是消息瞬间传遍了所有的人。安德森指出："数以百计未被指名、互不相识的人，在马尼拉的不同地区，在某特定年代的某特定月份，正在讨论一场晚宴。这个（对菲律宾文学而言全新的）意象立即在我们心中召唤出一个想象的共同体。而且，在'我们会用现在还认得出来的方式来描述''在安络格街的一栋房子'这段句子里暗示的'认得出房子的人'，就是我们—菲律宾人—读者。这栋房子从小说的'内部'时间向（马尼拉的）读者的日常生活的'外部'时间的因果推移，犹如催眠术一般地确认了一个单一的，涵盖了书中角色、作者与读者，并在时历中前进的共同体的坚固的存在。"①

这次晚宴，之所以能够召唤出一个"想象的共同体"，不在于小说中所描述的晚宴的"消息像就电击一样，瞬间传遍了寄生虫、食客和那些上

---

① [美] 本尼迪克特·安德森：《想象的共同体：民族主义的起源与散布》，吴叡人译，上海人民出版社2005年版，第25页。

帝以其无限的善意所造，并且温柔地在马尼拉大量繁殖的，专打秋风的人的圈子"①，而在于读者对再现了这个场景的小说的阅读，尽管安德森处理的是小说，鲁迅遭遇的是幻灯片，但在这种阅读／观看的过程中，小说和幻灯片使缺席的"国民"重新在场，小说作者如同摄影师一样拍摄了一个"数以百计未被指名、互不相识的人，在马尼拉的不同地区，在某特定年代的某特定月份，正在讨论一场晚宴"的场景，而读者／观众对这样一个"视觉性"的场景进行阅读／观看的过程中获得了一种"想象"的可能性，正如这些读者从这场晚宴中"看见"了自己，这种空间的连续性弥合了小说中所描述的晚宴的缺席，缺席的晚宴以文字在场的方式成为读者得以观看的"风景"。

"共同体"之所以可以被想象，正是因为彼此可以以风景的方式"看见"，也就是说小说、图片、影像为一种不在场的观看提供了可能，同时性是被一种空间关系的连续性所缝合完成的，而"想象的共同体"不仅仅需要一种空洞的同质化的时间（"在时历中前进"），还需要在空间中观看或遭遇中形成一种中心透视的风景（缺席的在场）为这种观看提供了条件。日本文学批评家柄谷行人在其著名的作品《日本现代文学的起源》中提出风景的发现与作为现代主体的产生具有密切的关系，因此，"风景是和孤独的内心状态紧密连接在一起的"②，"风景"的意义在于参与建构一种国族身份（自然化的风景是建构祖国认同的有效策略）。

但是，问题似乎并没有这么简单，也就是说安德森提供了一种"想象的共同体"建构的理论原理，对于究竟会出现什么样的共同体的想象却语焉不详，尽管安德森的核心问题处理的恰恰是"想象的共同体"与民族主义之间的关

---

① [菲]荷塞·黎萨：《社会之癌》，转引自[美]本尼迪克特·安德森：《想象的共同体：民族主义的起源与散布》，吴叡人译，上海人民出版社2005年版，第25页。
② [日]柄谷行人：《日本现代文学的起源》，赵京华译，生活·读书·新知三联书店2003年版，第15页。

系，但他却在最核心的问题上简单地把共同体的想象等同于民族主义的形塑或建构之上。在"幻灯片事件"中，鲁迅具有双重身份，一方面他认出或意识到作为国民的"我"，另一方面这个"我"又显然与那些"愚弱的国民"不同，这种位置类似于安德森在阐述民族主义的几个类型中尤其是第四波殖民地民族主义中充当殖民地与宗主国中间人角色的"双语知识分子"。虽然中国不是殖民地，但鲁迅还是占据了一个国民之外的位置，以"批判国民性"的方式完成了对国民身份的认同，这一特殊的经验似乎并不具有普遍的意义。下面我就简单地引入印度国父甘地和法农的例子①，来呈现鲁迅遭遇的某种特殊性或者说偶然性，也许这种对"负面的国民想象"并非唯一的选择。

印度建国之父甘地，在英国求学尤其是在南非做律师的过程中（正如鲁迅在日本这一"作为西方的东方"的中介，甘地也是在南非这一作为"西方的非洲"的中介，他们都属于安德森论述的作为本土的双语精英知识分子，不同在于，鲁迅不是来自殖民地，但分享中国近代以来的创伤经验），遭遇到印度作为英帝国二等公民的处境，进而认同于印度的"传统"文化（印度作为多信仰多种族的区域，什么被作为传统是一个问题），不仅在服装上脱下西装穿上印度的"传统"服装（印度作为一个民族国家本身是英国殖民者为了便于统治而试图建构的产物），而且倡导手工劳动来反对大工业生产，与鲁迅对传统的批判形成了相反的选择，但问题的吊诡之处，在于甘地对于东方／印度的认同恰恰来自他在英国求学期间。

研究者指出："当年方十八岁的甘地离家赴英之时，他实际上是一名无神论者，仅仅是出于家庭传统才奉行素食的；在文化上，他作为大英帝国公民的感觉要超过作为一名印度人的感觉。但当他离开伦敦时，他却找到了自己的根，确认了自己的身份。他开始如饥似渴并满怀崇敬地阅读印度经典。他

---

① 引入甘地、法农与鲁迅进行比较，并非他们之间存在着直接的影响关系，而是甘地和法农作为后殖民理论经常被讨论的人物，便于和鲁迅的经验形成某种参照。

也变成了一名坚定的素食主义者。"[1]甘地在伦敦接触到了约翰·罗斯金、爱德华·卡彭特、威廉·莫里斯和美国的亨利·戴维·梭罗等列夫·托尔斯泰的信徒的著作,这些作品多借用对亚洲文明尤其是印度文化的崇拜来批判工业化/资本主义等现代化价值,或者说一种对东方文明的想象或借重完成的是对西方现代历史的自我批判,却使一名东方人"确认了自己的身份",或许在西方/印度的位置上解读甘地,带有民族主义的色彩,印度庶民研究的主将帕尔塔·查特吉把甘地对西方文明的批判解读为西方国家和印度都适用的一种对市民社会的批评,"在表面上看来是对西方文明的批评,实际上完全是对市民社会各基本方面的道德批评。在这个层面上,它不是对西方文化或宗教的批评,也不是宣扬印度教在精神上优越地位的一种尝试。实际上,对西方道德上的指责并不是说它的宗教劣等,而是说它全心全意地接受了现代文明可疑的优点,而忘记了基督教信仰的真实教义。在这个层面上,甘地的思考根本不涉及民族主义的问题。他的解决方案,其设计目的仍然是普适的,要对西方国家和印度一样的民族同样适用"[2]。

同样作为医生,来自法属殖民地的黑人医生法农,在其精神分析医生的视野中详尽分析了被殖民者的主体结构如何把殖民者的目光内在化。与鲁迅的《狂人日记》中的狂人相似,在法农看来,被殖民者的主体是一个患有精神分裂症的主体。法农的论述主要从黑人在白人的目光之下是如何为"黑皮肤"戴上"白面具"的角度展开,也就是一种黑人如何把白人的观看内在化的过程,正如他在《黑皮肤,白面具》中所说:"人们因他的黑色或白色,沉浸在自恋的悲剧中,封闭在各自的特殊性中,进行着肉搏,只是时不时地,

---

[1] [意]詹尼·索弗里:《甘地与印度》,李阳译,生活·读书·新知三联书店2006年版,第51页。
[2] [印度]帕尔塔·查特吉:《民族主义思想与殖民地世界:一种衍生的话语?》,范慕尤、杨曦译,译林出版社2007年版,第123页。

确实有几缕微光,然后,微光源头却受到威胁。"①

这种被殖民者以殖民者的目光进行的"肉搏",又被后殖民理论家霍米·巴巴描述为一种戏仿和矛盾性。在巴巴看来,"殖民权力和殖民话语并不是单一的或统一的;相反,由于在殖民者同被殖民者的关系中,由此也在表达这一关系的语言或话语中,存在着根本的矛盾性,因而它们是相互分裂的"②,因此,巴巴不同意《东方学》中关于殖民权力是完整的、统一的观点,而更强调殖民话语中的混成性、矛盾性、拟态、居间性和第三空间等差异因素的存在。这或许与巴巴比萨义德更赞同后现代主义和后结构主义理论的某些因素有关,或者说被殖民者永远都不会真正戴上"白面具",而是一种"白加黑"的产物,这是一种被殖民者的后殖民主义问题。

法农非常明确地指出,"黑人精神"是一种把白人逻辑内在化的方式,"白人文明、欧洲文化迫使黑人生活偏离。我们还将指出那人们叫作黑人精神的东西常常是个白人的结构"③。被殖民者与殖民者之间的关系,是一种羡妒的关系,"被殖民者投向殖民者城市的目光是淫荡的目光,羡妒的目光。梦想占有。所有占有的方式:坐在殖民者的桌边,躺在殖民者的床上,如果可能的话同殖民者的妻子一起睡觉。被殖民者是个羡妒的人。殖民者并非不知道此事,他撞见被殖民者那失去控制的目光,苦涩地确认,但始终保持警惕:'他们想占领我们的位置。'确实,没有一个被殖民者不至少每天一次地梦想处在殖民者的位置上"④。法农引用黑格尔关于主奴逻辑的论述来说明黑人主体的形成来自白人的目光,这与黑人的海外经验有关,"一个不寻常的沉重包袱压得我们透不过气来。真正的世界同我们争夺我们那部分。在白人世界,有色人种在设计自己的

---

① [法]弗朗兹·法农:《黑皮肤,白面具》,万冰译,译林出版社2005年版,第31页。
② [英]瓦莱丽·肯尼迪:《萨义德》,李自修译,江苏人民出版社2006年版,第97页。
③ [法]弗朗兹·法农:《黑皮肤,白面具》,万冰译,译林出版社2005年版,第7页。
④ [法]弗朗兹·法农:《全世界受苦的人》,万冰译,译林出版社2005年版,第6页。

形体略图中遇到困难。对身体的认识是一个彻底否定性的活动"①，我们从鲁迅对国民性的批判中也看到了这种对自我身份的否定。

与甘地选择非暴力不同，法农不无绝望地提出"杀死一个欧洲人，这是一举两得，即同时清除一个压迫者和一个被压迫者：剩下一个死人和一个自由人；幸存者第一次感到他脚下植物下面的国土"②，因此，为其著作《全世界受苦的人》一书作序的萨特不会惊讶地宣布："我们过去是历史的主体，现在我们是历史的客体。"③

尽管鲁迅、甘地、法农身处不同的历史语境，但他们都在遭遇西方或者说在西方的目光之下，选择了不同的身份认同和战斗方式；鲁迅转向了对国民性的批判，反而建立了一种西方内在的主体；甘地则在被西方反现代性的论述中所重构的印度传统中，建立对西方现代性的批判视野；法农则提出"去殖民化"主体的可能性。从这些带有批判色彩的叙述中可以看出西方/现代知识的烙印，或者说西方深刻地内在于他们的主体位置之中。鲁迅与甘地、法农最大的不同在于，鲁迅并非处在殖民地，而是半殖民地状态，因此，殖民者与被殖民者之间的二元关系，并非鲁迅的核心关切，正如在"幻灯片事件"中，"我"与"看客"的关系而不是被砍头者与刽子手的关系成为鲁迅论述的中心议题。因此，主奴结构对于鲁迅来说，不是殖民者与被殖民者的关系，而是铁屋子内部的"清醒者"与"熟睡的人们"的关系，鲁迅对刽子手的批判也转移为对麻醉人们的封建礼教的批判。

五 被遮蔽的看客

让我们再次回到"幻灯片事件"，根据史料，可以知道鲁迅于1904年到

---

① [法]弗朗兹·法农：《黑皮肤，白面具》，万冰译，译林出版社2005年版，第84页。
② 转引自萨特为法农的《全世界受苦的人》1961年版所做的序言，译林出版社2005年版，第24页。
③ [法]弗朗兹·法农：《全世界受苦的人》，万冰译，译林出版社2005年版，第28页。

主体魅影

1906年在日本仙台医学专门学校学习,而这也正好是发生日俄战争的时期(1904年2月至1905年9月),研究者一般用这段相吻合的时间来确认幻灯片的真实性,而很少注意到,当鲁迅1922年12月3日通过书写《呐喊·自序》或1926年10月12日写作《藤野先生》重述这一事件时所带有的某种预设性。这种预设性在于,当鲁迅把幻灯片上的看客和被砍头者观看为中国人的时候,也就是当鲁迅自觉地在"幻灯片事件"之前叙述"我竟在画片上忽然会见我久违的许多中国人了"(《呐喊·自序》)、"中国是弱国,所以中国人当然是低能儿"(《藤野先生》)时,就用一种国族话语遮蔽了这是一些生活在东北的晚清时期的人们先后处在俄国和日本的统治之下的位置。

上面曾提到,鲁迅并不能完全占据摄影机的位置,因为他只看见了麻木的看客和愚昧的被砍头者,而对作为日军的刽子手"视而不见",这种"视而不见"使鲁迅完全认同一种被规训的观看的视野,也就是关于愚昧、落后的国民的想象,进而这些被鲁迅描述为"强壮的体格,而显出麻木的神情"的看客,成为他"哀其不幸,怒其不争"的被疗救/启蒙的对象。无论是鲁迅,还是后来的研究者,都认同于鲁迅的视野,而意识不到这张幻灯片所呈现的中国人其实具有被殖民者的身份,因此,鲁迅的这种对国民性批判性的话语非常恰当而有效地遮蔽了帝国主义或殖民主义的问题。但问题的复杂在于,这种落后的、愚昧的中国人的论述与其说是西方传教士的论述,不如说恰好是作为殖民者的俄国、日本视野中的中国人的论述。

如果把视线由鲁迅转移到幻灯片事件中的另外一群观众,也就是高呼"万岁"的日本学生,尽管鲁迅没有叙述他们究竟看到了什么,但可以从这种"胜利者"的欢呼中推论出,他们与鲁迅正好相反,恰恰只看到了或者说只认同于"刽子手",对看客和被砍头者"视而不见"。吊诡的是,这样一种胜利者的视野,正好看不见作为敌手/战败方的俄国人(被印证胜利的是作为俘虏的中国人而不是俄国人),与此相关的是,在苏联作家阿·斯捷潘诺夫发表于1944年全景式地再现日俄战争的旅顺口防御战的长篇历史小说《旅顺口》①中，中国人也是以日本间谍的身份出现。更重要的是，对于战争的认识，俄国和日本采取了相同的逻辑。俄国向欧洲宣称这次战争中的日本是继成吉思汗的蒙古人西征之后第二次"黄祸"（日本被作为亚洲／黄皮肤／东方的象征），而日本政府则向本国和亚洲宣称这是一次领导亚洲人推翻欧洲白人帝国主义殖民统治的战争。可见，无论是俄国还是日本，这都被认为是一场东／西方之间的战争。因此，战争的胜利也就"自然"成为"世界史"上第一次亚洲人打败西方人的战争以及代表着"亚洲的觉醒"②。

这种"觉醒"也被另一位曾经学习过医学的民国之父孙中山由衷认同，1924年，他逝世前夕在日本神户发表了名为《大亚洲主义》的演讲："日本人战胜俄国人，是亚洲民族在最近几百年中头一次战胜欧洲人。这次战争的影响便马上传达到全亚洲，亚洲全部的民族便惊[欢]天喜地，发生一个极大的希望。……从日本战胜俄国之日起，亚洲全部民族便想打破欧洲，便发生独立的运动。所以埃及有独立的运动，波斯、土耳其有独立的运动，阿富汗、阿拉伯有独立的运动，印度人也从此生出独立的运动。所以日本战胜俄国的结

---

① 小说刚发表不久，就被斯捷潘诺夫和剧作家伊·波波夫改编成剧本《旅顺口》，在苏联许多剧院上演。同样，他们也完成了对《旅顺口》电影剧本的改编。《旅顺口》在苏联多次出版，印行突破100万册，同时又被译成苏联各民族语言和许多种外语，其中包括英、法、匈牙利、日语等，并于1946年获斯大林文学奖金一等奖。小说主要再现了日俄战争的旅顺口防御战的历史原貌，"写出了沙皇封建制度的腐败，热情讴歌了俄罗斯下层官兵的英勇无畏"。（参见孙福泰、俞慈韵：《折射日俄战争——写在评注本历史小说〈旅顺口〉出版之际》。）

② 陶杰：《一场被低估及遗忘了的战争》："日俄签署朴次茅斯和约的这天，英国牛津大学的一位年轻的讲师司马在清晨的讲座向学生宣布：'今天我要讲一个新的题目，今天是世界历史的转折点，因为一个非白人的种裔，第一次战胜了白人。'这位学者没有说错。日俄战争中日本的胜利，对亚洲和非洲都很有影响。亚洲人和黑人一度认定日本是率领反抗殖民主义的'盟友'，日本战胜，从亚洲到中东到非洲，许多弱小国家的人民都雀跃不已，视同自己的胜利。在埃及和土耳其，许多诗人写作颂诗向日本欢呼。日本巧妙地利用了亚非反殖民地统治的民情，以解放者自居，为三十年后另一场'大东亚圣战'埋下了伏笔。"（《苹果日报》2005年9月18日。）

果，便生出亚洲民族独立的大希望。"①

设想如果孙中山也置身于"幻灯片事件"中，他究竟会像鲁迅那样看见"愚弱的国民"，还是认同于代表亚洲觉醒的"刽子手"呢？而反讽的是，日本恰恰是亚洲的西方，俄国又是西方／欧洲的东方，日本、俄国又在什么意义上会作为西方与东方呢？更为复杂的是，在西方视野中，它们又都是东方的表征（日本是西方文化视野中内在的东方，俄国始终作为欧洲内部的东方）。问题的吊诡之处在于，在这些日本同学的视野中，被砍头者和看客怎么就没有出现在这种"亚洲"的视野之中呢？难道这些中国人不属于"亚洲"吗？暂且不讨论日本思想内部的诸多亚洲论述②以及作为意识形态的和地理概念的亚洲之间的游离，从这里可以看出，日本学生的观看恰恰与这种把日俄战争论述亚洲的胜利相冲突③，进一步说，这种西／东的二元视野本身是一种西方中心主义的产物，或者说，无论是"黄祸"，还是挑战西方、欧洲的统治，都没有能够逃避这种二元结构，在这种二元视野中，"大亚洲主义"（包括由以解放亚洲的名义进行的侵华和侵略东南亚的战争和以反抗西方为名的太平洋战争组成的大东亚战争）成了某种意义上的神话，甚或谎言。

另外，带出日俄战争的背景，幻灯片中所谓的古典的示众，与其说是一种古典的，不如说又正好印证了一种东方（日本）的专制与残暴（古／今的时间叙述置

---

① 孙中山：《大亚洲主义——在神户专题讲演会的演说》，黄彦编：《孙文选集》（下册），广东人民出版社2006年版，第621—622页。

② 关于亚洲的讨论，最近成为一个学术热点，尤其是与日本近代史纠缠在一起的亚洲论述，参见[日]竹内好：《近代的超克》（生活·读书·新知三联书店2005年版）、[日]子安宣邦：《东亚论：日本现代思想批判》（吉林人民出版社2004年版）、孙歌：《亚洲意味着什么》（选自《主体弥散的空间：亚洲论述之两难》，江西教育出版社2002年版）、汪晖：《亚洲想象的谱系》（《现代中国思想兴起》第四卷，生活·读书·新知三联书店2004年版）、陈光兴：《去帝国：亚洲作为方法》（台湾行人出版社2006年版）等论著。

③ 对于这场战争，只有当时的共产主义者（如列宁）把日俄之战作为两个帝国主义国家之间的垄断争夺战，也是资本主义走向帝国主义的转折点。而当二战结束以后，作为社会主义老大哥的苏联则试图恢复原来沙俄在东北的利益，苏日之战也被作为第二次日俄战争。

换为东/西的空间位置),摄影机所拍摄下来的砍头示众,也具有了实际的意义,作为殖民者的日本通过惩罚作为俄国间谍的中国人而使其他中国人获得臣服。在这次幻灯片事件中,这些处在日俄战争时期的中国人,同时被鲁迅和他的日本同学的视线双重放逐,悬在他们头上的军刀在这两种观看视野中被抹去,恰如鲁迅的描述,他们"显出麻木的神情"。也许除了麻木之外,在这场"演出"中,他们再没有其他的表情或位置。

使用后殖民的角度来解读鲁迅,是最近几年来,尤其是海外现代文学研究学者的常见思路,上面提到的刘禾从跨语际实践的角度对"国民性话语"的梳理以及周蕾对鲁迅的幻灯片事件的解读都是精彩的例证。把鲁迅或五四放置在后殖民理论的视野中,更容易看出,他们对于西方现代性的内在追求与自我批判之间有着深刻的联系。但不能不提到的一个参照就是,中国近代的殖民经验毕竟不是殖民地经验,而是半殖民地经验,因此,对于鲁迅式的双语知识分子来说,殖民者/被殖民者的二元结构并不是最核心的关切,反而是对中国自身"传统"的批判成为核心议题。正如在"幻灯片事件"中,刽子手的屠刀并没有给鲁迅留下危机的震惊,反而是"示众的材料和麻木的看客"以及制造这种"戏剧的看客"的封建礼教成为批判的对象,这就使得中国的后殖民经验呈现某种特殊的主体位置,就是"被看"的"看",即鲁迅与看客。一方面,前者在"日本"的凝视之下看见了麻木的看客,后者在"我"的观看之下成了被砍头者的"观看者";另一方面,看客的功能还在于成为"我"的围观者,使"我"处在被看的状态之中,这样就把一种外在的凝视转移为中国内部的观看。

在"国民性批判"的视野下,鲁迅创作了一种负面的或者说否定的国民形象。这种国民形象无疑是一种特殊的国族认同的方式,与近代以来中国在西方视野中的负面形象相似,不同的是,前者是西方人眼中的他者,是确认西方身份的他者,这种他者在现代性的叙述往往作为落后的、愚昧的表征,以维护西方作为现代的优越地位,而当中国把这种他者指认为自我的时候,

主体魅影

中国身份的建构就是通过一种把自我他者化的过程来完成的。前者把中国作为落后、愚昧的表征以服务于殖民主义扩张,而后者则是剖析国民性的劣根性以引起疗救。不在于这种否定、负面的国民性认识是否与"中国人""中国人的特性"等本质化的议题相吻合,而在于在建构这种国族形象的时候,作为刽子手的外来者/侵略者的位置就消失不见了。"改造国民性"/启蒙是为了确立西方/现代的价值,这种对于西方作为优势价值的认同也成为殖民侵略和扩张的借口,即把落后的、欠发达地区带入"现代"的说辞[①]。在鲁迅这里,这种他者化的工作是对中国传统的激烈批判,这种批判也就成为把西方逻辑内在化的一种过程。在这个过程当中,看客成了鲁迅"国民性批判"的靶心,而不是被砍头者,这种选择意味深长,看客成为鲁迅笔下劣质国民性的代表,同时也是启蒙的对象。看客的尴尬在于,看客的行为是观看,却没有看到"中国人在被砍头",也就是说看客没有看到中国人被杀害或者说被杀害者是自己的同胞。因此,麻木的神情就成为熟睡的人们,处在不觉醒的状态里面,而启蒙的结果恰好是成为一种觉醒者,以看到被砍头的中国人,并进而反抗刽子手。在这个意义上,启看客之蒙是为了救被砍头者之亡,启蒙与救亡具有内在的联系。

可见,在"幻灯片事件"中,作为启蒙与救亡的主体分别是看客和被砍头者,这样就使中国人的身份再次发生微妙的分裂(第一次分裂是"我"与看客)。原本鲁迅"哀其不幸,怒其不争"的看客是因为没有看见被砍头者,而这种对于看客的国民性批判,又恰好遮蔽了被砍头者的位置,或者说,把被砍头者从看客当中分离出去。所以说,这种后(半)殖民经验中,中国人分裂为三个主体位置:鲁迅/"我"、看客和被砍头者。他们同时出现在"幻灯片事件"中,但又在"我"/看客、看客/被砍头者的双重关系中彼此遮蔽和相互转

[①] 直到今日,这种说辞还成为美国发动阿富汗和伊拉克战争的正当性理由:为了给阿富汗和伊拉克人民带来民主和自由。

化，呈现出中国现代性经验的特殊和复杂之处。

[本文选自作者博士论文《视觉呈现与主体位置——比较文学视野下的文化重读》，写于2008年至2009年，部分内容发表于《文化研究》（台湾）2008年第7期、《知识分子论丛》2010年第9辑。]

作为中介者的看客与摄影师的位置

——以《点石斋画报》和《真相画报》为中心

借助文化研究、视觉文化理论等新的理论资源,画报已经成为续小说之后晚清研究/上海研究的热点话题。画报作为一种视觉性呈现,再加上其大众传播的特性,也成为阐释晚清/中国现代性的重要媒介。《点石斋画报》是19世纪末期在上海伴随着《申报》副刊发行的画报,是出版时间较长、流传最广的画报之一。关于该画报的一般描述如下:《点石斋画报》产生于光绪十年(1884年),由英国人美查开设的点石斋印书局创办,聘请江苏吴县(今苏州)画家吴友如担任主笔,参与绘画者共有二十余人。人工绘制成图,用石印的方式印制,封面以彩色本纸制成,版心用连史纸石印,长八寸,宽四寸六分半,每月发行三期,十二册为一辑,共绘图画近四千幅。内容涉及国际时事、国内新闻、科学发明、民间风俗等,每图均有文字说明,图文并茂,出版后随"点石斋印书局"出版的《申报》附送,约光绪二十四年(1898年)停刊(关于停刊时间还有争议)[①]。

从对鲁迅"幻灯片事件"中的三种主体位置的讨论过渡到对《点石斋画报》的视觉经验的研究,在论述的内在逻辑上似乎存在许多"跳跃"。或者说,在鲁迅的"视觉性遭遇"与《点石斋画报》的视觉呈现之间存在着诸多

[①] 陈平原在《晚清人眼中的西学东渐》中详尽地考证,《点石斋画报》的停刊时间大概在1898年8月,不是1894年或1896年。(陈平原选编:《点石斋画报选》之导读,贵州教育出版社2000年版。)

差异。第一，鲁迅作为五四新文学的起点，是一种精英知识分子的写作（暂且不讨论小说如何从晚清作为一种通俗文学转换为"文学革命"的载体），而《点石斋画报》则是一种大众媒介，是晚清都市报纸兴起的副产品或衍生品。精英／大众的对立，这也符合文化史、社会史的研究方法，尽管在晚清的语境中，"大众"在什么意义上被建构为"大众"还是一个问题，而《点石斋画报》的贡献之一在于不期然间创造了一群"围观者"的形象；第二，鲁迅的视觉性遭遇被转化为一种以文字为主要媒介的文学创作，而《点石斋画报》则是一种建立在石印技术上的绘画／图像，正如周蕾对鲁迅的批判也是建立在文学与视觉的二元对立的基础之上展开的；第三，鲁迅与五四新文化运动的参与者，其创作实践关乎"现代"、启蒙等思想史的大命题，而《点石斋画报》则只是一份应和都市市民趣味的通俗画报。因此，鲁迅与《点石斋画报》的相关性建立在精英／大众、五四／晚清、文学／绘画等"深刻"的差异和对比之上，这种对立在后结构主义、后现代主义的质疑之下已经变得越来越暧昧。晚清现代性的出现，恰好是颠覆五四作为现代分界线的叙述，而鲁迅与《点石斋画报》之间的关系，不仅仅是在阐述不同的现代性经验的意义上（教室空间和画报阅读的经验某种程度上都是现代性的创制），而在于晚清画报中没有出现鲁迅式主体焦虑，尤其是作为启蒙者的"我"却处在被启蒙／被观看的位置上，这种焦虑与精英知识分子或双语知识分子陷入双重自我与他者的镜像之中有关。晚清画报作为一种新的观看体验，也涉及如何把观看者的位置组织到视觉呈现之中的问题，无论是那些作为观看者的看客们，还是拿起画笔要揭开"真相"的新式画家，都没有一种内在的焦虑，反而以积极、主动的方式参与到对现代性的羡慕之中。

之所以选择《点石斋画报》和《真相画报》为个案处理晚清画报中存在的一种特殊的视觉呈现下的主体位置，主要是因为它们分别是石印画报和摄影画报的代表（相比《点石斋画报》已经成为海内外晚清及都市研究的热点课题，《真相画报》的专门性研究很少）。与从媒介、新闻、传播的角度处理这些"画报"不同，我还是延续关于"幻灯片事件"的议题，即中国人是如何被组织到一种视觉结构之中以及在这种视觉结构中的主体位置。如果说"幻灯片事件"中涉及启蒙者、看客、被砍头者三种不同的主体位置,那么晚清画报中则主要处理围观者以及画家／摄影师的主体位置,这两种位置与晚清画报的视觉结构有着密切的关系。对《点石斋画报》的解读主要集中到一种新的视觉结构的出现,就是看客作为围观者的出现,这在中国传统版画、年画以及文人画中是鲜有使用的方法。可以说,"幻灯片事件"中的"视觉结构"早在晚清画报中就已经出现,即围观者背对画框围观的场景,或者说在晚清画报中有更多鲁迅所谓的"看客"。因此,围观者在石印画报中占据着一个特殊的位置,他们虽然如同麻木的看客,但是他们却不是被动的,他们的眼睛成为画面的视线的组织者及引导者。这种场景更多地出现在石印画报中,在摄影画报中并不多见,也就是说摄影机的出现,取代了围观者／看客的位置。"看客"成为勾连鲁迅与《点石斋画报》的桥梁。另外,对于那些作为画家／革命者的近代美术家来说,如何想象自己的主体位置也是一个有趣的问题,我选取作为岭南画派的高氏兄弟创办的《真相画报》来处理这种问题。《真相画报》是一种精英理念与大众艺术相结合的产物,其中"真相"作为话语或隐喻,既是一种共和的政治理念,也是画家的美学追求,还是科学家获得"真实"观察的结果。这种制造"真相"的主体位置都是西式画家的形象,不过,手拿的画笔也兼具毛笔的特征,他们的主体位置可以与"幻灯片事件""铁屋子"中的"我""清醒的人"形成参照关系。

一 书写／阅读与视觉／观看的关系

在进入对《点石斋画报》的分析之前,我想还是从鲁迅入手来引入"画报"作为一种视觉性呈现的特殊意义。鲁迅1927年初短暂逗留香港期间给香港青年会做了一次名为《无声的中国》的演讲。中国为什么是"无声"的呢?鲁迅提到:"现在,浙江,陕西,都在打仗,那里的人民哭着呢还是笑着呢,我们不知道。香港似乎很太平,住在这里的中国人,舒服呢还是不很舒服呢，别人也不知道。"①这种"我们"与"别人"之间的无法知晓被转化为一种地域上的区隔——"内地"与"香港"。而这种"不知道"在鲁迅看来，是由于古代文字造成的。"虽然能说话，而只有几个人听到，远处的人们便不知道，结果也等于无声。又因为难，有些人便当作宝贝，像玩把戏似的，之乎者也，只有几个人懂，——其实是不知道可真懂，而大多数的人们却不懂得，结果也等于无声"②，而且古文只能承载古人的声音，"不是我们现代的声音"，因此，所谓"无声的中国"不仅仅指大多数人们无法借助古文而"发声"，而且是古文无法发出"现代"的声音，这就造成"大家不能互相了解，正像一大盘散沙"。问题不在于古文能否承载大多数人"交流"的功能，而在于彼此"不知道""不能互相了解"为什么会成为一个问题。这种叙述如果联系安德森关于"想象的共同体"的观点，可以说对"无声的中国"的论述正好在于古文无法使中国被"想象"为一个"共同体"。只有白话这一"现代的""自己的""活着的话"才能"将中国变成一个有声的中国"，这种"有声的中国"是为了"能和世界的人同在世界上生活"③。也就是说，"有声的中国"所达到的效果应该是"与世界同步"。对于白话为何能够成为一种民族国家式的语言，鲁迅认为"只要教育普及和交通发达就好"，这显然是国族建构的重要途径（如同"书同文""车同轨"）。问题不在于如何使中国"发声"，而是此时对于鲁迅来说，建构一个"互相了解"和"知道"的中国变成了一种必需。值得注意的是，在这里"大多数"被突显出来，或者说想象中国的主体是"大多数"（尽管是一种模糊的描述，而不是毛泽东式的政治概念）。因此，古文／白话的对立背后与其说是精英／大众的对立，不如说是"无声中国"／"有声中国"的对立。

---

① 鲁迅：《鲁迅全集》（第四卷），人民文学出版社2005年版，第11页。
② 同上，第11—12页。
③ 同上，第15页。

鲁迅把希望寄托在青年人和一种对于"真"的态度上,"只有真的声音,才能感动中国的人和世界的人;必须有了真的声音,才能和世界的人同在世界上生活"①,而这种"真"的意识不仅仅是一种伦理上的要求,还是一种对于真实的理解。如果说对于古文的批评在于其无法被"大多数人"充当一种民族语言,因此需要使用白话文,那么鲁迅对于中国画与西洋画的看法却正好"相反"。在启蒙的意义上,鲁迅对于图画的认识,却坚持一种"中国"的立场。在《连环图画琐谈》中,鲁迅认为"因中国文字太难,只得用图画来济文字之穷的产物",也就是说,图画是文字的一种补充,"但要启蒙,即必须能懂。懂的标准,当然不能俯就低能儿或白痴,但应该着眼于一般的大众,譬如罢,中国画是一向没有阴影的,我所遇见的农民,十之九不赞成西洋画及照相,他们说:人脸那有两边颜色不同的呢?西洋人的看画,是观者作为站在一定之处的,但中国的观者,却向不站在定点上,所以他说的话也是真实。那么,作'连环图画'而没有阴影,我以为是可以的;人物旁边写上名字,也可以的,甚至于表示做梦从人头上放出一道毫光来,也无所不可。观者懂得了内容之后,他就会自己删去帮助理解的记号。这也不能谓之失真,因为观者既经会得了内容,便是有了艺术上的真,倘必如实物之真,则人物只有二三寸,就不真了,而没有和地球一样大小的纸张,地球便无法绘画"。②

鲁迅在这里讨论了"真实"的观念与接受者的关系,本来西方画与照相是以"真实"为再现原则的,以完成对实物之"真"的替换(如同藤野先生所说的可以替代实物的"解剖图"),但是这种"真"却在中国农民那里变得并不"真实"。而对于真实与否的评判来自中国画与西洋画的散点透视与焦点透视的区别之上。如果接受"西方画=实物之真"的观看秩序,那么中国画就是不"真

---

① 鲁迅:《鲁迅全集》(第四卷),人民文学出版社2005年版,第15页。
② 鲁迅:《鲁迅全集》(第六卷),人民文学出版社2005年版,第28—29页。

实"的。但是恰好这种不真实,是中国的观者能够"看懂"的,这在某种程度也可以说明那种把西洋画作为真实的理念本身是特定的表意实践的结果。所以说,中国画也能实现启蒙／真的功能,即达到抵达实物的目的。因此,鲁迅认为并不需要改造中国画的书写原则,"'懂'是最要紧的,而且能懂的图画,也可以仍然是艺术",这种叙述已经考虑到大众／读者的观看位置的问题。

从这里,可以看出对于绘画或画报的启蒙意义,主要体现在一种"妇孺易于知晓"的普及功能上[1],这可以从鲁迅后期对于版画的大力提倡中看出。相比文学／文字,鲁迅更寄托于版画的"大众功能"(在形塑"大众"的意义上,革命与启蒙又联系在一起),这种文字／绘画的对立,还隐藏着精英／大众的权力关系(甚或某种程度上的性别关系[2])。从这个角度来说,鲁迅并非如周蕾所述对于视觉性艺术"视而不见",躲进"文字"这一传统的书写形式来回应"视觉遭遇的创伤性体验"。这种对于绘画可以发挥启蒙作用的看法也并非鲁迅经历"革命文学"论争之后,引入左翼的"大众"想象才形成的,在其少年时期就对绘画"情有独钟"。在《朝花夕拾·阿长与〈山海经〉》一文中,鲁迅记述了在远房叔祖的书斋中,"看见过陆玑的《毛诗草木鸟兽虫鱼疏》,还有许多名目很生的书籍。我那时最爱看的是《花镜》,上面有许多图。他说给我听,曾经有过一部绘图的《山海经》,画着人面的兽,九头的蛇,三脚的鸟,生着翅膀的人,没

---

[1] 如《菊侪画报》创刊词:"画报与字报比较,画报如同看戏,字报比作听书。看画报的,不识字可以瞧画儿,看字报若是不识字,即只好数个儿雪。画报一看便知,不论妇孺易于知晓……论到菊侪出这种画报,虽说是种商业,内中可关乎着开通民智的意思,较比卖画儿为业差强。"

[2] 正如陈平原在《左图右史与西学东渐——晚清画报研究》的序言中,引述吴趼人小说《二十年目睹之怪现状》第二十二回,有一读报细节,颇耐人寻味。主人公"我"(即九死一生)外出归来:"只见我姊姊拿着一本书看,我走近看时,却画的是画,翻过书面一看,始知是《点石斋画报》,便问哪里来的?姊姊道:'刚才一个小孩拿来卖的,还有两张报纸呢。'说罢,递了报纸给我。我便拿了报纸,到我自己的卧房里去看。"从这种记述中可以看出,在《申报》与《点石斋画报》的选择之间,包含着男性与女性、高雅与低俗的价值判断。

有头而以两乳当作眼睛的怪物,……可惜现在不知道放在那里了。……此后我就更其搜集绘图的书,于是有了石印的《尔雅音图》和《毛诗品物图考》,又有了《点石斋丛画》和《诗画舫》。《山海经》也另买了一部石印的,每卷都有图赞,绿色的画,字是红的,比那木刻的精致得多了。这一部直到前年还在,是缩印的郝懿行疏。木刻的却已经记不清是什么时候失掉了。"①

这篇文章是怀念曾经照看鲁迅的保姆阿长(长妈妈)的,和鲁迅笔下的"母亲"形象相似的是,阿长也是一个带着过继的儿子的守寡母亲。这个保姆对于"我"来说既恨又爱,恨她杀死了隐鼠并喜欢告状,爱她给我买了绘画的《山海经》("别人不肯做,或不能做的事,她却能够做成功")。如果说鲁迅认为白话文和古文存在着一种断裂,那么绘画并没有如此。在他看来,《花镜》《山海经》《尔雅音图》《毛诗品物图考》《诗画舫》与《点石斋丛画》是一样的图画书(它们之间还是存在着一种断裂,《点石斋画报》是一种随《申报》发行的画报,因此,它与近代以来的新闻概念有关),绘画的功能在于它更能被大众所接受,其启蒙意义是在构建一种大多数的共同体的背景下提出来的,而《点石斋画报》的意义在于它流传广泛,这也意味着鲁迅对大众/读者的看法进行了重新调整,由作为启蒙和改造对象的庸众变成了作为接受者的大众,尽管这种"看得懂"的正当性在于可以更好地改造或启蒙大众。

二 晚清绘画的变革与画报的出现

在近代美术史的叙述中,清代绘画基本上沿着明末清初董其昌所推崇的南宗绘画(即文人山水画)的风格发展,董其昌精通禅理,他认为:"禅家有南北二宗,唐时始分。画之南北二宗,亦唐始分也。"这种南北宗以禅宗比附绘画,对清代的绘画产生很大的影响:"这一理论把禅家'北宗'的所谓'渐修'

---

① 鲁迅:《鲁迅全集》(第二卷),人民文学出版社2005年版,第254—255页。

(以神秀为代表)与'南宗'的所谓'顿悟'(以惠能为代表)的概念用于绘画，推李思训和王维作为南北两派的首领，称'南宗'是文人画，是'顿悟'的表现，有书卷气，有天趣，只有凭借个人的天赋和学养才能达到其境界，而'北宗'是行家(职业画家)画，是'渐修'的表现，只重苦练，无天趣可言。按此理论观之，北宗画家多功利之心，不免身为物役，表现在绘画上多有钩斫刻画、剑拔弩张的痕迹，而南宗画家超轶乎功利，在仕途上，有归隐之心，表现在绘画上多用渲淡之法，追求蕴藉中沉着痛快的笔墨趣味。"①

这种山水加文人画的理念，有其自身的传统，与西方文艺复兴以来建立在中心透视基础上的绘画风格不同。最早论述这种不同的是到中国传教的利玛窦，在其"中国札记"中他这样论述中国图画："他们对油画艺术以及在画上利用透视的原理一无所知，结果他们的作品更像是死的，而不像是活的。"②这种以西方透视绘画为参照建立的一死一活的论述，在近代美术史的争论中被康有为、陈独秀等文学革命的学者接受，并作为中国绘画没有写实传统的依据。在这里，不在于中国画到底应不应该写实，而在于为什么会接受这样一种关于写实的理念。从这种理念的西方来源来说，可以看出清晰的西方中心主义的视野，但是并不能解释为什么这种理念会成为一种支配性的叙述方式和想象，尤其对于中国来说，"美术"的概念本身是一种"现代"的发明。

尽管清朝中叶(康乾盛世时期)一些西方传教士(如郎世宁)成为深受皇帝赏识的宫廷画师，他们把传统中国技法与西洋透视法和明暗法结合来，随后还有西洋画家王致诚、艾启蒙等为宫廷效力，创作了一些透视画法的绘画，但这仅限于宫廷艺术，中国人真正遭遇或试图借用透视画法是在晚清画报时期。

---

① 潘耀昌：《中国近现代美术史》，百家出版社2004年版，第8页。
② [意]利玛窦、[比]金尼阁：《利玛窦中国札记》(上册)，何高济、王遵仲、李申译，中华书局1983年版，第22页。

主体魅影

这样一种论证方式非常吻合于中国在西方的冲击下了解和学习西方绘画的现在已经受到质疑的阐释中国近代史的"刺激—反应"模式，与此相对的是所谓"在中国发现历史"或"作为方法的中国"的视野①。在这种视野下，也可以找出与西洋传教士影响无关的"本土脉络"，明末清初思想家顾炎武就使用"实体"和"空摹"来描述古今之画的差别，提倡恢复"古人图画，皆指事为之"②的传统，确立了一种宋代以来"实体"式微、"空摹"泛滥的历史叙述。如果参考日本学者提出的关于宋代资本主义以及两宋理学的诸多现代因素的说法③，那么这种从中国内部对清代以来独尊南宗山水画的批判（尚南贬北、推崇文人画意趣的理论主宰了有清三百年的历史）也许并不突然（如刘师培对"实体"式微从中国上古文化谈起，认为"在上古文化系统中，'美''善'二字互训，舍实用而外，无所谓美术，美术寓于仪文制度之中"④。近代著名画家黄宾虹推崇"北宗诸画"，认为这是与西方相印合的传统），尽管很难把顾炎武的指事之"事"作为西方的事物/现实/自然，而是在其建立的经世之学中，把绘画作为礼乐制度之一成为重建或批判社会制度的组成部分⑤，正如顾炎武对"物"的理解，"'物'不是事实意义上的'万物'，而是道德行为的前提和规范，即古典自然（亦即天）意义上的'万物'，从而与'文'的概念或'礼'的概念直接相通"⑥。

---

① 参见[美]柯文：《在中国发现历史——中国中心观在美国的兴起》，林同奇译，中华书局2002年版；[日]沟口雄三：《日本人视野中的中国学》，李甦平等译，中国人民大学出版社1996年版。

② 转引自李伟铭：《引进西方写实绘画的初衷——以国粹学派为中心》，《二十一世纪》2000年6月号，第59期，香港中文大学、中国文化研究所出版，第74页。

③ 汪晖：《现代中国思想的兴起》导论，生活·读书·新知三联书店2004年版。

④ 李伟铭：《引进西方写实绘画的初衷——以国粹学派为中心》，《二十一世纪》2000年6月号，第59期，香港中文大学、中国文化研究所出版，第74页。

⑤ 对于顾炎武的这种经世之学的政治性阐释，参见汪晖：《现代中国思想的兴起》（上卷第一部 理与物），生活·读书·新知三联书店2004年版，第345—429页。

⑥ 汪晖：《现代中国思想的兴起》（上卷第一部 理与物），生活·读书·新知三联书店2004年版，第360页。

画报作为一种传播媒介，与文人画不同[①]，暂且不讨论传统书画家的身份在近代以来也发生一些转变，尤其是都市的画师要面对书画市场的影响[②]，画报作为一种新的媒介传播方式，使得中国画师要通过绘画的方式来呈现时事（包括逸闻、新知等），尽管中国有"左图右史"的传统（尤其是《山海经》有插图的传统），但是，要实现画报的"新闻"功能依然是一种崭新的挑战。因此，本文选择画报而不是作为近代美术史的美术画恰恰是为了呈现这种重建"图画"与"指事"的视觉尝试。

《点石斋画报》是晚清画报中研究最充分、论述最多的一本画报，因为它发行时间比较长，影响也比较大，在晚清研究中，代表视觉艺术的"集大成者"，成为论述晚清现代性的恰好载体。在引出我的问题之前，我想先梳理一下《点石斋画报》的几种研究思路及其背后所处理的问题意识，然后提出我的关切。早期研究有阿英、郑振铎等（尤其是在木刻作为左翼艺术样式的意义上追溯《点石斋画报》的影响），而《点石斋画报》成为研究热点是在20世纪八九十年代之交。伴随着美国主流学界对社会史、文化史的关注，海外汉学转向对晚清通俗（大众）文化研究（其研究动力在某种意义上是对思想史、精英文化的反思），首先出现的是晚清小说，这种对通俗文化的研究也在现代性的意义上打破精英与大众的界限，对于晚清现代性的梳理成为对五四现代性的质疑和反思，而国内转向晚清文化的研究除了受到海外汉学的影响之外，也与20世纪90年代中国再次遭遇大众

[①] 中国也有悠久的绘画传统，正如研究者所言："中国书籍之'图文并茂'，还是源远流长，绝对值得华夏子孙引以为傲。不说唐五代时期的雕版印刷在传播佛教、普及文化以及服务民众日常生活方面所发挥的巨大作用，单是宋元以降文学作品插图之精彩，便令今人叹为观止。配合着大量小说、戏曲的叙事，有过许多精彩的'全相'与'绣像'，这点广为人知。我想说的是，即便是相对空灵的诗歌意境（如《六言唐诗画谱》），或文章情调（如《古文正宗》），画家们也有本事将其还原为图像，可见古人在文字/图像互相转化方面的功力，实在不可小觑。"（陈平原：《看图说书：小说绣像阅读札记》，生活·读书·新知三联书店2003年版，第9页。）

[②] 陈永怡：《近代书画市场与风格迁变：以上海为中心（1843—1948）》，光明日报出版社2007年版。

文化兴起的年代有关，而大众／通俗文化最早出现在晚清的半殖民地的都市空间之中。简单地说，对于《点石斋画报》主要有以下几种研究思路[①]。

一种是把《点石斋画报》作为大众文化的载体，其图画的视觉样式成为比文字更具有大众性的新闻媒介，尤其是一些时事画，其第一幅图画就是中法战争中"力攻北宁"的战役，其他还有对甲午中日战争、台湾民众反抗日军等重大时事要闻的视觉再现（如叶晓青的博士论文把《点石斋画报》作为上海的流行文化，陈平原作为国内比较早研究《点石斋画报》的学者也强调它的新闻价值）；第二是强调画报在传播新知、启迪民众方面的启蒙作用，重点分析画报中包括坚船利炮在内的火车、飞艇等最新事物（如王尔敏的《〈点石斋画报〉所展现之近代历史脉络》《中国近代知识普及化传播之图说形式》等）；第三种侧重对画报中所呈现的传统文化和乡野图像的研究，主要体现在画报对逸闻趣事的表现上[如李孝悌的《上海近代城市文化中的传统与现代（1880—1930）等]；第四，强调画报中的市民生活，作为"华洋杂居"的空间，街谈巷议在画报中也占据重要的位置，其他的则是画报技术史、传播史的考察。可以说，这些不同的侧重，基本上呈现了画报中所涉及的诸多内容，但是，这还是对画报的内容研究，而对于画本身，尤其是画面的空间结构，以及这种组织空间的能力，研究得还不够。在我看来，以画报为主的"图像晚清"呈现了一种尝试使用西方中心透视的方式来重新组织"社会"和"世界"的过程，画面空间的结构方式，既与中国传统绘画有关，又受到西方影响，或者说画面本身是一个混杂性的空间。

中国画究竟应不应该写实的问题，与晚清以来对于中国画的批判性总结有关。而这种认知建立在中国画不写实的前提之上，这种前提又来自晚清传教士对于中国画与西洋画的比较之上，这种比较又被晚清知识分子作为中国

---

① 参见李孝悌：《走向世界，还是拥抱乡野——观看〈点石斋画报〉的不同视野》，《中国学术》第11辑，商务印书馆2002年版；裴丹青：《〈点石斋画报〉研究综述》，《河南图书馆学刊》2007年第4期等。

画的一种缺陷，从而写实与写意作为两种不同的美术／艺术风格成为近代以来讨论中／西艺术或美学的基本参照。这种写实与写意的对立在20世纪又被演化为写实／现实主义与形式／表现主义的论争了，以至于对虚与实的理解成为讨论中西艺术／美学的基本范畴，关于中国绘画为什么没有写实以及如何写实成为争论的焦点和论述的前提，不管是否能在中国的画论传统中找出写实的因素，写意要么被认为是中国绘画／艺术的一种缺陷（因为"不写实""不精确"，所以不具有科学精神，如对"地图"的讨论），要么被认为是美学价值所在（恰恰因为"不写实"，所以就可以摆脱物质、机械的低级临摹，具有审美的、精神的价值）。比如美学家宗白华就写过大量关于中西绘画艺术比较的文章，写实与写意是其基本的论述框架，如在《论中西画法的渊源与基础》（1934年）中指出"中国画是一种建筑的形线美、音乐的节奏美、舞蹈的姿态美。其要素不在机械的写实，而在创造意象，虽然它的出发点也极重写实，如花鸟画写生的精妙，为世界第一"[1]；在《中国艺术的写实精神》（1943年）中指出"近人震惊于西洋绘画的写实能力，误以为中国艺术缺乏写实兴趣，这是大错特错的。我们现在把史籍所载关于中国艺术（主要的是绘画）的写实材料列之如下，以供参考……"[2]等等。暂且搁置这种建立在中西"比较"立场上的论述，不管怎么说，这是两种不一样的绘画方式和传统。这种论述方式，现在已经受到质疑，最大的质疑在于，其对比的基础建立在对中、西方美术传统的"本质化"理解之上，也就是说，西方并非都是写实，中国也并非都是写意。这种反思，对理解中国美术传统的复杂性有帮助，但如果把这种中西对比的论述逻辑历史化，西方=写实、中国=写意的认识框架，经过了曲折的传播过程，从传教士遭遇到陌生的中国文明，到中国人把这种认识框架转化为一种自我叙述，这不仅仅是在西方之镜

---

[1] 宗白华：《论中西画法的渊源与基础》，《美学与意境》，人民出版社1987年版，第150页。
[2] 宗白华：《中国艺术的写实精神——为第三次全国美展写》，《美学与意境》，人民出版社1987年版，第205页。

中照出异样的自我，而且是一种深刻的把西方的叙述自我化的过程，也就是说把自己指认为异己／差异的同时，恰恰是把他者作为了自我。进一步说，不在于这种写实／写意的二元对立无法涵盖东西方美术的基本特征，而在于无论是写实还是写意，已然是在画与现实／自然之间的参照中得出结论，也就是说，这种争论的前提恰恰是画本身对自然／现实的指涉关系。因此，写实与写意的差异本身恰恰建立在一种对画与现实关系的重新确认之上。在这个意义上，中国绘画如山水画，"画家观察的不是'事物'，而是某种先验的概念"①，是没有指示物的符号，不需要处理中心视线的问题，也不需要追问画与现实／自然的"逼真"关系，而使用透视法来把握对象的方法是一种对指示物有指示作用的符号，在这种原则中，作为对象、客体的"风景"与观看的主体是同时产生的。

在这里，晚清画报尽管不在美术问题的争论之中，但是它提供了另外的历史动力，正如事实在于，《点石斋画报》的画师是通过照片来临摹绘画（与西方正好相反，西方是摄影出现之后，导致了中心透视的绘画方式的死亡，如印象派、立体主义的出现），但是对于照片的临摹并不能保证画报的视觉结构就成为透视的方式，反而画报的空间是一种非透视的空间。从视线的角度来处理画报是如何组织中心透视点以调动观众观看的问题，画面还没有成功地建立起中心透视点，更多采用画中人物的视线来组织观看，这也是石印画报的基本特征。

三 《点石斋画报》的视觉呈现及其困境

英国人美查1872年创办了晚清流传最广的报纸——《申报》，1884年5月8日随报出版了《点石斋画报》。至于为什么会出现这样一种视觉媒体，德国汉

---

① [日]柄谷行人：《日本现代文学的起源》，赵京华译，生活·读书·新知三联书店2003年版，第11页。

学家鲁道夫·瓦格纳在其长篇论文《进入全球想象图景：上海的〈点石斋画报〉》中指出，18世纪末期发现的石版印刷技术使得照相石版印刷复制成为可能，"这种复制非常忠实于原作且成本极低，因为用化学方法将图像转移到石版上节省了雕刻师艰苦而又昂贵的劳动"①，所以，以图画为主的视觉艺术与新闻报告结合起来的画报和石版画在19世纪上半叶的西方国家中繁荣起来，这种视觉媒介的方式，被作者论述为："这样，我们看到了一幅全球想象图景的滥觞，在其中图像、视角、场景、叙事的情节线索以及读者对信息的态度愈来愈多地被分享。这一发展过程最终在电影及其后的电视中所体现出来的我们称之为'好莱坞系统'的视觉交流普遍模式那里找到了它最具内聚性的表达。"②

中国的画报不过是这幅"全球想象图景"的一环，进而，瓦格纳论述了将画报与新闻画及艺术品的石印复制引入中国的关键人物是《申报》的创始人美查。按照阿英的描述，《点石斋画报》之前已经存在两种画报《寰瀛画报》和《小孩画报》③，但是这两个画报存在种种缺陷④。下面先从《点石斋画报》的"尊闻阁主人序"（据查，尊闻阁主人就是《申报》的负责人美查）谈起。

这篇序文清楚地指出画报起源于西方，作为对新闻时事的一种视觉呈

---

① [德]鲁道夫·G.瓦格纳：《进入全球想象图景：上海的〈点石斋画报〉》，《中国学术》第八辑，商务印书馆2001年版，第1页。
② 同上，第3页。
③ 阿英：《晚清文艺报刊述略》之附录《中国画报发展之经过——为〈良友〉一百五十期纪念号作》，中华书局1959年版，第90—100页。
④ 陈平原的《新闻与石印——〈点石斋画报〉之成立》（《开放时代》2000年第7期）中对于《点石斋画报》是不是最早的画报作了如下分析：《小孩月报》1875年在上海创办，内容着重介绍西方文明及科学知识，所用图像大都是为英、美教会早年用过的陈版，也不涉及中国人的生活，《瀛寰画报》1877年出版，是《申报》馆主编，但图画为英国名师所绘，没有关于中国人的生活或时事的图画，因此，《点石斋画报》虽然在时间上确实不是最早的，但却是最早以中国的时事和中国人的生活为主要内容的画报。

现，是"取各馆新闻事迹之颖异者，或新出一器，乍见一物，皆为绘图缀说，以征阅者之信"。换句话说，画报更能让"阅者""眼见为实"，已达到"信"的目的，这种叙述建立在视觉图像比文字更能替代"实物"。这种视觉图像代替"实物"的观念来自文艺复兴，认为绘画具有"真实"再现"现实"的功能，这种再现可以取代实物。画报所要处理的两个内容："新闻事迹"或"一器""一物"并非完全可以等同，如果说器和物是一种具体的事物，那么"事迹"则是一种叙述。因此，如何把这种叙述也达到器和物的再现效果，恐怕是画报要面对的把文字转换为视觉呈现的议题。而对于中国之所以迟迟"画独阙如"，序文作者推测是因为"华人好尚，皆喜因文见事，不必拘形迹以求之也"，或者说，中国人更相信"因文见事"，而没有"形迹"也可以"见事"的观念，这种叙述显然遮蔽了中国人通过新闻报纸来"见事"本身也是一种西方报纸的影响的结果。作者进一步推论中国人"不必拘形迹以求之"的观念，与中国绘画的内在理念相关，与利玛窦的观察相似，"西画以能肖为上，中画以能工为贵。肖者真，工者不必真也"，西画"以镜显微，能得远近深浅之致""窥以仪器，如身入其境中""人物之生动，尤觉栩栩欲活"，因此，西画能制造"真""活"的效果，相反，中画则"视其人学力之高下与胸次之宽狭，以判等差"，中国的绘画不是以"真"作为目的。因此，"既不皆真，则记其事又胡取其有形乎哉"，或者说，不需要在"有形"与"真"之间建立联系。不过，中国也有借助绘画来"记其事"或"以图传者证之"的书籍，但是这些图画书，在序文作者看来，"有不得已于画者，而皆非可以例新闻也"。既然序文作者承认古代的图画也是一种文字的补充，为什么又说这种补充不是"例新闻"呢？在这里，似乎暗示画报与"新闻"的内在联系，虽然中国也有"左图右史"的传统，但这里的图不是为了说明"新闻"的。尤为重要的是，序文作者指出，画报之必要，是因为中法战争，"好事者绘为战捷之图，市井购观，恣为谈助"。也就是说，画报同报纸一样，在这里，充当的是一种新闻功能，以满足"市井购观"的目的。"市井"作为读者的身份已经参与到画报的生产之中了。①

《点石斋画报》的视觉风格呈现一种混杂性,既有对中国传统(民间)绘画(如年画、绣像)的传承,也有对西方绘画的借鉴,尤其是借助照片来绘画。由于"画报"是报纸的附属,充当辅助叙事的功能,因此,画报的绘画空间具有某种叙事功能,尽管在画面中依然需要文字来作为补充,但画面空间与时间需要统一。西方中心透视的绘画原则,在于观看主体的确立,以及围绕着观看主体所重新组织的空间与时间的结构,这种再现原则,与笛卡尔以来所确立的单一主体的位置是一致的。或者说,福柯在《词与物——人文科学考古学》中关于《宫女侍女》的论述,画面的视觉中心无论是国王占据还是观众占据,总之是一个肉身的人开始占据这个位置,因此,对"人"的位置的确认,与文艺复兴以来的对于"人"的发明的话语是一致的。因此,对于空间来说,视点或视线成为最为重要的问题。

在《点石斋画报》中还没有能够完全建立一种中心透视式的观看,在于观看的视点经常是一个无人称视点,或者说不知道从哪里观看,或者说是一个非人称的视点。而更为重要的是,没有一种内部向外观看的"窗口"意识,因此,室内与室外空间往往是分离的,而不是被视线组织起来的。简单地说,画报大致可以分为这样几个空间,室内、市井(城市街道)和郊外空间(山水空间),室内空间和市井空间,是带有透视风格的空间,而郊外空间,尤其是出现山、水、树木等自然风景的时候,还是中国传统的绘画空间②。为什么会出现这种状况呢?主要在于室内空间和市井空间,可以依靠墙壁、地板、家具这些线条化的图形来营造一种具有透视感的空间纵深,相比之下,城市之外的山、水空间则更多地借助于山水画。室内空间和市井空间,在传统绘

---

① 《点石斋画报》初集甲册序文,断句参考王尔敏:《中国近代知识普及化传播之图说形式》,《近代文化生态及其变迁》,百花洲文艺出版社2001年版,第342—343页。
② 其画法可以参照《芥子园画传》(第一集山水),人民美术出版社1978年版。

画中，是很少出现的。也就是说，在文本中，要为观众留下观看位置。而观者或看客的视觉中心，并非画面的透视中心。这种透视中心的不确定，尤其体现在室外的场景中，画面的视点经常是游离的，无法确定视点的位置，也就是说无法找到一个透视眼睛的位置。值得注意的是，画报中基本上没有室内朝向室外的视野，只有室外朝向室内的视野，如在呈现中法战争的"力攻北宁"和法军进攻台湾的战争的"基隆惩寇"中，都是站在法军的位置上——也就是敌军的视野中——来观看清兵把守的城门，这与没有把画面作为一个窗口的观念有关。因此，观众的视点并没有有效地被组织到画面中。

在《点石斋画报》中，有一类特殊的群体，就是围观者。为什么需要借重这些看客的观看呢？比如在那些呈现西方的新鲜发明，如飞艇、水下行车等事物时，还要呈现一批"全神贯注"并"津津有味"的看客，或者说不直接呈现被看的对象，反而要通过一种看客的眼睛，或者说要建构一种看与被看的视觉关系。研究者一般不关心这些看客们，往往把看客们围观的对象作为研究重心，这涉及画报本身是如何组织观看的。在传统绘画中，也有市井场景，但是没有中心视点的问题，也就是说，没有固定的单一视点下组织观看的场景，这种场景在画报中的出现，直到摄影机被引进过来，其机器性实现了中心透视式的观看，在这种状况之下，画报本身作为画框／窗口的意义被凸显出来，景观才真正变成"风景"。但是，石印画报并没有成功地建立一种有效的中心视点，因此，看客的位置和功能才发挥出来。看客的位置与画报自身的视觉呈现之间的互动关系，是《点石斋画报》新出现的现象，尽管许多画报中并没有看客，这一方面是受到传统绘画的影响，另一方面也是受到摄影的影响，不需要看客来引导视线，但"看客"的登场本身是一种"现代性"的体现，说明中心透视的组织原则成为一种自觉的追求，这种追求本身是为了把读者的视线组织到画面当中。

四 看客的出场与消隐

在《点石斋画报》及其同时期的石印画报中经常会出现一种叙述结构，就是画面中总有一群观众在围观，而围观的对象往往就是画面的主题。这些围观者，就像鲁迅笔下的看客一样，是一个毫无表情的、冷漠的旁观者的角色。这些默默无闻的看客们，成为这些画报中视觉动机和视线的提供者，或者说他们的目光所向就是画报所关注的重心，但是他们却往往被"视而不见"。这种"视而不见"，一方面体现在观众很少对这些看客所注意，另一方面，那些《点石斋画报》的研究者也很少关注这些始终都在"观看"的看客们。可以说，在以《点石斋画报》为代表的晚清画报的视觉呈现中，其基本的视觉结构更多地来自中国传统的木刻版画，尤其是一种置身事外的观看者的位置，一种从外部、内部并置在一起或者说没有纵深感的视觉结构，尽管某种透视结构已经存在，但并非主要的视觉追求，其重要的症候在于没有从室内朝向室外的"风景"，室内与室外是连接在一起的。在《点石斋画报》中因为这些无辜的围观者的出现（之所以无辜，是因为他们只是观看者，不参与视觉叙述），他们以自己作为观看者的身份组织了这种观看视线。

对于这些看客，鲁迅在《二心集·上海文艺之一瞥》曾经这样评价："在这之前，早已出现了一种画报，名目就叫《点石斋画报》，是吴友如主笔的，神仙人物，内外新闻，无所不画，但对于外国事情，他很不明白，例如画战舰罢，是一只商船，而舱面上摆着野战炮；画决斗则两个穿礼服的军人在客厅里拔长刀相击，至于将花瓶也打落跌碎。然而他画'老鸨虐妓'，'流氓拆梢'之类，却实在画得很好的，我想，这是因为他看得太多了的缘故；就是在现在，我们在上海也常常看到和他所画一般的脸孔。这画报的势力，当时是很大的，流行各省，算是要知道'时务'——这名称在那时就如现在之所谓'新学'——的人们的耳目。前几年又翻印了，叫作《吴友如墨宝》，而影响到后来也实在利害，小说上的绣像不必说了，就是在教科书的插画上，也常常看见所画的孩子大抵是歪戴帽，斜视眼，满脸横肉，一副流氓气。"①

鲁迅对《点石斋画报》的阅读集中在那些"歪戴帽，斜视眼，满脸横肉，一副流氓气"的人物身上，而不是《点石斋画报》所充当的新闻与新知的功能，这种观察非常吻合于鲁迅对于看客的"偏爱"。因为这些"斜视眼"的人物在画报中恰好是麻木的看客们，这些看客最为显著的动作就是"斜视眼"，这些看客们的眼睛为什么要"斜"着呢？正如鲁迅所评述，眼睛确实是这些无声的看客们最为重要的"面部特征"或器官。他们的"眼睛"并不是直视的，而是斜向某个共同的方向，这些"斜眼"的看客所具有的"观看"的功能正好被突显出来，也就是说，他们的功能在于为画面提供视线依据及其视觉动机。在这个意义上，这些画报的视觉中心并不是依据透视法来实现的，尽管有许多研究者已经指出这些《点石斋画报》的绘工们基本上是依据照片来描绘图画（吴友如们并非不了解外国的情况），反而是依靠这些斜眼的看客们来组织和营造画面的视觉中心。从这个角度，可以看出这些画报与中国传统绘画最为重要的区别在于，传统绘画并不需要考虑视线的问题，而这些晚清画报却首先面对如何确立视觉中心的问题。正如上面也提到，在传统小说中也有绣像或者对场景的呈现，如《清明上河图》，人物几乎不需要视线的交流，尤其是不需要借助众人的视线汇聚到一个中心点上。为什么视觉动机在这里变得如此重要了呢？这与画报作为一个类新闻的媒介特征密切相关，也就是说这些画报是需要读者来观看的，单一的读者已经开始形成。因此，这些画报要满足读者的眼睛，就需要借助一些方式来引导读者观看，而这些画面中的斜眼的看客们正好成为读者视线的引导者，这些围观者的出现使得晚清画报成为与传统绘画重要的区别。

可以说，观众围观组成一个视觉中心的视觉结构成为这些石印画报最为重要和基本的叙事形态。晚清画报的视觉中心，不是依靠中心透视的西方写

---

① 鲁迅：《鲁迅全集》（第四卷），人民文学出版社2005年版，第299—300页。

实绘画的方式来实现的,而是依靠这些斜眼的看客们。画报的空间不是中心透视的空间,主要体现在没有中心透视点,画面的视觉中心需要人物之间的视线来引导,正像福柯在《宫中侍女》分析小公主和跪着的侍女的关系时说,"委拉斯开兹使用了传统的画像:他在主要人物边上安置了次要的人物,后者跪着并仰视着前者"[1]。这种通过人物之间视线的集中来引导观众视线的方法,可以称之为一种戏剧式的舞台视线,如同鲁迅的幻灯片,是由看客和被观看者或被观看的物组成的戏剧性场景。因此,在画面中有一个内在的观者,也就是说,画家有意识地把观看者组织到画面的场景,使其意识不到自己是在观看。这样一种叙述方式,造成了画面空间的一种戏剧性场景的呈现,或者说一种观看方式的呈现。也就是说,"围观"是一种基本的观看策略。一方面,视觉中心来自众多眼睛的视线交汇,另一方面,观看画报的观众(个人的观众)也如同躲藏在人群中的那双眼睛,以至于在论述《点石斋画报》时很少有人关注这些观众,反而集中于视觉中心,也就是场景中心的核心情景。从这里可以看出,作为核心场景是可以替换的,也就是说,这种引起人们眼睛的既可以是西方的新知,也可以是中国传统的杂耍,甚至任何新奇古怪的事情,这是一个提供观看的空位。在这个意义上,画报不在于表达了什么样的新鲜玩意儿,而在于这种新鲜事物以如此新鲜的方式表述出来。

这种作为引导者的看客的出现是为了强调一种围观的氛围,或者说看"热闹",这可以说是一种对观众的邀请,邀请观众也来观看这些离奇的事物。这种引导者的角色充分说明画师已经有意识地为观众保留观看的位置,而且这个位置是某种意义上的静止的观众。这样一种观看位置,预示着近代读者的出现。一方面读者会受到围观者的视线的引导,另一方面读者也成为隐藏在围观者中的一员。因此,看客的位置并没有被指认出来,画面的视觉呈现被隐藏在看客的看之中。在这种视觉结构中,视线是单向的,也就是说

---

[1] [法]米歇尔·福柯:《词与物——人文科学考古学》,莫伟民译,上海三联书店2001年版,第15页。

主体魅影

只有看客投向被看对象的观看,而没有呈现看客的被看,或者说正因为看客始终在观看,而无法意识到来自观众的目光,恰好隐藏观众的观看目光,或者说观众的观看目光消弭在看客的目光之中(这显然与鲁迅对麻木的看客的批判截然相反,看客之看具有正面而积极的功能)。

有一部研究著作把吴友如的《我见犹怜》这幅画作为一种观看方式的转折,这样一幅摄影机的出现的画报被作为一种观看方式的自觉,中间侍女投向画面外面的目光作为对绘画者／观众的对视,或者说一种自觉、自指,而这种自指某种程度上是摄影带来的观看意识[1],暂且不讨论中间侍女的目光是否直视画外,摄影师及其摄影机处在画面右下角的位置,这种摄影机的出现,已然使得这幅画被整合在看与被看的视线之中。这里穿着中国绅士服装的摄影师没有站在摄影机后面,而是摄影机前面,在调整被拍摄者的位置。这种摄影机的登场,如同侍女们打台球等一系列新鲜玩意儿的一部分。这种暴露摄影器材的方式并非一种后现代式关于再现的再现,而是借助这些望远镜、照相机、透视镜等机械来呈现一种观看的场景,或者说,在这些图画中,与其说是关于观看的观看,不如说只是对观看的一种展示,因为摄影机、望远镜是被组织到画面中的观看关系之中的。观看者的在场,使得这种观看行为成了一种对观看的暴露,或者说摄影机占据的是围观者的位置,摄影器材本身是一种观看的机器,与此同时,它们也是被观看的对象。

《点石斋画报》中最吸引人们的图画是那些有关西方科技的,其中与西医有关的又占有较多篇目,西方医生看病、做手术是一个重要的内容。如在《收肠入腹》中是一个室内的场景,戴着礼帽的医生正在给仰面躺着的男人做手术,旁边有许多围观者,其中画面左右两侧,分别是门框和帘子,挤满了试图涌进屋里观看手术的人们,这些观看者围观的欲望是如此强烈,似乎

---

[1] Laikwan Pang : The Distorting Mirror: Visual Modernity in China, University of Hawaii Press, 2007.

要闯进本来应该是"闲杂人等"回避的手术场所,以至于门童正用力关上房门,也挡不住看客们好奇的目光。这种被看客的围观、医生以及病人所组成的典型的中心式的场景并非没有裂隙,左侧下方有一个奶娘陪着一个顽童嬉闹,丝毫"无视"旁边就要进行的手术,无疑打破了这种单一的中心表述,并且搅乱了手术场所必需的寂静。这种家居的场景与"收肠入腹"的手术之间的不协调性是为了呈现手术不过是一种类似街头杂耍的新鲜事物。而这幅图画的特殊之处,不在于呈现了一个室内的场景,而在于画面两侧打开的门及掀开的窗帘,以及趁机涌入的人群,把室外带入了室内,产生了一种由内往外的目光。

再进一步说,在摄影画报中,很少或几乎没有出现过摄影机或者任何摄影器材。从这个角度来看,一种对于媒介自身的充分自反的意识还远没有形成。这样一种视觉结构,是石印画报特有的。这样一种看客的位置,在摄影画报出现以后就逐渐消失了,其中最重要的变化,在于摄影并不避讳眼睛的直视,也就是说观看者的位置恰恰是通过被观看者的眼睛来暗示或直视出来。如在下一节要详细分析的《真相画报》第九期(民国元年九月一日出版)中,有一幅《华人水面行车之发明》的图片,有"正面""侧面""背面"三幅画面,都是关于一个华人在水中骑自行车的近景。在第一幅和第二幅画面背景处河岸上还保留着影影绰绰的人影(很难看清面容,几个小点),到了第三幅则完全是一个水中骑车人的画面,并占据画面中心,在这里,看客已经变得无足轻重了,也就是说摄影画报成功地解决了观看视线的问题,看客也就可以从画面中消失了。否则,看客本身有可能会成为一种破坏画面的介入者。

从"从幻灯片事件"过渡到对晚清画报的讨论,其内在的联系在于"幻灯片事件"所产生的复杂的主体位置与"幻灯片"自身的视觉结构以及教室空间有着密切的关系:作为学生的"我""日本同学"与"幻灯片"中的看客、刽子手和被砍头者之间形成了多重的认同逻辑,其中最为重要的主体位置以及《呐喊·自序》的阅读者所认同的位置就是"我","我"是一个具有批判和反省精神的主体,同时也是一个被现代性所规训的主体,但却是一个始终处在被看的焦虑之中的主体，这都与幻灯片自身的视觉呈现有关。而"幻灯片"中的视觉结构恰好与晚清画报有着相似之处，一种看客去围观的场景是在晚清画报中才开始出现的。如同那些医疗画报中，西方医生在检测一个中国病人，周围是好奇的围观者，这三者的关系类似于看客、刽子手和被砍头者的位置。在这里，不是"我"，而是"我"所批判的看客成为这场现代性遭遇最为重要的角色，尽管在晚清画报中，看客并非一个不可或缺的元素，但是那些怀着好奇心、要去看个究竟的看客们，不仅仅借助自己的视线来组织视觉观看，而且这种跃跃欲试的张望本身已经从"麻木"的看客的对象化中逃脱出来。对于晚清画报的读者来说，看客的位置恰好就是读者的位置，这些晚清的看客们与"幻灯片事件"中的"我"所怀抱的启蒙理想和革命拯救都不相关，只是一群如同游荡在街景之中不断地驻足观看的"游手好闲者"或充满好奇心的看客[①]，他们如同本雅明阐述的波德莱尔笔下的在巴黎闲逛的资产阶级文人以看的方式经验着现代性的震惊体验。这些主动地使用目光去观看、参与各种新奇事物的看客们，已经不是被看的对象，而是一种观看的主体。尽管通过这些承担了现代性物质载体的先进器械在把中国人的身体、肉体对象化，而操纵这些仪器的也是西方人，但围观者／观看者却是这些勇敢的看客们。从晚清画报的演变史也可以看出，最先出现的画报是西方画报，其次是模仿西方的画报内容，最后根据中国的新闻事件来配画。在这种转换中，中国就由一种东方的被看的景观转变为一个具有观看能力的主体，在这个意义上，《点石斋画报》中的看客与"幻灯片事件"中的看客处在相似的位置上，都是一群麻木的围观的群体，但是它们却充当着不同的功能，前者具有引导观众视线的作用，而后者则是被启蒙的对象，它们之间

---

① 英国著名的马克思主义女性主义理论家劳拉·穆尔维的论文集《恋物与好奇》（钟仁译，上海人民出版社2007年版）在解构资本主义空间中对女性的恋物观看和对商品奇观的拜物教具有相似逻辑之后，试图建构一种可以抵抗这种"恋物"的"好奇心"。如果说"恋物"是一种男性的否认、遮蔽、拒绝，那么"好奇"就是一种女性的求知动力。

最大的不同在于，画报中的围观者是为了不被看见，而"幻灯片事件"中的看客却被格外凸显出来，作为看客的"我"压抑了作为看客的"看客"的目光。可以说这样一种围观者出现在画面中的情况在摄影画报出现以后就逐渐消失了，但是在20世纪30年代的革命版画中，一种围观者，作为被革命唤醒的群众或阶级代表又出现了，在党与群众的启蒙与被启蒙的关系中，这些围观者再次向观众发出"观看"的邀请和询唤。

五 "绘吾真相"及其"真相"的来源

如果说《点石斋画报》作为石印画报最为杰出的成果，那么20世纪初期伴随着照相技术的成熟，摄影画报开始取代石印画报成为画报的主要呈现方式。这个时期的画报形态多是摄影和石印相混杂，直到20世纪30年代才出现以摄影为主体的画报，如《良友》。从石印画报到摄影画报，不仅仅是技术的更新，也影响到画报的视觉效果及其呈现方式。与石印画报相比，摄影因其技术特征，似乎不存在视觉中心的问题，在"写实"方面似乎也更略胜一筹，但是如何实现"写实"的效果，依然是一个不得不面对的问题。下面，我以《真相画报》为例，来呈现这种美术、摄影混杂在一起的画报形态以及画家／摄影家的自我想象及其充当的位置。

1912年民国刚刚成立之初，作为同盟会会员的高剑父、高奇峰兄弟创刊了一个新的画报《真相画报》，他们"光绪末年曾先后游学日本接受近代日本绘画的启发，特别是对明治维新殖产兴业政策的成果留下深刻的印象"[①]。高氏兄弟曾经留学日本，受到广州画家居廉和居巢的影响，"居氏二人都擅于花鸟画，精通植物、动物、飞禽、昆虫等，并且具有相当细腻和逼真的表现手

---

① 李伟铭：《引进西方写实绘画的初衷——以国粹学派为中心》，《二十一世纪》2000年6月号，第59期。

法，这是自五代北宋以来的传统"①，在中国美术史上是岭南画派（又称折中派、新派、新国画派等不同称谓）的代表人物。《真相画报》是高氏兄弟在上海创办的美术兼政论性的画报，创刊于1912年6月5日，到1913年3月为止，共出版了17期。在此之前，他们曾经出版过《时事画报》。

《真相画报》并非一本纯粹的商业画报，而是一个带有政治色彩的刊物。在《出世之缘起》中，有"本报以监督共和政治、调查民生状态、奖进社会主义、输入世界智识为宗旨"，而"本报执笔人皆民国成立曾与组织之人，今以秘密党之资格转而秉在野党之笔政，故所批评用皆中肯"，是以在野党的身份，监督执政党的行为。也就是说，这是一份以宪政民主为理想的政治家／美术家借以批评时政、监督共和为目的的政论性的画报。从目录中可以看出，这并非纯粹的"画报"，而是包括连载小说、美术画法在内的综合性期刊，即使对于画报之"画"也是分为历史画、美术画、地势写真图、滑稽画、时事写真画、名胜写真画、时事画等七大类，既有中国美术画、西方油画、也有摄影作品，前几期尤其登载了关于武汉、南京的全景式的摄影"长卷"。选择《真相画报》这个政论性的画报，并非因为其政治性，更在于这种政治性的产生，伴随这种审美或美术理念的改造，或者说真相既是一种政治理念，同时也是一种绘画方法。

简单地说，在这份画报中，存在着两种媒介：一个是文字，一个是图画，而图画又分为绘画和摄影。在这样一份略显混杂的刊物中，其呈现"真相"的功能被凸显出来，或者说，编者很明确地要借助这些媒介来图绘／书写"真相"，而这本画报为什么要命名为"真相画报"呢？"真"与"画"之间又有什么关系呢？在"发刊词"（署名：英伯）中，编者讲述了这样一个故事："英吉利者，世所知为君主立宪国也。顾十七世纪之下半期，国人既处暴

---

① 刘瑞宽：《中国美术的现代化：美术期刊与美展活动的分析 (1911—1937)》，生活·读书·新知三联书店2008年版，第105页。

君查路士以断头之刑。大将军格林威尔，拥兵摄政，群龙无首，庶政决于议会，是亦英吉利历史中之一小共和时代也。格林氏以天纵之资，刚愎之性，做事多越常规，国人亦寻恶之，然氏固一代之英雄也。勇猛无畏，一日画工某为之绘像，以其面上有一小黑痣，思潜易之，以资美观，格林氏觉万声曰：绘吾真相 (Point me as I am)。嗟乎，如格林氏者，洵可谓之英雄矣。惟英雄能自知其真相，亦惟英雄能自保其真相也。"①

从这篇发刊词中，可以看出这是一篇对辛亥革命之初中国政治局势的分析和评判。在论述者看来，共和政体在中国并没有真正落实，再加上作者的无政府主义理念，"以共和代专制"不过是"以较良者代较不良者而已"。因此，"真相"的意思在于"洞明政府之真相"，去除"变相共和"，实行"真相共和"。这种政治意义上的"真相"与画报的联系是借用最早实行君主立宪政体的英吉利历史中克伦威尔的轶事为例说明的，所谓"真相"在于"绘吾真相"，也就是要"描绘我本来的面目"。在这里，"绘"的主体是画家，客体是"克伦威尔"，但是"绘吾真相"的言说主体却是克伦威尔。因此，这种叙述的内在悖论在于，故事中能够"绘吾真相"的不是画家，而是"拥兵摄政"的大将军，或者说，在克伦威尔作为独裁者所追求的"真相"与高剑父、高奇峰兄弟要以"在野"的身份行使对政府的监督之责之间存在着巨大的错位。因此，"惟英雄能自知其真相，亦惟英雄能自保其真相也"。对于共和政体来说，发挥监督政府职责的恰好是记者、画家，所以说，对于"绘吾真相"的主体想象包含在独裁者与画家之中。

这样一种美学理念与政治的隐喻，共和之真相与变相在于"真相"具有与"本人"相似的功能，正如"丑妇之畏镜"，"镜子"成了"真相"的最佳

---

① 见《真相画报》第一期发刊词，收藏于北京大学图书馆，标点是笔者加的。

比喻①。这种对于"真"相的追求与《点石斋画报》的初衷类似，就是实现一种对事物的"肖"与"活"的再现方式。"相"的出现建立在把事务对象化的过程，或者说，"相"与"对象"的分离是"真相"的前提。也就是说，"绘吾真相"的表述，与藤野先生对鲁迅的指教"解剖图不是美术，实物是那么样的，我们没法改换它"的观念相似。或者说，"真相"试图达到与实物一样的效果，因此，在这里，美术的概念还没有完全形成，与其说这种政治实践借助了一种美术的想象，不如说这种想象背后却是一种对于科学精神的支撑，正是这种科学的透视法支撑着何种绘画可以成为"真相"。在这里，"真相"与本人已经发生了一种分离，也就是说，"真相"是"绘"出来的。这种绘画理念，也与高剑父兄弟所秉持的政治理念相吻合，对"政府"做出中肯的评价。发刊词并没有指出，绘画与绘画的对象之间为什么存在着真相与否的关系，按照《点石斋画报》的序文，就是"肖"的问题。显然，这是一种来自西方的绘画观念，只是在20世纪初期，当高剑父追求"绘吾真相"的时候，西方绘画已经走向了"立体主义""抽象主义"，或者说，"真相"与"肖""实"的绘画理念是文艺复兴以来形成的一种特殊的艺术风格和追求。暂且不深入讨论这种艺术理念的脉络，借助这种"真相"的身份，高剑父兄弟找到"画家"的位置，这种位置就是为"君主政体""共和政体"绘出"真相"。因此，不在于"真相"如何被绘出来，而在于这种"绘"的动作，成为这些留日画家的自我定位和自指。

---

① 这种美学与政治的问题如此密切的联系在一起，不仅仅在于使用一套美术话语来隐喻政治理念，而在于从话语结构上来看，二者具有相似的话语方式。一个最近的例子可以说明美学与政治之间的同质性，2007年出现了轰动一时的"周老虎事件"，作为农民的周正龙把假虎挂历放置在树林中，拍成照片（按照2008年法院的判决），然后宣布在陕西地区发现了华南虎的踪迹，并且受到了陕西省林业部门的认证，于是出现了"挺虎派"和"打虎派"，但最终被法院宣布为行政失责，周正龙存在欺诈行为。对于照片的真与假、图像与实物的论争，成为对行政审批的"造假"行为的隐喻，一种对于摄影的"原教旨主义"的信念（相信照片可以客观地反映现实）与对政治透明的认知（主管部门颁发的认证书有没有造假）如此密切地联系在一起。

与《点石斋画报》类似的是,《真相画报》的同人们也借助摄影来"绘吾真相"。近代绘画大师黄宾虹在《真相画报》第二期《真相画报叙》中这样叙述:"而欧云墨雨,西化东渐,缋采之丽,妍丽夺眸,窃怪山光水色,层折显晦之妙,其与北宗诸画尤相印合。尝拟偕诸同志,遍历海岳奇险之区,携摄影器具,收其真相,远法古人,近师造化,图于楮素。足迹所经,渐有属毫,而人事卒卒,未能毕愿,深以为憾。今者粤中诸友,方有《真相画报》之刊,将搜全球各种画艺,分别区类,萃为一编,笼天地于形内。镕古今为一炉。余喜其沟通欧亚学术之大,发扬中华国粹之微,陶养人民志行之洁,潜移默化,未尝不于是乎在。而管见所及,曾不足状其闳深,聊识数言,泚笔于沪渎旅次。"[1]这种叙述指出了西方绘画与北宗诸画的相似之处,为这种西画的风格寻找中国本土的资源,这样一种对于中国美术史的认识,本身是一种以西方绘画为标准参照下的产物。这种"遍历海岳奇险之区"的动力,与其说是一种"窃怪山光水色",不如说是一种把自然对象化的过程。《真相画报》还有一位岭南画派的重要代表人物陈树人,他译述了《新画法》,分别论述了绘画的定义、描写自然法、西洋绘画的变迁、绘画的要素等内容,他在第一期对于"绘画的定义"是"自然感觉法":"绘画的核心在于如何感知自然,局外人所观之自然与画家所观之自然的不同,关键在于眼的教育:'画者,以某种材料,描摹自然形状于平面之上谓。''感触吾人五官者,皆自然也。与绘画有最密切关系者,目所感触之自然是山之形、水之色,何莫非自然也。模仿者,人类之大天性。故于己眼所感觉之自然。摹之拟之,而写于适宜之平面上,此即绘画矣。"[2]

画家对于自然的感知关键在于"眼的教育",而绘画的定义是对自然的摹绘,这与普通人对自然的观察是不同的。"普通人之观察自然,不能悉辨其物

---

[1] 黄宾虹:《真相画报叙》,《真相画报》第二期。
[2] 陈树人:《新画法》,《真相画报》第三期。

体,自无待言。其感觉也,亦不如习画者之锐,实可谓之一奇也。我辈描画观画之眼,所感之自然,异乎与画无关之人所感之自然,亦可谓之一奇也。然而此在事实上固然,又岂特写画者与不写画者之感觉不同哉,即写画之同道,为其性质殊异,所以其感觉,又各不同。不特此也,旧画家亦自不同其感觉,准斯以谈,谓自然之感觉,人各自异焉可矣。"(第二期)绘画分三个层次:第一是摹写眼前的自然;第二是凭记忆来摹写所观看到的自然;第三是从自然界搜集材料,来创造一种图画以表白自己的思想。如果说绘画以摹写自然为中心,那么它与摄影技术有什么区别呢?在第四期指出,"摄影之景非吾曹所感自然之景""若有以摄影,则可于瞬息间捉摸其自然真相矣,不知摄影乃机器的,其影像通凸镜而留于感光板者,人之活眼,决不能为此,无待言矣,斯摄影万能说之所不可不废也",这种不同于普通人也不同于摄影机的眼睛,就是绘画者的眼睛。在这里,陈树人对摄影机的批评如同对科学的批评一样,是为了使得绘画获得艺术的特殊价值。因此,陈树人强调绘画者必备四要素,一是人格,二是练习,三是技术,四是诚实。

在《真相画报》中,除了社会讽喻性的社会风俗画之外,还有许多"中国画"(暂且不讨论"中国画"这个概念本身在20世纪的美术史中成为不断被追问和定义的),如一些梅兰竹菊昆虫等传统题材的绘画,都采用细致的工笔画法,这些绘画与其说继承了宋代学院画的写实风格,不如说这种呈现方式本身隐含着一种科学精神。或者说,这些植物、动物已经脱离了文人趣味,而在近代生物学的基础上追求其生物特征,如同解剖图一样,这与高氏兄弟在《真相画报》之前创办《时事画报》,在"物质救国"的旗帜下引入西方素描写生画是一致的。

在石印画报中,其观看的封闭性和假定性在于看客的目光消隐在被看对象之中,而在摄影画报中,看客的消失,实际上就是在画面中取消摄影机的位置。因此,正如肖像照片所显示的一种直视的目光开始出现,这种投向外面外部的目光,既是一种对摄影机的观看,同时又是一种观众的注视,但是这种虚假的注视,却是以"缺席的在场"的方式来呈现出来。正如在画报第二期《南京陆军野外演习》的照片中,画面左边是列队的士兵,右边是一个低头注视某物的教练军官，最右侧是远处一群簇拥在一起的军官们，如果按照石印画报的画法以及"情形"的需要，列队士兵的目光应该投向右边的处在中心位置的教练官，但是在这张照片中，却有三三两两的士兵把目光投向了镜头，尤其是近处的两个士兵。这种瞥向外部的目光把摄影机带到了"现场"。当然，更多的照片，是目光投向某个方向，反而没有内在的目光交流，或者目光是单向的，这种单向性也使得摄影机成了另一种意义上的旁观者。

六 画家／摄影师的自我想象及主体位置

对于《真相画报》的同仁来说，谁来画，以及如何画，不仅仅是一个技术问题，还是一种政治实践，这种艺术与政治实践的耦合，不仅仅是一种比喻，还在于它们共同分享了同一种话语方式。或者说，画家通过绘画来抵达"真相"的艺术想象与监督政府获得"真相"的政治设计之间存在着同构关系，这种自我想象究竟是一个什么样的主体位置呢？从画报前几期的封面中可以看出这种"真相"是如何"绘"出来的。

在《真相画报》第一期（中华民国元年六月五日）的封面中，是一个椭圆形的水彩画。画面右侧是一个背对观众、身穿西装、头戴圆帽、打领结的画家，右手拿画笔，左手拿调色板，画面左侧是画架的位置，画布放置其上，背景是野外，似乎是一个画家在写生，或者说正在创作，奇怪的是，画布上的"画"并非自然风景，而是从上到下四个繁体大字"真相畫報"，画笔停留在"畫"字上。在这里，书写与绘画被奇妙地耦合在一起，西洋画家的装扮以及调色板、直立的画架、画布都指示这是一个油画家，而且作画的环境放置在野外，这也吻合西洋绘画的创作习惯。但是，画布上的字却以书法的形式被"画"或"写"出来，使得画布变成了一个卷轴，画笔变成了毛笔，这种混杂性，似乎纠缠于清末民初关于中体西用的论辩，或者说内中外洋的想象。在这个意义上，"真相画报"既是绘画出来的，又是书写出来的。在第二期（中华民国元年六月二十日）的封面中，画面右侧变成了一个背对观众身穿西装、打领带的摄影师，画面中间是一个放置在三脚架上的黑色照相机，画面左侧纵深处是使用了印象派风格的树林作为风景，这是一个在林中拍照的图景。在这里，摄影机取代了画笔，画家变成了摄影师，拍摄行为本身成为画面的主题。在第三期（中华民国元年七月一日）的封面中，则是一个与前两期相似装扮的戴着礼帽、穿着晚礼服的客人／演员，背对观众，正在掀开帷幔、窗帘或是幕布试图走进去，在掀开的空白处，露出"真相"两个汉字。而在第十七期（中华民国二年三月一日）的封面中，同样是一个戴着礼帽、穿着正装的人，正背对观众，面对桌子上的梳妆镜，镜中映照出一个西方男人的脸。这样一组封面故事，都出自高奇峰之手，画中的主角似乎是同一个人，一个消瘦、面无表情的西方男子，分别化装成画家、摄影师、掀幕人、照镜人，而在不同的封面中，呈现了不同的行为或动作，他们在绘画／书写、拍摄、掀开或揽镜自照，这种动作又与《真相画报》之"真相"产生某种微妙的关系，如第一期和第三期的封面，绘画的对象和掀开的结果，就是"真相"二字。这些画面与其说是一个动作或行为，不如说呈现了一种观看的媒介和对观看的渴求，正如他们都是背对观众，借助绘画、摄影来描绘、探究一种"真相"。从第三期的封面来看，"真相"是被掩藏在幕布下面的，所以需要借助画笔、摄影机来"掀开"黑色的幕布（"真相"是一种"去"避的过程），使得"真相"暴露出来。如果说"真相"是某种自然风景、客观事实的话，那么第十七期的封面故事则是一个对镜自照的人，一个面对自我的时刻，但是这里的"自我"却是一个西方男人。如果联系到这些封面的作者以及画报的观众是中国人的话，这里的"镜子"更像拉康之镜，镜中像与其说是照镜人，不如说是照镜人的理想自我，是一个完满的他者。这样一种"绘出真相"的抱负，不得不面对所谓的"真相"依然是借助他者之镜来完成的。

如果把这四幅封面与"绘吾真相"的理念连接起来，似乎就可以得出这样的叙述："绘吾真相"的过程，就是绘画和摄影的过程，而且是在室外写实或拍照的过程，这种描绘与拍摄行为的效果如同掀开真相的面纱，使得真相暴露出来，而画家和摄影师的身份应该是化装成西方／男性的模样。这种定位与鲁迅在"幻灯片事件"中作为一个启蒙者的身份相似。

与《点石斋画报》不同的是，在《真相画报》中，已经很少出现群体性的看客了，这与《真相画报》基本上是以摄影为基础的画报形态有关。但是，关于画报的想象还是以"绘吾真相"的"绘"为核心，尽管画家与摄影师是重叠在一起的。对于具有"绘吾真相"功能的画家和摄影师来说，他们何以具有这种权力位置，这种位置似乎与他们手中的画笔和摄影机以及他们穿着西洋的衣服有关，也就是说这种西方／男性的自我想象本身，使得他们具有给观众／人们"绘"出"真相"的能力，在这个意义上，这种画家／摄影师的功能充当一种引导者，而这种引导者却呈现为一种暧昧与尴尬的状态。

在《真相画报》第二期中，有一组滑稽画（可以作为漫画的前身），叫作"新旧人物之由来"，共有五幅画：第一幅画是一个躺在地上的葫芦，有一个人正往葫芦里看，此人身穿白西装，葫芦上面写着"社会内容"，画面上面注明"新人物对于社会之内容，不知葫芦里是什么药"；第二幅画是一个直立的葫芦，葫芦里有一个人正要爬出来，此人身穿黑色马褂，葫芦上方空白处写着"世界知识"，旁边写着"旧人对于世界之知识，亦是个闷葫芦"，也就是说旧人关在葫芦里，也渴望知晓外面的"世界知识"；第三幅画是一个西装革履、手持毛笔／画笔的人，如同封面故事中的主角，正在用毛笔／画笔敲打葫芦，旁边注明"打开闷葫芦"；第四幅画是葫芦被打开，里面的旧人走出来，外面站着新人，彼此惊愕地对视；第五幅画是新人低头查看葫芦里的"真相"（葫芦内侧写着"真相"两字），旧人则抬头"看见了"写在墙上的"世界知识"，旁白是"然后新人物尽悉社会之内容，旧人物增进世界之知识"。

看到这里的"闷葫芦"及其葫芦里的人，很容易想起鲁迅的铁屋子寓言、马克思关于"棺木里的木乃伊"的叙述，尽管这只是粗浅的讽喻式的漫画作品，似乎很难与这些精英思想家的表述形成对照。这种新人、旧人、闷葫芦以及画家的关系在某种程度上是铁屋子、清醒的人、熟睡的人和密闭棺木里的木乃伊、新鲜空气的两个系列比喻的折中或综合。闷葫芦是一个铁屋子和密闭棺木的空间，但是葫芦里只有一种人，即想出来的"旧人"，葫芦外面站着掌握世界知识的"新人"。而打碎葫芦的方式不是从内部来"毁坏"铁屋子，也不是新人来打碎铁屋子，反而是从画面之外"横空出世"一个穿着洋装的画家来敲开闷葫芦。具有症候性的是，第三幅画中"打开闷葫芦"的人只出现过一次，似乎他是新人与旧人之外的第三个人，不属于新旧任何一方，处在一种悬置或者说"中介"状态，而这个人恰好正是要"绘吾真相"的画家或摄影师。第三个人是一种拯救／破坏性的力量，似乎成为马克思所论述的充当瓦解棺木的"新鲜空气"的力量，一种沟通旧人与新人的中介者。如果考虑到这组滑稽画的主题是"新旧人物之由来"，旧人与新人的位置是平等的，或者说他们都处在各自的闷葫芦里面，那么内部与外部的界限就被打破了。在这个意义上，画家的位置是一种越界的位置，一种区分旧人与新人的"第三个人"。

（本文选自作者博士论文《视觉呈现与主体位置——比较文学视野下的文化重读》，写于 2008 年至 2009 年，部分内容发表于《中国摄影家》2014 年第 4 期。）

"哀悼"仪式与作为修辞的"墓碑"

近些年来，在中国大众文化的景观中，新主流意识形态的重建成为重要的问题。自20世纪80年代以来，主流价值观就处在一种危机、无效和断裂的状态中，这尤为体现在外在的政治干预与自发的市场秩序之间的内在冲突上，从文化生产的角度则呈现为主旋律作品往往没有市场、拥有市场的作品又不承担"政治"功能，正如关于"反三俗""限娱令"的争论，可以看出国家意识形态（精英的、道德化的）与大众文化（低俗化、庸俗化）之间的不协调。不过，这种政治／市场的不兼容并非常态，更为重要的症候在于新世纪以来政治（威权的、一党执政的）与市场（自由竞争的、多元化利益分割的）的"双套车"越来越经常奏出和谐的主旋律，恰如中国崛起的基本事实就是强有力的政治调控和充分市场化的资源配置之间密切结合的产物。在这个意义上，既实现经济效益又具有主流价值观功能的作品越来越多。

可以说，这种社会共识的积聚建立在双重前提之下，一方面"外在的政治"已经从阶级政治、共产主义理想变成了一种依法治国背景下的民族复兴，爱国主义、国家主义、民族主义成为国家意识形态的内核，另一方面都市中产阶级被建构为和谐社会的和谐主体，也是中国经济崛起获益最多的群体。需要指出的是，在高房价、高物价的压迫下，"中产"面临着"被消失的"窘境①，在中国关于中产阶级的想象很大程度上更多的是一种话语事实，尤其是相比人口学意义上占据绝大多数的弱势群体来说②。本文主要通过2008年以来国庆日向人民英雄纪念碑敬献花篮、重大灾害之后举行"全国哀悼日"以及近期的影视剧中"墓碑"被作为重要的文化修辞方式，来呈现当下主流意识形态的重建是通过一种悼亡仪式和国家对死者/旧有牺牲者的重新祭奠来完成的，最后再以《唐山大地震》为例来说明一种个人/家庭的创伤记忆如何被弥合的故事，这种给创伤记忆寻找伤口的工作实现了一种新主流意识形态与中产阶级主体之间的内在和解。

一 国庆日、哀悼仪式与"2008年"

自2008年以来每年的国庆日多了一项纪念仪式，就是党和国家领导人与首都各界代表集体向人民英雄纪念碑敬献花篮，"深切缅怀为实现民族独立、人民解放、国家富强、人民幸福英勇献身的革命先烈"③。这样如此隆重地向人民英雄纪念碑敬献花篮的仪式此前并不常见，只是在特殊纪念日如纪念反法西斯战争时才偶然出现（更为经常的行为是清明时节各地政府组织大中学生举行烈士陵园扫墓活动）。这种重新发明出来的国家哀悼仪式与10月1日国庆日耦合起来，给国庆典礼赋予了一种新的政治文化含义，即国家通过对死者/"人民英雄"的

---

① 《中国新闻周刊》在2010年之初策划了《"被消失"的中产》的专题，讲述"不再中产"的故事："中国中产阶层向上流动困难，大部分向下沉沦为中下产，中产的后备军成长堪忧，难以补充这个阶层，中产阶层壮大之路越走越艰难。"而《南方人物周刊》也策划了一个《80后：失梦的一代》的专题，讲述这些准中产阶级主体"逃离北上广，回归体制内"的"梦想难以照进现实"的处境。可以说，这是一个公民获得命名的时代，也是一个中产阶级"人人自危"的时代。

② 据统计，如果采用2000元为个税起征点，全国大约有8400万人纳税（占总人口6.4%），采用3500元，则减至2400万人（占总人口1.8%），减少了近6000万。而在大中城市，月收入两三千元很难实现"安居乐业"，基本上属于"蚁族"阶层。（参见《个税起征点至3500元，缴税人群减少约6000万》，《新京报》2011年07月1日。）

③ 《党和国家领导人向人民英雄纪念碑敬献花篮》，中国网络电视台，2010年10月1日。

祭奠／祭拜来告慰生者，通过凸显建国英烈的丰功伟绩来重塑新的执政合法性。人民英雄纪念碑作为天安门广场的中心，在中国政治空间中占据着格外重要的位置，其政治含义在于确认中国革命的历史合法性，如毛泽东主席所撰写的碑文："三年以来，在人民解放战争和人民革命中牺牲的人民英雄们永垂不朽！三十年以来，在人民解放战争和人民革命中牺牲的人民英雄们永垂不朽！由此上溯到一千八百四十年，从那时起，为了反对内外敌人，争取民族独立和人民自由幸福，在历次斗争中牺牲的人民英雄们永垂不朽！"这既确立了中国革命的历史主体是"人民"，而且把新民主主义所缔造的"新中国"作为1840年以来追求民族／国家独立的产物。在此背景之下，人民英雄纪念碑毋庸置疑是中华人民共和国的政治图腾。为什么在中国经济崛起的时代会需要一种悲情式的国家哀悼仪式来作为国庆大典的重头戏呢？或者说在取得如此辉煌的经济、社会成就的当下，为何需要采用政治危机时代的叙述策略，即通过重返艰难建国和付出巨大牺牲的时刻来获得一种想象性的政治认同呢？

在一种回望的视野中，2008年对于中国来说是一个大悲大喜之年。年初南方遭遇的特大冰冻雨雪灾害，拉开了2008年多灾多难之年的序幕，接着5月遭受新中国成立以来震级最高的地震——"5·12汶川特大地震"，6月华南、中南地区发生严重洪涝灾害，9月山西襄汾县"9·8"溃坝事件。不仅如此，2008年还是多事之秋，如3月有西藏"3·14"事件、4月有奥运火炬海外传递受阻，可以说，这一年充满着一种少有的悲情色彩。与此同时，2008年还是奥林匹克运动会在北京成功举办、"神舟七号"载人航天飞船成功飞行并实现中国宇航员首次太空行走，以及庆祝改革开放三十周年的重要时刻，所以说，这一年又是彰显"盛世中国""中国崛起"的年份。仅仅两年之后，中国经济就在金融危机的背景下"戏剧性"地超过日本成为全球第二大经济体。从这个角度来看，2008年可谓"悲情中国"与"盛世中国"相互交织的一年。就在这种爱恨交织中，一种关于中国的国家认同和某种社会共识开始浮现，自然灾害（如大地震）与政治危机（如破坏奥运圣火）反而激发、培育了中国民众尤其是青年一代的国家认同和爱国精神。因此,2008年具有重要的标识意义,是20世纪80年代后毛泽东时代国家认同获得重建的转折点。

"3·14"事件引起海外反华势力破坏奥运圣火传递,由此海外华人发起护卫奥运圣火的运动,如"4·19反对国际媒体恶意指责中国,支持北京2008奥运"的海外华人大游行,这些积极参与者很多都是80后留学生,他们从"'西方中心论'的普世价值的迷雾中清醒过来,同时又不陷于盲目排外和自我封闭情绪",被认为是"最全球化的一代,也是最爱国的一代",[①]这些爱国运动使80后摆脱了"小皇帝、小公主"/"独生子女一代是不负责任的一代"的"恶名",第一次自发地表达出对于中国/国家身份的由衷认同。不久,这种海外留学生的爱国激情在"5·12汶川大地震"中被国内青年一代所继承,他们成为救灾志愿者的主力军。汶川大地震实现另外一种全民总动员,不管是政府调配一切资源全力救灾,还是中产阶级/普通市民踊跃捐款、献出大爱,在这一危机/危难时刻,官方/体制与民间/市场达成了20世纪80年代以来少有的共识,有媒体惊呼"汶川震痛,痛出一个新中国"[②]。紧接着,八月份盛大而华丽的奥运会完美落幕,超过百万的奥运志愿者被命名为"鸟巢一代",出色地向世界展示了现代、包容、自信的中国青年一代。

正是在2008年汶川大地震发生不久,国务院发布了为地震遇难者举行为期三天的"全国哀悼日",这也是新中国历史上第一次因重大公共灾害造成国民伤亡而设立的哀悼日,之前只有在党和国家重要领导人去世时才会举行全国哀悼活动,如毛泽东、周恩来、邓小平等重要领袖逝世。这次汶川哀悼日采用了民间"头七"之日的方式,充分显示了新世纪以来"以人为本"的执政理念和对传统民间伦理秩序的认同。在这一举国同悲的时刻,国家通过对无辜死难者的悼亡,来实现一种普通国民与国家认同之间的内在耦合。如果

[①] 王磊:《"四月青年"的历史使命》,《中国青年报》2008年10月20日。
[②] 《南方周末》编辑部:《汶川震痛,痛出一个新中国》,《南方周末》2008年5月22日。

说人民英雄纪念碑是纪念那些1840年以来为民族独立、解放而献身的烈士／人民，那么汶川哀悼日所纪念的死难者则是普通的、无名的中国人，他们并非民族／国家的献身者，而只是不幸的遇难者，他们唯一可以共享的身份就是"中国人"。在这里，不管是向人民英雄纪念碑献花，还是举国哀悼灾难遇害者，都呈现了一种国家对于个体、生命的尊重，一种民族国家身份成为当下最为重要和有效的命名方式。于是，全国哀悼日也成为此后国家为重大公共灾害遇难者所举行的固定仪式，如2010年4月为青海玉树地震遇难者举行"全国哀悼日"、8月为甘肃省舟曲县特大泥石流灾害遇难者举行"全国哀悼日"。在这种举国哀悼的仪式中，国家及民族／国家的身份获得彰显，一种个人与国家的认同借助对死者的哀悼和祭奠来完成。

与此相关的政治文化事实是，就在2008年党和国家领导人向人民英雄纪念碑敬献花篮两个月之后，隆重召开的"纪念党的十一届三中全会召开30周年大会"上，官方把改革开放30周年的历史明确地书写为与20世纪所发生的辛亥革命、新民主主义革命和社会主义革命相并列的第三次革命，"改革开放这场新的伟大革命，引领中国人民走上了中国特色社会主义广阔道路，迎来中华民族伟大复兴前景"[1]，从而把20世纪现代中国／革命中国的"三次革命"实现了一种"通三统"，即"三次革命始终贯穿一个主题，就是实现中华民族伟大复兴"[2]，或者说"三次革命是递进式的超越"，而"实现中华民族的伟大复兴是三次革命的共同主题"[3]，这就为把中国近现代历史重写为不断走向"复兴之路"的历程提供了内在的理论支持。而建立在人民英雄纪念碑碑文基础上的历史论述在建国庆典中，又经常呈现为一种大型音乐舞蹈史诗剧，其中最著名的是1964年的《东方红》(庆祝新中国成立15周年)、1984年

---

[1] 胡锦涛：《在纪念党的十一届三中全会召开30周年大会上的讲话》，《人民日报》2008年12月19日。
[2] 王宜秋：《中华民族复兴的三次伟大革命》，《红旗文稿》2009年第22期。
[3] 齐卫平：《"三次革命"与中华民族的伟大复兴》，《光明日报》2009年2月10日。

的《中国革命之歌》（庆祝新中国成立35周年）和2009年的《复兴之路》（庆祝新中国成立60周年）。这三部作品都处理了1840年以来的中国近现代历史，却已然发生了重要的改写。

如果说《东方红》从人民作为历史主体的角度来把近现代历史书写为一部反抗史、革命史，《中国革命之歌》凸显了中国近代所遭受的屈辱与诸多挫败，以一种失败的悲情来映衬新中国成立后尤其是十一届三中全会之后的繁荣富强的话，那么《复兴之路》则采用一个国家/民族的视角来把近代史叙述为从国破家亡到走向国家崛起的历史，这是一段中华民族由辉煌灿烂因遭遇外辱（不是内部原因）而衰败再走向繁荣的伟大复兴之路。在这场盛大的舞台上，得以串联起每一个历史转折年代的固定修辞就是"土地""江山""家园"和"田野"，如开场字幕引用艾青的诗句"为什么我的眼里常含泪水，因为我对这土地爱得深沉"、序曲演唱《我的家园》、第一章是历史老人吟诵《山河祭》（1840年）、第三章"创业图"以歌曲《我们的田野》作为开始（1949年）、第四章"大潮曲"演唱的是《在希望的田野上》（1978年），可以说这些自然化的土地意向成为民族国家/中华民族认同的基本元素。在这样一个没有敌人和他者的舞台上，"历史老人"、被踩躏的母亲、现代化/工业化的建设者（从20世纪50—70年代的工人、农民到90年代的打工者）成为不同时期承载民族国家叙述的主体。

二 作为修辞的"墓碑"

与国家在国庆日向人民英雄纪念碑敬献花篮以及为重大灾害遇难者举行哀悼仪式相似的是，近几年来在大众文化的影视剧中，也出现了一种以墓碑为重要修辞的论述策略。与哀悼日对当下遇难者祭奠不同，这些讲述革命历史故事中的墓碑，往往是一种事后追认，让曾经被遗忘或遭受屈辱的个人/英雄重新获得历史/体制的命名，这种墓碑式的表述已经成为主流意识形态书写的症候。

2007年年底贺岁档放映的冯小刚导演、华谊兄弟制片的《集结号》是第

"哀悼"仪式与作为修辞的"墓碑"

一部使用"墓碑"作为修辞策略的电影。这部影片不仅改写了新世纪以来商业大片"叫座不叫好"的局面,而且创造了一种商业与主旋律契合的典范。《集结号》讲述了一个"组织不可信"的故事,一种国家历史对于个人、小团体的欺骗和牺牲。其成功之处不在于重述革命英雄人物的故事,也没有使用20世纪八九十年代常用的人性化、日常化的方式来书写英雄、模范及领袖人物,反而借用了80年代把革命历史荒诞化的方式来消解历史的政治性,却最终达成了一种对革命历史故事的重新认同和谅解。恰如《集结号》海报中的一句话:"每一个牺牲都是永垂不朽的",不再是用那些死去的无名战士来印证革命、战争及历史的倾轧与无情,而是通过对死去的无名英雄的重新确认,从中获得心灵的偿还和对那段历史的认可。影片结尾处,在战场上从没有吹起的集结号却在烈士墓碑前吹响,曾经的屈辱以及被遗忘的历史得到了铭记。这些被遗忘的牺牲者,终于获得了墓碑/纪念碑式的命名和烈士身份,通过上级领导说出的一句"你们受委屈了"的话来表达一种组织对个体的愧疚与追认,使得这些无名的英雄获得了名字和墓碑。这部电影与其说讲述的是为革命牺牲的故事,不如说是使这些无名的牺牲者重新获得历史命名的故事。因此,重新竖起的墓碑成为修补革命历史裂痕的有效修辞,而对20世纪50年代到70年代及其左翼历史的墓碑和纪念碑化既可以铭写"激情燃烧的岁月",又可以化解历史中的创伤与不快。

2009年,在庆祝中华人民共和国成立60周年献礼片之外出现了一部小成本艺术电影《斗牛》,这部影片讲述了一个农民与一头牛的故事。尽管这部电影被导演管虎阐释为"一部绝境求生的故事"和"表现出人性的美"的电影,但不期然地同样讲述了历史向个人偿还记忆的故事。这部电影与另外两个文本形成了互文关系,一个是余华20世纪90年代初期的小说《活着》及同名电影,一个是90年代末期姜文的电影《鬼子来了》。《斗牛》虽然与这样两个文本没有直接的关系,但它们却处理了相似的问题。《斗牛》被放置在抗日战争时期,共产国际支援中国抗日根据地一头荷兰奶牛,给受伤的战士提供营养,由于日军来袭,八路军只好把这头牛委托给当地的老百姓保护。结

77

主体魅影

果全村人被日军杀害,只有死里逃生的牛二为了信守村里与八路军签订的诺言,冒死周旋于日军、流民、土匪之间,最终与这头外国奶牛在山上相依为命。就如同小说《活着》中福贵在经历了中国现当代史中的诸多灾难（新中国成立前后的历次政治运动）,全家人都死光之后,只剩下他和一头老牛相依为命地生活,面对20世纪诸多把个人与国家、民族相联系在一起的政治实践,个人、普通人的命运是脆弱和微不足道的,"活着"是最平凡也是最重要的道理。电影版《活着》基本上延续这种80年代形成的用平凡人生来对抗历史及政治暴力的典型命题,这种叙述借个人的名义完成了对外在的历史及政治的批判和拒绝。而姜文的《鬼子来了》也带有80年代的印痕,武工队给挂甲屯的村民放下两个俘虏之后就消失了,这种革命者的缺席（在影像上"我"也没有出现）无疑是为了批判那种被革命者动员的人民奋起反抗侵略者的革命故事。对于以马大三、五舅姥爷、二脖子等为家族伦理秩序的人们来说,无论是游击队长,还是村口炮楼的日本兵,都是外来的力量,或如五舅姥爷的话"山上住的,水上来的,都招惹不起"。对于挂甲屯的村民来说,他们不是启蒙视野下的庸众,也不是革命叙述中的抵抗日本帝国主义的主体。从这个角度来说,《鬼子来了》恰好处理的是一个左翼叙述的困境,在外在的革命者缺席的情况下,以马大三为代表的"人民"能否自发自觉地占据某种历史的主体位置。《鬼子来了》在把"日本人"还原为"鬼子"的过程中,也是马大三从一个前现代主体变成独自拿起斧头向日本鬼子砍去的抵抗或革命主体的过程。这种觉醒不是来自外在的革命动员,而是一种自我觉醒的过程。最终作为拯救者的武工队并没有到来,更没能兑现诺言,也没有替百姓复仇,这无疑是对革命及左翼叙述的否定。

《斗牛》似乎也讲述了这样一个"活着"和被八路军"欺骗"的故事,牛二照顾八路军的奶牛,如同挂甲屯的村民,成了被遗忘的群体,作为拯救者的八路军迟迟没有到来,当初的许诺变成了一种谎言。牛二信守诺言与其说是一种革命信仰的内在支撑,不如说是一种对民间伦理（签字画押）或个人欲望（牛二把奶牛作为新婚爱人的替代物）的坚持。但是与《活着》《鬼子来了》最大的不

"哀悼"仪式与作为修辞的"墓碑"

同在于,《斗牛》采取了《集结号》式的偿还历史的策略,在影片结尾处,匆匆赶往前线的解放军终于为保护荷兰奶牛的牛二写下了"二牛/牛二之墓"。墓碑再一次成为埋葬与承认的标识,尽管这是一个略显荒诞、随时都有可能被风刮走的墓碑。从这个角度来看,如果说《活着》《鬼子来了》在某种程度上消解了一种左翼的实践及拯救,那么《斗牛》在呈现历史的荒诞与悲凉的同时,也得到了历史的偿还和铭记。

在2009年主旋律大片《建国大业》流水账式的历史叙述的间隙,依然使用了一个历史细节,就是毛泽东为因抢救饭菜而被敌机轰炸的伙计鞠躬立碑,这是一个在历史中没有名字的小人物,却是影片中唯一一个获得墓碑的人,历史不是无名英雄的纪念碑,而是写着个人名字的墓碑。而2009年被广电总局评价为年度最佳电影的《十月围城》中,也使用了墓碑式的影像策略,当这些为了护卫孙中山而慷慨赴死的义士牺牲的时候,摄影机如上帝之手般在画面渐隐后抚摸过牺牲者/献祭者的身体,然后屏幕上显影出死者的姓名、籍贯及生卒年月,使得这些稗官野史中的无名小卒也获得了墓碑式的铭写。这种为历史中的无名者寻找名字的工作成为当下颇为有效的意识形态书写方式。如2010年10月纪念朝鲜战争爆发60周年,《南方周末》使用"每一个烈士都有名字"来报道丹东抗美援朝纪念馆从2001年就开始的一项持续10年的工程,即为18.3108万志愿军烈士寻找名字[①]。

这些叙述策略也延续到2011年最为热播的两部电视剧《永不磨灭的番号》和新版《水浒传》中。前者是带有喜剧色彩的抗战剧,后者则是经典名著重拍,两部看似南辕北辙的电视剧却达成了相似的意识形态效果。《永不磨灭的番号》(北京华录百纳影视股份有限公司出品)是2011年口碑与收视率最好的抗战剧,这部剧播出之时即在北京卫视、安徽卫视接连创下收视率第一的佳绩,随后登陆中央一台。这部剧也被称为抗日版《水浒传》,正如许多红色经典

---

① 秦轩:《每一个烈士都有名字——寻找18.3108万抗美援朝亡灵》,《南方周末》2010年10月28日。

主体魅影

《林海雪原》《新儿女英雄传》《吕梁英雄传》《铁道游击队》等一样，都借用草莽英雄的传奇演义来讲述革命故事。如果说20世纪50年代到70年代的红色经典是把民间传奇故事革命化，那么新世纪以来新革命历史剧则是把革命叙述再度传奇化。《永不磨灭的番号》即是通过李大本事带领一群难兄难弟与被弱智化、定型化的日本鬼子周旋，在嬉笑怒骂中突显兄弟情义和抗日救国的宏大主题，可以说是少有的带有喜剧色彩的抗战剧。李大本事带领游击队在掩护主力部队撤退的阻击战中几乎全军覆灭，他们临死前最大的心愿就是能够成为正规军，获得正式的命名和番号。几十年后烈士的遗骨被找到，重新安放在烈士陵园，这些没有番号的、非正规抗战部队终于获得了上级和组织的认可，成为中华民族（这一当下最为重要的、重塑的历史主体）的抗战英雄，从而最终实现了个人／英雄奉献、牺牲与民族大义／国家认同之间的和解。可以说，这与其说是没有名字的小人物、无名鼠辈向历史"索回"番号／命名的过程，不如说是当下的主流意识形态通过重新或再次命名、指认个人／英雄的崇高价值来获得政治认同的过程，只是这里的"政治认同"已经从"革命"变成了以中华民族为主体的"国家"叙事。

新版《水浒传》作为一部年度大戏，由郑晓龙任艺术总监，香港导演鞠觉亮执导，全剧共86集，投资约1.2亿元。自年初该剧在浙江等地方频道播出，随后进入各大卫视，尽管在改编细节上存在着许多争议，但收视率还是一路飙升。《水浒传》并非仅仅是一部古典名著，而是与中国当代史密切相关的作品[①]。在20世纪50年代到70年代《水浒传》被解读为一部农民起义小说，而关于宋江是否是"投降派"的讨论曾经是"文革"后期重要的思想文化论争，而80年代以来对于《水浒传》的改编也与这些特定意识形态解读形成了对话。如80年代电视剧《水浒传》只拍到宋江被逼上梁山、108位好汉齐聚忠

---

① 戴锦华：《重写红色经典》，陈平原、山口守编：《大众传媒与现代文学》，新世纪出版社2003年版，第531—538页。

义厅，而有意回避宋江被招安的段落。1998年再次重拍《水浒传》，这部剧的后半段则淋漓尽致地呈现了宋江带领众兄弟走向屈辱的招安之路的过程，梁山英雄成为皇权体制的受害者和牺牲品。2011年第三次重拍《水浒传》，最大的变化在于把这种反映农民起义的现实主义小说还原为一部神话故事。新版一开始就呈现了原著中"张天师祈禳瘟疫，洪太尉误走妖魔"的场景，从而把水泊梁山108位英雄造反的故事解释为天罡星、地煞星等"妖魔"重返人间"造孽"的故事。相比1998年版李雪健扮演的宋江的唯唯诺诺、卑躬屈膝，新版中张涵予扮演的宋江则更为硬朗和足智多谋。在结尾处，宋江等虽然被奸人毒死，却受到皇帝的恩典，成为忠义之臣，如同《永不磨灭的番号》，这些被招安的"反贼"通过为朝廷效力而获得体制／秩序的最高嘉奖。在宋江被命名为"大英雄"(而不是投降派／造反派)的时刻，也是认证、确认这份命名的体制获得合法性的时刻。可以说，这部作品非常恰当地呈现了个人／英雄与主流意识形态之间的和解关系。因此，这是一部回归原著、还原历史的作品，同时也是一部重建历史记忆的作品。

就在这些历史中的牺牲者／无名者获得命名的时刻，另外一个群体却处在一种"无名""无碑"的状态，如知名打工作家王十月的小说《无碑》讲述了作为"中国制造"主力军的"农民工"外出打工的故事。在大众传媒所参与建构的以中产阶级为主体的公民社会话语中，以农民工为代表的弱势群体只能处在一种被遮蔽或者被救助的状态，而无法占据"主体／主人"的位置。而这种给历史中的牺牲者、殉难者、无名者找回名字的工作，从某种程度来说是对20世纪80年代以来所建构的"个人是历史的人质"的批判的有效回应。在这里，不再是无名者的墓碑建构着一种民族国家的认同，而是通过把"个人"墓碑化来偿还历史／政治／权力对个人的戕害与倾轧(把抽象的政治／历史还原为一个个有名有姓的"个人")，在承认个人遭受宏大历史伤害的前提下实现一种和解。这种文化行为在完成一种纪念碑式书写的同时(铭刻)，也在达成一种忘记死者的哀悼工作(埋葬)。可以说，这些个人的墓碑／纪念碑充当着铭刻、埋葬的双重功能，在标志曾经的牺牲与光荣历史的同时，也达成了历史的谅解。

三 伤口、记忆与主体

2010年暑假，冯小刚执导的《唐山大地震》没有意外地创造了中国电影票房的"奇观"（内地票房6.2亿元），不仅打破了《建国大业》刚刚在2009年刷新的国产电影最高票房纪录（4.4亿元），而且作为出资方的唐山市政府（地方政府）、华谊兄弟（民营公司）和中影集团（国有公司）实现了"多赢"效果：唐山市政府既营销／宣传了新唐山，又获得了文化政绩（这部电影在最高政府奖华表奖中收获颇丰），华谊兄弟也获得超额利润，而身兼政府、企业双重身份的中影集团也实现了经济和社会双重效益，把这些不同投资主体或者说社会资源聚合在一起的"牵线人"正是国家广电总局。因此，从这部电影的生产机制中可以清楚地看到政府（文化／意识形态宣传）与资本、国有集团与民营企业如此"和谐"地共创、共享同一个"华丽"的舞台。这不仅改变了20世纪80年代中后期所形成的主旋律（政府投资）、娱乐片（商业片）、探索片（艺术电影）三足鼎立的电影生产格局，而且实现了主旋律与新世纪以来商业大片的完美嫁接，可以说是《集结号》之后又一部"主流大片／主流电影"[①]的典范之作。

[①] "主流大片／主流电影"是指以《集结号》《建国大业》《十月围城》《唐山大地震》《建党伟业》等为代表的主旋律商业大片，这些电影打破了自2002年《英雄》以来始终伴随着古装大片"叫座不叫好"的怪圈。关于"主流大片／主流电影"的讨论开始于2006年（参见贾磊磊：《中国主流电影的认同机制问题》，《电影新作》2006年第1期；饶曙光：《改革开放30年与中国主流电影建构》，《文艺研究》2009年第1期；张法、王莉莉：《"主流电影"：歧义下的中国电影学走向》，《文艺争鸣》2009年第5期等），尤其是2007年1月在全国电影工作会议上，广电总局领导提出要积极发展"主流大片"。主流大片的意义在于中国电影终于可以像好莱坞大片那样既能承载美国主流价值观，又能取得商业上的成功。这不仅在于革命历史故事找到了某种有效讲述的可能，而且在于使20世纪七八十年代之交所出现的以革命历史故事为代表的左翼讲述和对左翼文化的否定而开启的改革开放的意识形态叙述之间的矛盾、裂隙获得了某种整合，或想象性的解决。在这个意义上，主旋律已经失去了80年代的含义，取而代之的是"主流大片"的命名。

"哀悼"仪式与作为修辞的"墓碑"

如果参照新世纪以来讲述"泥腿子将军"的新革命历史剧和"无名英雄"的谍战故事，分别对应着当下的双重主体——开疆扩土、勇战沙场的"成功者"（"这个时代最成功的CEO"）和隐忍的、对职业无比忠诚的、有教养的中产阶级（"潜伏在办公室"），那么《集结号》和《唐山大地震》与此不同，不仅没有出现如此"正面的"英雄，反而呈现了个人在历史中的委屈、创伤和伤口。也就是说，无论是解放战争或20世纪50年代到70年代，还是唐山大地震之后所开启的改革开放的时代，都并非充满怀旧的"激情燃烧的岁月"或者怀着笃定"信仰"而潜伏敌营的惊险生活，而是如《集结号》中失去了身份／档案的抗敌英雄受到种种怀疑和误解以及如《唐山大地震》中忍受亲人离丧而内心愧疚的苦情母亲独自背负历史之痛。从某种意义上说，谷子地和元妮都处在相似的位置上，他们都是个人困境、历史苦难的承载者，同时也是被放逐在家庭秩序之外的人。不过，这种"落难公子"和"苦情母亲"的形象往往出现在社会转折和危机的时刻，发挥着召唤观众一起共渡难关（"分享艰难"）的意识形态效应。正如20世纪七八十年代之交的"右派"故事（电影《牧马人》《天云山传奇》《芙蓉镇》等）以及八九十年代出现的"苦情妈妈"（台湾电影《妈妈，再爱我一次》、电视剧《渴望》和90年代初期的苦情主旋律《焦裕禄》《蒋筑英》等）都成为各自时代最为有效的意识形态实践。如果说"右派"故事以受害者的身份把20世纪50年代到70年代叙述为遭受迫害的历史，仿佛那个时代就是男性／知识分子的内在创伤，那么苦情母亲则充分回应了八九十年代之交的社会悲情，把一种社会创伤投射到永远伟大的大地母亲身上。在这样一个和平崛起、走向复兴之路的时代（即使全球遭遇金融危机，风景也这边独好），《唐山大地震》为什么依然需要使用苦情母亲来获得意识形态整合呢？

这部电影改编自加拿大华人女作家张翎的中篇小说《余震》，这篇小说讲述了经历唐山大地震的女作家小灯在震后／"余震"中治愈心灵创伤的故事。小说以笔记／日记的形式呈现了小灯（小登）接受心理治疗的过程，中间穿插着小灯关于过去历史的记忆，但是记忆经常变得"模糊"或被"生生切断"："小登的记忆也是在这里被生生切断，成为一片空白。但空白也不是

主体魅影

全然的空白,还有一些隐隐约约的尘粒,在中间飞舞闪烁,如同旧式电影胶片片头和片尾部分。后来小登努力想把这些尘粒收集起来,填补这一段的缺失,却一直劳而无益——那是后话。"[1]除了地震中母亲选择救弟弟的决定给小灯造成了巨大创伤,此后还经历继父性骚扰、丈夫外遇、女儿离家出走等一系列伤害,不仅留下了头疼病,更留下了心灵创伤。如果按照小灯的说法,"余震"给自己身体留下的创伤/症状是一种"来得毫无预兆,几乎完全没有过度"的"无名头痛"("一分钟之前还是一个各种感觉完全正常的人,一分钟之后可能已经疼得手脚蜷曲,甚至丧失行动能力"),而心理医生所提供的治疗方式则是给这种"无名头痛"找到具象化的替代物。在催眠中,小灯说出了自己看到的"场景",就是一扇又一扇"上面盖满了土,像棉绒一样厚的尘土"的窗,可是"最后一扇"却怎么也推不开,因为这是一扇被"铁锈"锈住的窗,于是,医生告诉小灯,"有一些事,有一些情绪,像常年堆积的垃圾,堵截了你正常的感觉流通管道。那一扇窗,记得吗?那最后的一扇窗,堵住了你的一切感觉。哪一天,你把那扇窗推开了,你能够哭了,你的病就好了",因此,治愈头疼的唯一方式就是"除锈"工作。

这种被锈住的、被堵塞的记忆,就是"唐山大地震"中母亲抛弃自己的时刻。小灯被治愈的时刻,就是回到地震所在地唐山,看到母亲和弟弟的孩子生活在一起的场景,这座在小灯心中永远放不下的"墓碑"终于在她回到唐山看到母亲的时候获得释怀。或者说这种回归母体的行为终于打开了锈住的铁窗,心结一下子就被解开了。而小灯的职业是写作(作者的自指,弗洛伊德意义上的神经官能症患者),写作也是帮助其治疗的方式,一种通过书写来偿还记忆的过程。小说结束于小灯被治愈的时刻,也就是终于"推开了那扇窗"。在这个意义上,这是一个关于记忆、创伤以及治愈创伤的故事。电影把小说中以小灯为主的叙述转移为母亲与女儿的双线叙事,把小灯治愈地震创伤的故事转

---

[1] 本文中的小说引文皆来自张翎的《余震》,北京十月文艺出版社2010年版。

移为母亲怀着愧疚之情含辛茹苦地抚养儿子长大的故事。相同的是女性再次成为小说、电影中灾难、创伤、困境的承载者，不同的是电影中的单亲母亲取代小说中的女作家／某种意义上的独立女性成为苦情主角（先是地震中失去丈夫和女儿，后是遭遇下岗）。而且电影比小说更为具象化地把1976年到当下的历史书写为一部改革开放30年的变迁史。小说和电影都把唐山大地震与毛泽东逝世并置在一起，使得1976年作为社会转折的意味更为明确，个人／家庭创伤就与20世纪七八十年代之交的政治、社会创伤"耦合"在一起，或者说把一种政治地震转喻为一种个人／家庭的伦理故事。这是一个遭受自然、政治"双重地震"的时刻，也是"双重父亲"死亡的时刻。父亲死亡之后，"大地母亲"和充满怨怼的女儿开始各自的生命历程，女性成为了历史之痛的承载者和受害者。这些受害的女性在影片中并没有以受害者的身份出现，反而更像是施害者，或者如小说中患有精神病的小灯伤害了周围所有的亲人。母亲不仅是地震的幸存者，而且也是遭受下岗并"自主创业"的女工，这符合"苦情母亲"遭受一切自然与社会灾难的叙述成规，可是母亲在影片中却如同带有原罪不断愧疚的"施害者"（为什么"全家就我一个好好的"）。母亲一方面承载了社会及历史的苦难，另一方面又把这份苦难转移为一份愧疚，似乎这一切都是"她自己"造成的。

　　推不开的窗、被锈住的历史、被堵截的记忆就成为20世纪七八十年代作为历史断裂的表征，前30年／毛泽东时代就像"像常年堆积的垃圾，堵截了你正常的感觉流通管道"，而此刻小说创作和电影放映的时代则是疏通管道、推开被锈住的窗的过程，正如心理医生的"忠告"："小灯，以后再见这些窗户，就提醒自己，除锈。除锈。一定要除锈。记住，每一次都这样提醒自己。每一次。"这种意识形态的"除锈"工作与其说打开了被阻塞的记忆，不如说给这30年历史中出现的"无名头痛"寻找到一个"原罪"式的根源。正如心理医生沃尔佛在小灯说出"铁锈"之后"抚案而起，连说'好极了，好极了'"，因为这就是"无名头痛"的"病根"。在"无名头痛"获得"命名"和指认之后，接下来小灯所要做的就是"除锈"了，或者说一旦找到"精神病

主体魅影

根"，或者说说服病人接受这个"病根"，所谓"无名头痛"也就被治愈了。因此，与其说"锈住的"历史造成了小灯此后的"无名头痛"，不如说这部文本的意识形态功能恰好在于给"无名头痛"寻找到一个"病根"，一个早就存在的旧伤疤。之所以要重新启用这处旧伤疤，是因为今天，或者说"震后"余生的幸存者，终于找到了治愈旧伤疤的方法。从这个角度来说，小说及电影与其说是为了除去"被绣住"的历史，不如说恰好完成了重新把前30年"锈住"的过程。

电影开始于1976年的唐山大地震，结束于2008年的汶川大地震，把两次地震作为32年历史变迁的标志，仿佛改革开放的历史从一次地震到另一次地震。如果说1976年在自然、政治双重浩劫之下，中国开始了新时期的艰难转折和"阵痛"，那么2008年这一悲喜交加之年，却成为印证中国崛起和中国认同的重要时刻。同样是地震，在不同的历史语境中具有完全不同的含义。唐山大地震一方面被作为伟人陨落的征兆，另一方面也被作为那个时代的悲剧，而汶川大地震却实现了国家紧急动员与民间志愿救援的结合。正如冯小刚坦言，他在2007改编剧本陷入困境之时，不知道该如何安排电影结尾处姐弟俩的相遇。汶川地震发生了之后，导演找到了结尾的方式，在这样一个全民动员的时刻，姐弟俩以志愿者的身份相遇在汶川救灾现场。姐弟俩在汶川地震中偶遇并实现了家庭的破镜重圆，小灯心中30年的积怨也终于释怀。

此时的小灯和小达是自愿参与汶川救灾的志愿者，已然拥有清晰的中产阶级身份。于是，30年的历史被浓缩为残疾人小达由辍学打工变成开宝马的新富阶层，以及小灯由怀孕退学到成为旅居海外的中产阶级家庭主妇（在花园中浇花）的过程，也就是说通过30年之后的"人生成功"与"大国崛起"来化解七八十年代之交的"余震"。如果说《唐山大地震》以相当简化的方式书写改革开放30年的历史，那么影片主要呈现了从工人阶级职工家庭的毁灭（震前的市井空间也是一个原乡式的社区空间）到中产阶级核心家庭（彼此分离、独立的家庭内景）的重建。影片选用大量的中景和室内场景，试图把故事封闭在家庭内部，也正是这种中产阶级核心家庭（完美的三口之家）成为化解历史积怨的前提。在这里，意识形态的"除锈"功能不仅再一次把"故事所讲述的年代"(七八十年代之交)书写为历史／个人的伤痕／创伤时刻(被锈住的窗)，而且更重要的是把"讲述故事的年代"叙述为一种化解积怨、家人重逢的时代。与《集结号》相似，在《唐山大地震》的结尾处，一座纪念遇难者同胞的墓碑墙建成，片尾曲是王菲演唱的《心经》(歌词为《般若波罗蜜多心经》原文)，在超度24万唐山大地震罹难者的魂灵的同时，也抚慰着幸存者内心的"余震"。巨型墓碑上清晰地刻着密密麻麻的遇难者的名字，仿佛1976年的遇难者直到影片播出的这一刻才最终获得命名和安息。

从这个角度来说，冯小刚式的主流影片以不同于新革命历史剧的方式完成一种对革命历史及当代史的重述，为人们揭开历史的纠结或死结，使得历史断裂处的伤口能够痊愈。虽然《唐山大地震》对原小说做了重要的改编，但其意识形态功能却是相似的，正如《余震》的结尾，小灯(小登)终于推开那扇被锈住的窗。虽然淤积了如此多的困难和痼疾，但是在当下的时刻、在放映影片的时代纠缠于人们心中的那份愧疚也和解了。因此，冯小刚的这两部电影承担着双重功能，一方面是呈现历史的伤口，另一方面或更重要的是进行治愈伤口的工作，从而使得革命／当代史与当下作为主流社会主体的中产阶级终于可以达成"谅解备忘录"。

（写于2011年，发表于《文化研究》2013年第13期。）

显影与退场：20世纪中国电影中的工农形象

工农大众是20世纪中国文艺作品中出现的一种特殊的主体和人物形象，其显影和消隐与20世纪中国社会主义革命的兴衰有着密切关系。工人、农民顾名思义是从事工业生产和农业劳作的人，他们不只是一种行业身份和社会职业，而且是一种群众运动和人民革命的阶级主体。在现代工业社会中，工农是默默无闻的乌合之众，是19世纪批判现实主义文艺中被损害和被侮辱的对象。而在20世纪轰轰烈烈的社会主义运动中，工人成为革命进程的领导阶级、工农联盟成为社会主义国家的执政基础，工农形象也被文艺作品表现为社会和历史的主人。如新中国成立以来，确立了以公有制为基础的电影生产体制，在文化上也开始塑造以工农兵为主体的人民电影。随着20世纪八九十年代冷战终结，以阶级政治为核心的社会主义实践失败，工农再次沦为全球化时代不可见的底层和弱势群体。因此，工农形象的再现和变迁不仅仅是文化问题，更与政治和社会转型直接相关。

一 左翼电影中的工农形象

近代以来，工农问题的提出是在五四新文化运动时期。1918年，时任北京大学校长的蔡元培发表了题为《劳工神圣》的演讲，把体力劳动和脑力劳动都作为劳工群体，"我说的劳工，不但是金工、木工等等，凡是用自己的劳力做成有益他人的事业，不管他用的是体力、是脑力，都是劳工。所以农是种植的工；商是转运的工；学校职员、著述家、发明家，是教育的工；我们都是劳工"[①]。1920年第七卷第六号《新青年》"劳动节纪念号"的扉页上有"劳工神圣"四个大字，这也成为中国近现代史中正面表述劳工处境的口号。

目前影像保存最早的一部中国电影是《劳工之爱情》(1922年)，讲述了水果贩郑木匠向老中医祝郎中家的女儿求婚的故事，用固定机位和街头杂耍的方式演绎了一出欢快的都市轻喜剧。片中最出彩的地方是郑木匠用木工机关改装楼梯，造成众人跌伤以增加祝郎中的收入，最终郑木匠与祝小姐喜结良缘。相比《劳工之爱情》的名字传达着五四新文化所提倡的自由恋爱的现代价值观，这部电影还有另外一个带有中国传统文化色彩的名字《掷果缘》。只是这份"果缘"不再是封建制度下的包办姻缘，而是发生在都市商业空间里的带有现代资本主义经济关系的爱情，郑木匠获得芳心来自个人的经营头脑。尽管这部短片用都市普通男女的个人故事改写了传统的"才子佳人"模式，但并没有清晰的劳工意识，劳工形象真正出现在电影中是20世纪30年代的左翼电影时期。

在国民党统治的区域出现带有左翼和进步色彩的文化有三个方面的原因：一是日本的侵略激发了强烈的民族救亡和抗战爱国的意识，都市观众对20世纪20年代流行的神怪片、武侠片不满，渴望看表现社会现实的影片；二是国际经济大萧条影响到外国有声片进口到中国，缺少外国片和无法放映有声片的中国影院对国产无声片有市场需求，这给国产片的发展提供喘息之机；三是一批如夏衍、阿英、郑伯奇、田汉等左翼文人进入电影公司，担任电影编剧，制作了如《狂流》(1933年)、《春蚕》(1933年)等表现农村凋敝的影片。这些现实主义题材的影片受到观众的热捧，使得当时不仅明星、联华、

[①] 蔡元培：《劳工神圣——在庆祝协约国胜利大会上的演说词》(1918年11月16日)，《北京大学日刊》1918年11月27日。

主体魅影

艺华等民营公司开始拍摄反映民族救亡和社会问题的故事，就连文化立场相对保守的天一公司也拍摄了反帝反封建的影片。可以说，在抗日救国的背景下，进步电影人与民营电影公司老板达成了一种妥协或者共识，那些讲述现实危机的影片获得观众的强烈认同。20世纪30年代进步电影开始打破都市中产阶级的情感幻想，讲述个人觉醒、寻找出路的故事。与工农相关的最著名的一部电影是留学美国的导演孙瑜执导的《大路》(1934年)，这部默片表现了筑路工人不畏敌机的轰炸齐心协力修筑公路的故事，由当时最著名的男明星金焰扮演。电影不仅用丰富的长镜头调度呈现了筑路过程中男女工人之间的嬉笑和友谊，而且用仰拍镜头展现了中国男性健康而强壮的身体，这种众志成城反抗外来侵略者的精神也成为20世纪30年代国产电影的基本主题。

相比《大路》用正面的男性身体来隐喻抗战爱国，其他的左翼电影则主要用女性的都市遭遇来实现一种社会批判。电影中出现了两类女性，一类是知识新女性，如蔡楚生执导的《新女性》(1934年)表现了女作家韦明无法获得独立自主的生活，在经历了感情波折、生活困苦之后走向绝望自杀的悲惨故事，片中有一个乐观的、与生活斗争的女工形象，是性格软弱的知识女性韦明的好朋友。影片结尾处，韦明在"我要活"的无力呐喊中死去，画面切换到伴随着工厂汽笛声成千上万女工上班和有反抗精神的女工带领工友们大踏步向前走的场景，这预示着一种新的更有社会行动力的工人主体的诞生。电影之外的故事是扮演韦明的女明星阮玲玉因这部影片受到非议而自杀，呈现了秉承五四个人主义精神的新女性在现代商业社会中的生存境遇。第二类女性是妓女，如吴永刚执导的经典之作《神女》(1934年)表现了单亲母亲为了抚养孩子只能出卖肉体的悲惨故事。这种受苦受难的女性（母亲）命运成为对黑暗的都市社会的批判，1935年的两部表现都市青年人失业、失望的电影《十字街头》和《马路天使》也是如此。这些电影把遭受剥削和压迫的妓女比喻为"神女"和"马路天使"，这也使得受苦人、社会底层人不再是愚昧的庸众，第一次在美学和道德上拥有了正面的价值。

新中国成立前中国电影的观众主要是以上海为代表的大城市的市民群

体，因此这些进步电影主要以都市中产阶级的视角来讲述故事，偶尔出现的工农形象也是值得同情的对象。1945年之后由于国民党统治的腐败和经济上的通货膨胀，使得一批带有现实批判色彩的影片获得民营电影公司老板和都市观众的支持，如昆仑影业出品的《八千里路云和月》(1947年)、《一江春水向东流》(1947年)、《万家灯火》(1948年)、《乌鸦与麻雀》(1949年)等影片都以都市小市民的悲惨生活为主题，呈现了物价飞涨背景下中产阶级沦落为社会底层的故事。这些在国统区出现了批判现实主义的左翼文艺与20世纪40年代形成的、新中国成立后发扬光大的以工农兵为主体的延安文艺之间存在着激烈的矛盾，个人主义的小资产阶级主体与工农大众的主体也成为"十七年"和"文革"时期两条文艺路线冲突的核心。

二 《武训传》批判与双重主体的嬗变

1950年底由民营的昆仑公司制作、左翼导演孙瑜拍摄的《武训传》上映，随后引发了一场声势浩大的文化思想批判运动，也拉开了此后一系列小说、电影等文艺论争的开端，以至于当下的人们很难想象为何一部电影会受到如此"高规格"的对待。这种自上而下动员起来的文化批判运动在1949年之前不曾出现，1980年之后也鲜有存在，可以说是一种相当特殊的文化与政治"联姻"的状态。与20世纪80年代文学、电影等艺术"主动"与政治离婚不同，毛泽东时代与其说是文化生产被政治化、意识形态化或工具化，不如说政治、革命本身以文化的方式来实现自身，如"文化大革命"正是借助"文化"的名义来发动的一场革命，直到80年代清算"文革"的债务及确立改革开放的路线也是通过文艺论争来完成的，文化之所以在20世纪80年代依然占据中心位置与这种特殊的政治运作和想象方式有关。

《武训传》最初的创作动机来自20世纪40年代中期人民教育家陶行知给孙瑜的提议(陶行知把武训作为平民教育的先驱者)，1944年开始构思，开拍于1948年初，先后由国民党主营的中国电影制片厂和民营的昆仑公司拍摄，制作周期横跨1949年的历史大转折，直到1950年底封镜。最终昆仑公司考虑到收益，《武训传》被拍摄为上下两集，成为一部当时制作精良、演技精湛的传记巨片。自公映以来，从高级领导到各大报刊多以赞扬为主，直到1951年5月20日毛泽东在《人民日报》发表社论《应当重视电影〈武训传〉的讨论》，就此拉开了批判《武训传》的序幕。被誉为"电影诗人"导演的孙瑜曾拍摄过《小玩意》《大路》等20世纪30年代的进步电影，扮演武训的大明星赵丹也主演过脍炙人口的《十字街头》《马路天使》《乌鸦与麻雀》等左翼电影，而昆仑影业也是1946年由进步电影人组建、制作过《八千里路云和月》和《一江春水向东流》等批判现实主义影片的公司，在这个意义上，《武训传》的制作团队可谓上海左翼电影的黄金组合。尤其是20世纪40年代中期从美国养病归来的孙瑜和幸运逃脱冤狱之灾的赵丹对武训这个人物感同身受，可以说，他们用"武训精神"历尽诸多波折才完成这部影片。

为了降低投资风险，根据孙瑜的记述，从1949年7月第一次"文代会"开始，这部电影先后征询过周总理、电影方面的领导及专家的意见（包括夏衍、蔡楚生、郑君里、于伶、陆万美等左翼电影人），对剧本进行过多次大的修改，这种自觉的修改显示了20世纪30年代活跃在上海的左翼文艺工作者、40年代的进步电影公司（民营资本）"主动"适应或迎合新政权的过程。其中最为主要的修改在于：第一，认识到武训兴学虽然精神可嘉，但这种方式绝不可夺取政权，于是把歌颂武训"行乞兴学"的正剧改为兴学失败的悲剧，以突显武训的时代局限性；第二，在武训之外设置太平军周大对地主恶霸采取武装斗争的情节，与武训办义学形成"一文一武"正副两条线索；第三，电影开头和结尾修改为新中国成立后小学女教师对武训兴学一生进行"批判式总结"，指出武训通过一己之力为穷孩子争取受教育来解救劳苦大众必然会失败，只有"在中国共产党组织领导之下"才能获得解放。相比原来的剧作，修改后的影片一方面呈现了地主恶霸及封建统治阶级对武训的拉拢和利用，另一方面把武训办义学的失望、绝望表现得更为充分，尤其是得知穷孩子入学是为了"学而优则仕"之后，武训对自己辛苦一生办义学的初衷产生了幻灭感。这种把武训的

"行乞兴学"书写为一种走不通或者必然失败的故事本身是对新中国所代表的"新民主主义"革命道路的认同。

从"大革命"失败之后,经过二三十年代的社会性质、社会史论争,直到40年代初期《新民主主义论》的发表,确立了共产党领导之下的反帝、反封建的新民主主义革命路线,这种革命路线成为新中国合法性的基础。新民主主义的建国纲领本身是一种以工农为基础、联合小资产阶级和民族资产阶级的政治路线,这也成为《武训传》修改并获得公映的理论基础。按照《人民日报》社论的说法"对于武训和电影《武训传》的歌颂竟至如此之多",包括"一些号称学得了马克思主义的共产党员",为何如此多的人会"乱花渐欲迷人眼"呢?其实,电影《武训传》并没有背离20世纪四五十年代转折时期的主流观点。新中国成立不久,《光明日报》(1949年12月5日)就发表了一篇《学习武训》的文章,提出"虽然武训没有找出受地主欺骗的根源,他的兴义学也不能解决社会问题",但是"武训这些吃苦奋斗、劳动创造和贯彻到底的精神"对于建设新国家是有帮助的。不管是主创,还是观众,基本上都不认同武训的改良道路,甚至也把武训看成是封建统治的牺牲品,只是对"武训精神"依然保持肯定态度,这种对"武训精神"的抽象或者说超越具体阶级的理解成为《武训传》批判的症结所在。

在《人民日报》社论中发布了一个"北京、天津、上海三个城市中报纸和刊物上所登载的歌颂《武训传》、歌颂武训"的文章目录,以这样三个获得解放的大城市为例可以说明电影作为一种现代都市艺术在新中国成立之初依然延续新中国成立前的状态,电影观众主要是生活在城市里的市民阶层,可见这篇社论所针对的对象与1942年延安讲话所面对的来自国统区的知识分子相似,就是如何把小资产阶级的主体身份与工农兵主体结合起来的问题。赵丹出神入化地把武训表演为一种带有反抗色彩的个人主义悲剧英雄本身意味着小资产阶级对于新民主主义革命的理解。这种30年代形成的左翼文艺在新社会被指认为"资产阶级的反动思想",而小资产阶级、个人主义也成为50年代到70年代"文化革命"的主要批判对象。这种30年代左翼文艺与延安讲话之间的冲突是左翼内部最为重要的分歧，背后是新民主主义与社会主义两条道路的争论。可以说，《武训传》批判成为从新民主主义向社会主义过渡的先声[1]。对于《武训传》的定论最终以《武训历史调查记》的方式得以完成，经过"调查"，武训根本不属于"劳动阶级"，而是"大地主、大债主、大流氓"。这种"阶级"属性的确认取消了艺术再现与再现对象之间的区别，从而建立了一种从武训这个历史人物到关于武训的艺术表现之间的同构性，使得阶级决定论成为衡量历史及历史人物的唯一标准。

三 从左翼电影到人民电影

自毛泽东1942年发表《在延安文艺座谈会上的讲话》，提出以工农兵为主体的文艺创作方针，不仅解决了文艺为谁服务的问题，而且确立了文艺作品的叙述主体应该以工农兵为主。新中国成立后，文艺生产的机制发生了巨大的变化，首先，建立了公有制为主体的电影生产和统购统销的电影发行体制，制作资金全部来自国家，电影从业人员也是体制内的文艺工作者，这种计划经济体制从根本上改变了电影只局限在上海、北京等大城市消费的状态，使得电影从都市市民或小资产阶级的艺术变成全民可以共享的艺术形式；其次，这些服务工农兵的人民电影表现普通劳动者的故事，以工农兵所属的基层单位（工厂、车间、人民公社等）为叙述框架，正面表现集体化、工业化过程中组织化的工农大众从事工业生产和农业劳动的故事；再次，电影不再是按照商业类型，而是根据不同题材来组织生产，覆盖工业题材、农业题材、军事题材等各个领域。这种现实主义电影叙事善于表现典型环境中的典型人物，戏剧化的矛盾冲突与大的政治议题结合起来，一方面在叙事上是高度模式化、类型化的，另一方面又呈现革命、阶级斗争的意识形态，培养大公无

---

[1] 李玥阳：《新民主主义与〈武训传〉》，《文艺理论与批评》2012年第5期。

私、与工农相结合的社会主义道德和伦理。

对于20世纪50年代的文艺工作者来说,如何叙述革命历史以及革命必然成功的历史仅靠一种"胜者为王、败者为寇"的强权逻辑是不可能有说服力的,重要的是要把观众组织到这种革命历史的讲述之中,可以想象性地占据人民作为历史主体的位置。这既需要确立新社会、新中国的合法性,又需要询唤出个人进入历史的方式。在这个背景下,著名导演谢晋早期的三部电影:《女篮五号》(1957年)、《红色娘子军》(1961年)和《舞台姐妹》(1965年)提供了一套有效的讲述方式。这些电影不仅创作了一种讲述革命历史及革命故事的方式,而且把"个人命运"与"大时代背景"紧密结合起来,从而使得一种个人的人生际遇的故事镶嵌在历史的洪流当中。

《女篮五号》以一对情侣在新旧社会中的地位变化来论述新社会的合法性,采取一种《白毛女》式的讲述策略——"旧社会把人变成鬼,新社会把鬼变成人"。在这种论述中,白毛女、女人是被拯救的客体,直到解放军或大春哥的到来,白毛女才获得了解放和复仇,这种复仇在文本的不断改编中逐渐由一种个人恩怨上升为阶级仇恨,这种民间逻辑与革命叙述始终纠缠在一起。[1]对于《女篮五号》中在旧社会打球的田振华和林洁来说,其命运并不能掌握在自己手中,时刻受到球队老板的盘剥,到了新社会,打球成了受到国家体制保护的正当职业。在两个时代的对比中,确立了新社会的正当性,但是田振华与时代的关系还是游离的,他们不是打碎旧中国、创建新中国的参与者,而只是被动接受这种变化的人们,在这个意义上,他们并没有占据历史的主体位置。相比之下,60年代的《红色娘子军》和《舞台姐妹》在建构一种人民主体上要成熟得多。无论是"红色娘子军"吴琼花,还是"舞台姐妹"竺春花,她们不仅是被解放的对象,还是参与对敌斗争的革命者,也就

---

[1] 孟悦:《〈白毛女〉与"延安文艺"的历史复杂性》,唐小兵编:《再解读:大众文艺与意识形态》,牛津大学出版社1993年版。

是她们经历了从被动员的对象到革命者自身的转化。尽管这种转化需要先在的革命者的启蒙,正如吴琼花在洪长青的帮助下来到苏维埃,并在洪长青的教诲下,明白个人的仇恨应该转化为一种阶级的集体仇恨。竺春花也是在女记者江波(作为引导者、革命者并非是一个男性的角色,女性也可以充当,或者说这只是一个启蒙者的位置)的指引下明白了只有姐妹团结起来,才能和坏势力做斗争的道理。一旦吴琼花和竺春花成长为或询唤为了革命主体,作为她们的引导者就消失了,如洪长青被南霸天杀害的时刻,也是吴琼花占据洪长青位置的时刻。这种革命者引导、动员、启蒙人民走向革命道路的叙述成为确立人民作为革命主体的重要策略。

在《舞台姐妹》中有一个有趣的场景,就是竺春花在江波的带领下参观鲁迅纪念展,然后看到鲁迅的小说《祝福》里面的一个插图。在这个图画中,只有一个拄着拐杖、瘦骨嶙峋的老妇人。江波告诉竺春花,在旧社会祥林嫂的悲剧是封建势力的压迫造成的。于是,竺春花立刻想到自己也遭受过和祥林嫂一样的悲惨命运。影片把竺春花被地主劣绅捆绑在桥头示众的场景与祥林嫂的画像叠加在一起,暗示她们同命相连。《祝福》作为鲁迅五四时期的经典作品,是他书写铁屋子式的"故乡"中的一部,祥林嫂也是和闰土一样的负面国民性的代表,是需要被启蒙的麻木的庸众。但是在鲁迅的作品中,无论是《故乡》还是《祝福》,都存在着一个重要的角色,就是来到"故乡"的"我",这个来自城市的"我"是故事的叙述者,也是"铁屋子"中"清醒的人"。可是在《祝福》的插图中,"我"是缺席的,祥林嫂变成了画面和故事的主体。也就是说,竺春花只能认同祥林嫂的位置,但这种认同并没有导致竺春花也成为那些愚昧的庸众,而是为进一步转化为革命主体提供了准备。与鲁迅笔下犹豫不决的"我"不同,江波告诉竺春花这一切都是封建剥削阶级的罪孽,并唤醒她要打碎这间"铁屋子"。在这里,可以看出一种五四启蒙的话语是如何改造为一种革命话语的,这一方面可以说明革命与启蒙具有内在的一致性,另一方面也可以看到革命与启蒙的不同在于,祥林嫂只是一个被启蒙的对象和客体,而革命是要把这些庸众改造为推翻旧社会的主体。竺春花把《祝福》改编为以祥林嫂为中心的故事，舞台上也只有祥林嫂一个人，当历史的主体占据舞台中心的时候，"我"和江波也就消失了。这种叙述的成功之处，在于无论是《红色娘子军》还是《舞台姐妹》，所要询唤的主体位置就是吴琼花和竺春花所代表的被压迫阶级的位置，而不是那个启蒙者的位置。因此，把《祝福》的故事改写为以祥林嫂为主体的故事本身是一种革命化的过程。

"文革"期间，谢晋拍摄的最为成功的作品是《春苗》[①]（1975年，上海电影制片厂），这部拍摄于"文革"后期以毛泽东号召把医疗卫生的重点放到农村去为主题的影片，呈现了一心为农村及贫下中农服务的"赤脚医生"田春苗与乡卫生队的"修正主义"做斗争的故事[②]。其中主要的情节冲突是到乡村卫生队进修的春苗受到钱医生和杜院长的挤压无功而返，于是她在乡间背起了医药箱。这种对乡卫生队、县医院等体制化的医疗系统的批判，与对乡间的封建庸医的批判是同时展开的。这部影片建立在多种医疗空间之中，分别是县医院、村诊所，还有春苗所在的田间地头，也就是说春苗的空间位置恰好是反资产阶级和反封建主义的空间秩序。与1949年到1966年之间的人民电影不同的是，春苗作为革命主体的位置没有来自革命者的启蒙，而是身兼革命者和人民的双重表征。在春苗周围是支持她学习医疗卫生知识的贫下中农，春苗与贫下中农之间是亲密无间的，没有革命者与吴琼花之间的启蒙与动员的关系，这就取消了十七年电影中所要处理塑造革命主体位置的问题。

---

① 《春苗》是著名导演谢晋"文革"期间的作品（谢晋"文革"期间还与谢铁骊联手拍摄了革命样板戏《海港》和革命京剧《磐石湾》），这部"应景之作"，如同《决裂》一样，也因影射了1975年复出的邓小平而在"四人帮"倒台之后成为反映极左"文革"意识形态的"大毒草"。

② 20世纪60年代的中国，有限的医疗资源大都集中在了城市，广大农村普遍缺医少药，这种状况引起了国家的重视。毛泽东在1965年6月26日接到卫生部的关于农村医疗现状的报告，他生气地把卫生部称为"城市老爷卫生部"，应当"把医疗卫生工作的重点放到农村去"，培养一批医疗水平不是很高，但可以扎根农村、解决农村医疗问题的乡村医生。此后，农村的赤脚医生应运而生。

如果说在人民电影中工农主体一旦登上历史前台，那些作为启蒙者的革命者就消隐在历史的后台，那么20世纪80年代对革命文艺的反思，革命者、知识分子（如江波）又重新占据了历史的中心，工农大众又将被放逐到被观看的庸众的位置上。如第五代的代表之作《黄土地》(1984年)讲述了来到陕北的革命者无法启蒙和拯救黄土地上的人们的故事。不过，80年代的社会主义现代主义电影依然带有50年代到70年代人民电影的痕迹，这体现在两点上，一是革命者、老革命是电影叙述的主体，如讲述社会主义单位制邻里关系的《邻居》(1981年)以老共产党员的视角呈现改革刚刚开始就出现的腐败、官僚主义等问题，而根据文学作品改编的《美食家》(1985年)也以工人出身的革命者的视角讲述了一个好吃懒做的资产阶级逐渐变成人人追捧的美食家的故事；二是80年代电影中还保留了一种对劳动者、人民群众的正面想象，如改编自路遥小说的《人生》(1984年)中从青年农民的角度讲述对城市、现代化的渴望，《红高粱》(1987年)中也有对劳动者身体的赞美，《京都球侠》(1987年)、《神鞭》(1986年)、《老少爷们上法场》(1989年)等娱乐片中也把三教九流、民间义士作为故事的主角。

四 劳动者主体与工业化叙事

这种人民主体的形成还与把工农大众作为劳动者以及工业化叙事有关。现代社会虽然建立在工业文明的基础上，但现代性却是一种反工业的文化。这体现在作为工业生产、工业文明的工厂空间是无法再现的黑洞，即便表现工厂也是一种负面的、异化的经验，除了未来主义等少数先锋作品外，大部分现代性的经典作品都是批判工业化、反思现代文明，讲述机器与人的对抗、工厂劳动的异化等，如卓别林的《摩登时代》(1936年)是一种流水线式的重复劳动和异化劳动。而这种对现代社会、工业社会和机械时代的批判，经常使得前现代的乡村成为一种浪漫主义者眼中的文化乡愁，比如英国是世界上最早实现工业化的国家，英国的主流文化却是一种乡村、乡绅文化，带有浓郁的乡愁气息。因此，在现代性经验中，工业、工人成为现代文明的阴暗角落，意味着肮脏和贫困。如在很多现代主义的文本中，工业变成了废墟，工厂变成了无人区，成为人类末日的象征。

如果说工业生产、工业劳动在现代性叙述中是不可见的、负面的，那么20世纪的社会主义文化却创造了一种以工业生产为中心、以劳动者为主体的文化想象。在马克思的阶级论述中，工人不只是"工"人，而且是一种普遍意义上的"人"和"人类"。工人用劳动创造了整个现代社会，只是不占有生产资料，所以工人的劳动是一种异化劳动，也是一种被奴役的劳动。在社会主义国家，工人在所有制的意义成为社会和国家的主人，于是，工厂成为现代化城市的标志，工人成为城市的主人翁。这不仅使得社会主义文化中出现了大量对于工业和现代性的正面描述和赞美，出现了一种"工业田园""现代化田园"的意向，而且使工农大众成为城市建设和农业生产的主体和主力军。比如在50年代到70年代的城市电影中，一方面把消费主义的城市改变为工业城市、建设的城市，另一方面与这种组织化的大生产相伴随的是对贪图享乐的资产阶级生活的批判。比如《今天我休息》(1959年)、《大李、小李和老李》(1962年)呈现了新中国成立之后大城市所出现的工人新村的故事，表现了作为熟人社会的工人社区的互助友爱的精神；再如《霓虹灯下的哨兵》(1964年)、《千万不要忘记》(1964年)等电影描写革命下一代如何在大城市的"霓虹灯"下保持革命意志、避免被资产阶级思想腐化的故事。

这些社会主义实践中常见的工业、工厂、工人、生产、劳动等概念之所以如此重要，是因为它们建立在马克思对资本主义工业化大生产的批判之上，把劳动作为价值的唯一来源，把工人阶级的生产劳动与掌握资本的资产阶级的对抗作为资本主义社会的主要矛盾。与这种社会主义工业文化相匹配的是一种以生产为中心的文化，强调集体性、组织性、节约伦理等。这种对工业的正面表述，与马克思对于共产主义的设想建立在高度发达的资本主义文明和作为第三世界的社会主义国家渴望进行现代化和工业化建设有关。1958年，北京电影制片厂拍摄了成荫导演的《上海姑娘》。这部影片的片头是在水中呈现一座座高楼大厦的倒影,波光粼粼中这些静止的大厦呈现出一种暧昧的美感。一方面这些高楼是上海褪不去的旧社会、殖民地的痕迹,另一方面这些建筑恰好又是现代性、现代主义的杰出代表。片头过后,这些水中倒影消失,浮现出来的是一个建筑工地,一个正在建设之中的社会主义新城。从这里可以看出,城市在社会主义文化中始终扮演着双重角色,既是工业化、现代化的乐土,又是需要警惕的消费主义的致命诱惑。从这部电影中还可以看出三个问题:一是生产与非都市空间的关系。工业化劳动的空间如建筑工地、农场、农村等被放置在远离大都市的地方,这些现代化之外的空间借助劳动变成工业化的新田园,这种工地空间兼具生产性和工业化双重属性。二是劳动与个人情感的关系。生产空间不仅是劳动的场所,也是爱情开花结果的地方,个人主义的自由恋爱可以增加集体性劳动的诱惑和愉悦感。三是个体劳动与工业化组织的关系。劳动者的价值来源于一种从无到有的创造性和生产资料所有制基础上的主人翁精神,这种个体的劳动与一种组织化的集体大生产结合起来,从而把个人融入阶级和国家工业化的认同中。

不过,经典的社会主义理论和实践中确实缺少环保和生态的维度,从环保、自然等角度来反思资本主义的过度生产、过度发展、过度消费也是20世纪六七十年代西方反资本主义文化的产物。在这些背景之下,在保障工农作为劳动者、生产者的主体位置的同时,又反思工业文明所带来的生态危机,这对于未来的社会主义方案来说显得尤为重要。

五 工农形象的底层化和他者化

20世纪90年代,随着激进市场化改革,农民、农民工、下岗工人是中国经济高速起飞过程中被率先沦落为社会底层的三大弱势群体。与此同时,80年代以来中国电影体制发生了根本性变化,一方面从社会主义计划经济电影体制逐渐转变为市场化的电影制度,另一方面文艺形态从工农兵文艺变成了大众文化。大众文化的兴起不仅使得于50年代到70年代与社会政治经济体制相适应的工农兵文艺陷入瓦解，而且也宣告着工农兵文艺的终结和失败。大众文化有四个特点：一是商业文化、消费文化，是受利润和资本驱动的文化；二是个人主义文化，个人主义也是与市场经济下原子化的个人相匹配的文化；三是城市文化，文化产业和消费群体主要集中在大城市；四是青春文化，青年人成为文化消费的主力军，因此网络游戏、电影等文化产品都带有青春色彩。从这里可以看出，作为生产者和劳动者的工农大众尽管人数众多，却很难在商业化、娱乐化的大众文化景观中发出自己的声音，反而经常被主流媒体呈现为社会底层、弱势群体的他者。

这些被社会主流文化景观所放逐和遮蔽的形象出现在一些同样处在边缘位置的"地下电影"和"地下纪录片"中。新世纪以来，这些第六代导演拍摄了表现城市打工者、下岗工人、妓女等社会底层人物生活的影片，如王光利的《横竖横》(2000年)、王小帅的《十七岁的单车》(2001年)、王超的《安阳婴儿》(2001年)、刘浩的《陈默与美婷》(2002年)、李杨的《盲井》(2002年)等。与此呼应的是，在新纪录片中也出现同样的主题，如朱传明的《北京弹匠》(1999年)、杜海滨的《铁路沿线》(2000年)、宁瀛的《希望之旅》(2001年)等。这种由对先锋艺术家的关注转向对社会边缘人群的书写内在于"第六代"的影像策略之中，他们一方面关注于内心和个人，另一方面也强调对当下现实进行"记录"。这种对"客观"的美学追求，既使他们转向自恋式的青春书写，又使他们把摄影机作为时代的见证人，因此，纪实的风格成了他们影像的内在要求。在这个意义上，这些世纪之交出现的独立制片依然在讲述他们看到的故事或者说自己的故事，正如贾樟柯的"故乡三部曲"与他的人生体验有着内在的关系，而独立制片本身的边缘位置与影片中所呈现的边缘群体在主流叙述中的位置相似。另外，不得不说这种转向底层的视野又不期而然地应和着国际电影节对这类影像的渴求。下面仅以贾樟柯的电影为例来呈现这种带有现代主义电影风格的底层故事。

从《小山回家》(1995年)开始，到《小武》(1997年)、《站台》(2000年)、《任逍遥》(2002年)组成的"故乡三部曲",再到《世界》(2004)、《三峡好人》(2006年)、《二十四城记》(2008年)、《海上传奇》(2010年)等,贾樟柯持续关注底层人物在社会空间中的状态,即使像《站台》带有大的历史跨度的影片,也选择了"站台"这样一个空间意向,通过空间化的方式来处理历史。在他的电影中,情节变成次要元素,推动故事发展的是人物不断遭遇或身处歌厅、台球场、浴室、卡拉OK厅、街头等空间,而到了《世界》和《三峡好人》,人与空间的关系被进一步强化,"世界公园"本身就是一个巨型的微缩景观。而"三峡好人"也出没在拆迁中的旧城、灯火通明的新城和充满神秘色彩的三峡山水之间(三峡本身也是旅游景观),故事的情节变成这些异样空间当中的人的情感的脆弱,在《世界》里是小桃纯洁爱情的破灭,在《三峡好人》中是韩三明看望十六年前的女儿而不得和沈红无法挽救的婚姻。这些简单、朴实甚至古老的情感似乎被这些急剧变迁中的现代空间所腐蚀,而空间中的人们,与其说是空间的占有者或游客,不如说更像一个匆匆过客。这延续了现代主义电影中孤独的人生活在异化空间中的主题,在这里,异化的空间,是高度表象化的世界公园、拆迁的废墟、建设中的新城和超现实的山水,正如淹没水下的家园和故乡,这些流动的打工者所能够保留的是记忆和脆弱的情感。

这些底层工人、打工者的悲惨处境与现代主义的命题混杂在一起,形成了一种奇特的观影体验。这种奇特性在于导演对现代主义命题的追问与底层主题的再现之间并非没有裂隙,底层人物的生存往往成为相对抽象的现代主义故事的假面。贾樟柯擅长用特殊的影像风格来表述不同的主题,这些底层的人物出没在高度风格化的现代主义银幕上,在带来视觉震惊的同时也经常使得人物与时代处于一种脱节状态。2013年,贾樟柯更为大胆地以四个新闻人物山西胡文海、湖北邓玉娇、重庆周克华、深圳富士康跳楼工人为原型拍摄了《天注定》,影片借助多重元素,如用马、鸭、蛇、鱼来隐喻四个人物的处境,或者用晋剧《林冲夜奔》《苏三起解》来呼应大海惩恶扬善的义举以及小玉杀死嫖客的坚韧不屈。这些新奇的叙事手法与突兀而至的暴力场景以及四个孤零零发生的个案,反而使得每个人物的生命和历史变得相对单薄。当然，在现实主义的叙述成规失效之后，如何在个体化、破碎化、差异化的世界中讲述底层的故事依然是一个难题。2015年下半年贾樟柯推出了新片《山河故人》。这部以1999年为前史、以2014年为当下、以2025年为未来的三段故事中，表达了一种伴随着中国社会的急剧变迁和中国人的跨区域、跨国界流动而产生的情感缺失。恰如影片中反复使用的两首歌曲，一首是动感强烈、活力四射的西方迪斯科《Go West》，一首是节奏缓慢、曲调忧伤的香港歌曲《珍重》，前者象征着中国20世纪90年代以来"一路向西"的发展模式，后者则是怀旧、人情和脆弱的情感。只是在煤老板张晋生从汾阳到上海再到澳大利亚与矿工梁子从汾阳到邯郸再回到汾阳的空间转移中，影片赋予张晋生一家（包括留在汾阳的妻子涛儿和留学澳大利亚的儿子张到乐）更为饱满的情绪和内心世界，反而农民工梁子则像注定的失败者，既无法"向西"，也没有"珍重"。在这个意义上，"谁"是故人，谁拥有"山河"，并非无关紧要的问题。

与这种现代主义风格的底层故事不同，2011年青年导演张猛拍摄了讲述下岗工人故事的喜剧片《钢的琴》。这部带有怀旧色彩的故事改写了关于下岗工人、工人阶级作为劣质、落后劳动力必然被淘汰的主流叙述。电影中的下岗工人都是深藏不露的、隐匿民间的武林高手和"能工巧匠"，只是时运不济，他们只能化装成街头卖唱者、屠夫、包工头、修锁匠、歌厅混混或退休工人，而陈桂林的"造琴大业"给他们提供了施展身手的舞台，在空旷的厂房中，他们摇身一变成了分工明确、各司其职的技术大拿，废弃的空间中顿时火花四溅、车声隆隆，甚至一种插科打诨、争风吃醋式的车间氛围也瞬间恢复。在这个临时的空间中，他们不再是散兵游勇的个体，而是在现代化工厂中各工种密切协作的组织化的集体劳动。这种对于社会主义工厂生产场景的戏仿中，他们找回了作为技术工人、生产者和劳动者的光荣身份。下岗工人并非一无是处的懒汉，而是身怀绝技的高手。《钢的琴》中的陈桂林除了作为技术工人、生产者的身份外，还拥有另外一个更为显眼的身份是手风琴演奏者，影片中经常用一种打断正常叙事的音乐剧的形式来呈现他们跳舞和歌唱的身体。如张猛的第一部作品《耳朵大有福》（2007年）中也讲述了一位退休后完全无法在社会中找到生存位置的失落的工人，他最引以为自豪和最快乐的时刻就是歌唱和舞蹈，当经历了备受挫折的一天之后，深夜中他独自歌唱《长征组歌》。如果考虑到《钢的琴》本身恰好是借"造钢琴"来找回工人阶级的记忆和尊严的话，那么两部作品中的退休、下岗工人无疑被赋予双重身份：技术工人和演唱者，前者是物质生产的劳动者，后者则是文艺工作者，这两者的身份是合二为一的。可以说，张猛提供了一种新的在后社会主义、后工业时代想象工人阶级的方式，他们不仅是工业化生产的主体，同时也是精神生产的主体，是可以演奏钢琴、发出自己声音的主体，这是一种经历了社会主义实践和文化烙印的老工人，他们与改革开放以来在世界加工厂中从事异化劳动的新工人有着截然不同的历史和文化经验。

20世纪中国文化史如同异彩纷呈的万花筒，其中最为华彩的段落莫过于以工农大众为主体的社会运动，曾经创造出新的历史和文化，他们从愤怒的、无名化的庸众变成革命的、反抗性的人民。但是在全球化的时代，历史理性又回归到"常态"，以群体形象出现的工农再次化身为形形色色的底层和受苦人，这是历史的循环，又像历史的报复。

（写于2016年9月，删减版发表于《新美术》2016年第10期。）

|第二编　理论反思|

马克思政治经济学的叙述动力与话语结构

生活在中国的现实语境中，对于马克思、马克思主义以及《资本论》的态度不得不带有复杂的情感。改革开放是在批判"文革"历史的基础上开启的，而在思想领域则伴随着对马克思主义教条化的清算，以至于在新时期以来很长一段时间，马克思主义不再成为知识人的普遍信仰，但是随着20世纪90年代市场化在中国的全面展开，一些曾经借助马克思主义批判和拒绝的东西浮现出来，中国究竟是在"发展主义"[①]的历史允诺中走向"更美好的明天"，还是掉进了"现代化的陷阱"[②]？于是，一部分对社会持有批判立场的知识分子又重新认识到马克思和马克思主义的价值，并把其作为介入社会批判的工具，"马克思的幽灵"[③]又回来了。按照法国哲学家德里达的说法，"马克思的幽灵"从没有离开过，或者借用《资本主义的终结》一书的结尾语"因为马克思主义指引我们思考剥削，而剥削还没有终结"[④]，马克思主义并

[①] 许宝强、汪晖选编的《发展的幻想》（中央编译出版社2001年版）一书对发展主义带来的现代化后果进行了批判性反思。

[②] 何清涟：《现代化的陷阱——当代中国的经济社会问题》，今日中国出版社1998年版。

[③] "马克思的幽灵"是法国哲学家雅克·德里达的一本著作的名字，《马克思的幽灵——债务国家、哀悼活动和新国际》，中国人民大学出版社1999年版。

[④] [美]J.K.吉布森-格雷汉姆：《资本主义的终结：关于政治经济学的女性主义批判》，陈冬生译，社会科学文献出版社2002年版，第333页。

没有被历史想象性地"终结"①。

正如20世纪法国著名结构马克思主义理论家路易·阿尔都塞在《读〈资本论〉》一书的开篇就写道:"毫无疑问,我们都读过《资本论》,而且仍在继续阅读这部著作"②,阿尔都塞借鉴结构主义的方法,以哲学家的身份采用"征候读法"来重新阅读《资本论》,以便恢复苏共"二十大"以后人们对马克思主义的信仰,这样一种"保卫马克思"③的方法依然是我们今天阅读《资本论》的主要的哲学背景,也使本文的分析不得不打上结构主义的烙印。《资本论》首先或许最终是一个文本,尽管马克思从没有打算把自己的思想只呈现在文本中,他更关注文本的实践意义,但是在当下的历史语境中,已经很难获得这份突破文本而抵达历史的自信。因为支撑马克思信念的哲学根基已经动摇了,尤其是20世纪初期在哲学界发生的"语言学转向"以及最终波及整个社会人文学科的结构主义,是我们不得不面对的"语境",我觉得结构主义对马克思的阅读和阐释依然有启示意义。

按照历史唯物主义的观点,《资本论》应该属于马克思所深处的历史的"必然"产物(至少马克思这样认为,否则他就不会坚信自己的研究工作是科学的和真理的),这并不是说《资本论》中所讨论的问题不适用于当下的历史,而是一种坚持历史唯物主义的态度,正如恩格斯所说:"马克思的整个世界观不是教义,而是方法。它提供的不是现成的教条,而是进一步研究的出发点和供这种研究使用

---

① "历史的终结"这一提法来自日裔美国学者福山于20世纪80年代末期发表的一本著作《历史的终结与最后的人》,他认为由于1989年东欧剧变以及共产主义阵营的瓦解,说明自由主义终于战胜共产主义,历史也就随之终结了。关于这个问题的详细论述,德里达在《马克思的幽灵》一书的"驱魔——马克思主义"一章中把福山的论述作为冷战后对于马克思主义最重要的哀悼之声。另外,《历史的终结:刘小枫在四川大学哲学系的讲演》一文也对福山的说法进行了历史的溯源。

② [法]路易·阿尔都塞、艾蒂安·巴里巴尔:《读〈资本论〉》,李其庆、冯文光译,中央编译出版社2001年版,第1页。

③ "保卫马克思"是阿尔都塞所写的一本书的名字,它与《读〈资本论〉》一起成为20世纪60年代捍卫马克思和重新解读马克思的重要著作。

的方法"①。本文就采用历史唯物主义和结构主义的方法来论述马克思政治经济学的叙述动力和话语结构,并通过考察商品价值理论和剩余价值理论来检验这一系列话语结构及其辩证运动是否能承载历史唯物主义这一叙述任务,这或许也是处理马克思主义的"遗产"以及偿还其留下的历史"债务"②的一种方式吧。

一 自然·历史

在阐述"在社会中进行生产的个人"的问题时,马克思批驳了亚当·斯密和大卫·李嘉图对于"个人"的观点,因为"在他们看来,这种个人不是历史的结果,而是历史的起点。因为,按照他们关于人类天性的看法,合乎自然的个人并不是从历史中产生的,而是由自然造成的",而马克思认为这"只是大大小小的鲁滨孙式故事的美学的错觉","我们越往前追溯历史,个人,也就是进行生产的个人,就显得越不独立,越从属于一个更大的整体",换句话说,个人是历史的产物,这实际上也就是马克思为"人"下的定义,即"人是最名副其实的社会动物,不仅是一种合群的动物,而且是只有在社会中才能独立的动物"。③把"人"从自然中分离出来,放入历史/社会的范畴,这充分体现了马克思继承文艺复兴以来以人为思考动力和基本出发点的人类中心主义或人本主义的思想,这种立场成为马克思叙述的基本前提之一。

---

① [德]马克思、恩格斯:《马克思恩格斯全集》(第39卷),人民出版社1974年版,第406页。
② "遗产"和"债务"是雅克·德里达在《马克思的幽灵——债务国家、哀悼活动和新国际》一书提供的说法,他用非常形象的经济学语言,描述了一种处理历史的态度和方法。在他看来,马克思主义既是一份需要继承的遗产,同时也是一份需要偿还的债务,而他或者说我们的任务,就在于找出其中的遗产和债务。不过,这种方法或者说态度本身恰恰就是继承了马克思的辩证法的一种遗产,德里达使用这份遗产来试图处理其"马克思的幽灵们"的债务问题,这或许是德里达的精明之处。
③ [德]卡尔·马克思:《导言》(摘自1857—1858年经济学手稿),[德]马克思、恩格斯:《马克思恩格斯全集》(第12卷),人民出版社1962年版,第733—734页。

当然，人也有自然的一面，马克思并不否认这一点，"人来源于动物界这一事实已经决定人永远不能完全摆脱兽性"①，但是，这里的"兽性"（自然），是一种建立在生物学意义上的尤其是达尔文进化论基础上的自然观，与把人作为自然的一部分的自然观（如中国古代的"天人合一"的思想）有着根本区别，前者虽然不否定人的自然属性，但是却蕴含着把自然对象化／客体化和以人为认识中心的哲学思想。这种人类中心的观念，是马克思论述的基本前提之一，如在讨论商品的使用价值的时候，确定商品有没有"用"，显然是以人为参照的，而进行商品交换的基本动力，也诉求于对方商品的使用价值上，即"没有一个物可以是价值而不是使用价值"②，也就是说，物品凝结人类必要劳动时间的不言自明的前提是建立在物品是否具有对人类来说有用的使用价值上，从而确立了历史主义的信念和方法，同时也为人征服自然确立了伦理上的合法性。

这种人类中心的思想是与近代科学主义的兴起以及世俗化的进程分不开的，在某种意义上，把人从上帝那里分离出来，确立了人本身的自然性，是一次重新发现人、认识人的过程，这是近代思想史上的重要观念之一。在"上帝—自然"的论述语境中，人归属了自然，但是马克思却强调人是历史的产物，人是社会的动物，也就是说，成功逃离了上帝阴影的人，并没有堕落到地狱，而是又回归到一种被称作"历史或社会"的故事里，这样"自然—历史（社会）"就形成了一组相互结构的话语关系，马克思对其意义生产的逻辑是放弃自然／非历史化的解释（抽离了历史经验的假象），而把阐释的原因归还历史（时间运动的一种次序）和社会（空间的结构关系），也就是说"人的本质不是单个人所固有的抽象物，在其现实性上，它是一切社会关系的总和"③。在这里，自然不再指一种客观化的对象（即自然化的自然），而成了一种区别于历史的解释学的动力源之

---

① [德]马克思、恩格斯：《马克思恩格斯选集》（第三卷），人民出版社1972年版，第140页。
② [德]马克思：《资本论》（第一卷），《〈资本论〉选读》（校内用书），中国人民大学出版社1996年版，第51页。
③ [德]马克思、恩格斯：《马克思恩格斯选集》（第一卷），人民出版社1972年版，第56页。

一（即自然而然），或者如美国著名马克思主义学者弗雷德里克·杰姆逊所说"自然是无意义的，这是达尔文意义上的无意义，人类生命中也没有目的，只不过是些偶然事件罢了，而历史是有意义的"[①]。而马克思的工作就是论述"自然发生的东西"如何"变成历史的东西"[②]，这也成为19世纪末兴起以来社会学家们的任务，即"社会学一直是一种非自然化的力量，社会学家的目标在于将人类行为解释为社会的和历史的现象，而不是自然的现象"[③]。

在马克思论述"生产与分配"的辩证关系时，作为生产本身内部的问题，决定生产本身的分配就成为生产的前提，那么"生产实际上有它的条件和前提，这些条件和前提构成生产的要素。这些要素最初可能表现为自然发生的东西。通过生产过程本身，它们就从自然发生的东西变成历史的东西了，如果它们对于一个时期表现为生产的自然前提，对于另一个时期就是生产的历史结果。它们在生产内部被不断地改变"[④]，也就是说，在生产的时间序列上，此时的"自然前提"，实际上是彼时的"历史结果"，"历史"也就把"自然"辩证地否定了。

二 共时·历时

"历时—共时"是结构主义的一组基本概念，瑞士语言学家索绪尔把这组概念引入语言学的研究范畴，后来成为结构主义的基本话语方式。索绪尔区别了两种不同的语言学："共时语言学研究同一个集体意识感觉到的各项同

[①] [美]杰姆逊:《后现代主义与文化理论》，唐小兵译，北京大学出版社1997年版，第89页。

[②] [德]卡尔·马克思:《导言》（摘自1857—1858年经济学手稿），[德]马克思、恩格斯:《马克思恩格斯全集》（第12卷），人民出版社1962年版，第747页。

[③] [美]斯蒂文·塞德曼:《〈酷儿理论／社会学〉引言》，[美]葛尔·罗宾等:《酷儿理论：西方90年代性思潮》，李银河译，时事出版社2000年版，第107页。

[④] [德]卡尔·马克思:《导言》（摘自1857—1858年经济学手稿），[德]马克思、恩格斯:《马克思恩格斯全集》（第12卷），人民出版社1962年版，第747页。

时存在并构成系统的要素间的关系和心理关系。历史语言学，相反地，研究各项不是同一个集体意识所感觉到的相连续要素间的关系，这些要素一个代替一个，彼此间不构成系统"①，也就是说共时强调"同时存在"的各"结构要素"之间的空间关系，而历时则是"一个代替一个"的时间过程，或者说，空间作为时间中的一个顷刻成为共时的，而时间作为空间的持续成为历时的，这样"历时—共时"实际上代表着"时间—空间"的思维方法，历史主义偏重于历时的考察，而结构主义的贡献则是把共时的结构关系作为思考的重点。如何协调两者之间的关系，也成为马克思叙述的基本张力所在。

不言自明，马克思更强调一种历时的方法和历史主义的态度，对于历史的观念，在某种程度上就是对于时间的一种看法或态度。在马克思的论述中，历史不是循环往复的，而是向前发展的，是逐渐"进步"的。马克思的这种进步的时间观来自黑格尔，而黑格尔又是从哪里获得这样一种以不可逆为运动动力的时间观呢？按照刘小枫在《历史的终结：刘小枫在四川大学哲学系的讲演》一文中的追溯，可以得知这样一种时间观来自12世纪的修道院创始人尤阿西莫的著作《论三位一体的本质和形式》，他认为"圣父、圣子、圣灵"（即上帝的三位一体）不是一个纯粹的理论上的结构关系，而是一个历史的关系，也就是说，三位一体是一个历史发展的过程，圣父是一个阶段，圣子是一个阶段，圣灵是一个阶段。这样历史就有了起点、发生、发展、终结等一系列"历时"的属性。

黑格尔的历史观是辩证的、否定之否定的精神意志的运动过程，在马克思看来，这无疑是唯心主义者的观点，他的看法则相反，"观念的东西不外是移入人的头脑并在人的头脑中改变过的物质的东西而已"，从而为其历史主义的信念套上唯物的外衣。在价值论上，马克思和黑格尔有着截然对立的差别：一个是唯物主义无产阶级革命者，一个是唯心主义资产阶级代言人。这

---

① [瑞士]费尔迪南·德·索绪尔：《普通语言学教程》，高名凯译，商务印书馆2001年版，第143页。

种区别是马克思为了确定自己而与黑格尔划定的界线,参照系对于黑格尔来说是后设的,但马克思在根本上却与黑格尔共同分享着同样的历史动力学,只是在价值指向上是颠倒着的,正如马克思所说"辩证法在黑格尔手中神秘化了,但这绝没有妨碍他第一个全面地有意识地叙述了辩证法的一般运动形式。在他那里,辩证法是倒立着的。为了发现神秘外壳中的合理内核,必须把它倒过来",从而马克思发挥了"辩证法在对现存事物的肯定的理解中同时包含对现存事物的否定的理解",[①]使否定之否定螺旋上升的辩证法在本质上具有批判性和革命性。确立了一种变化的、发展的、辩证运动的时间观就为马克思在历时的视野中得以叙述商品、货币、资本等概念提供了可能。但是,马克思在强调历时的语境中并没有放弃对于共时结构的考察,在阐述"生产与分配、交换、消费的一般关系"里就可以体会马克思是如何在历时运动中辩证地把握共时结构的。

马克思接受了法国重农学派魁奈对于经济体内部的资源的生产和流通过程的分析,把经济交换过程看成一个持续的、循环的过程,从而生产、流通(交换和分配)和消费就成为同一个结构体系内部的不同要素,但是在这一共时关系之中,各元素之间又被依次分布在一个时间的顺序当中,即由生产到交换到分配再到消费,然后再进入下一次循环。马克思的洞察之处不仅在于论述了结构内部的历时关系,而且阐述了结构内部的共时关系,即生产与消费、生产与分配、生产与交换的辩证关系,进而认为"它们(生产、分配、交换、消费)构成一个总体的各个环节,一个统一体内部的差别。生产既支配着与其他要素相对而言的生产自身,也支配着其他要素。过程总是从生产重新开始"[②],从而把生产作为此结构进行运动的根本动力,进而生产方式、生产工具等概

---

① [德]马克思:《资本论》(第一卷)1872年第二版跋,《〈资本论〉选读》(校内用书),中国人民大学出版社1996年版,第44—45页。

② [德]马克思:《政治经济学批判》导言,《〈资本论〉选读》(校内用书),中国人民大学出版社1996年版,第16页。

念也成为马克思政治经济学中的重要的分析工具。

不过,虽然马克思在具体研究中没有放弃对共时结构的关注,但是其历史唯物主义的方法论,实际上是把历史放置在一种时间关系的讨论中,这样,区域空间上的差异在叙事上也就转化为一种时间序列,这突出体现在马克思对社会形态演变的看法上。他按照生产方式的不同,把历史／社会划分为原始的、亚细亚的、封建的和资产阶级的四种经济结构的演变,正如有的学者指出的,这样划分是对"黑格尔历史哲学中的东方、希腊、罗马、欧洲的阶段性叙述与亚当·斯密从经济史角度对人类历史发展的四个阶段即狩猎、游牧、农耕和商业"[①]的继承和综合,显然,马克思在接受黑格尔的历史观的遗产的过程中,也接受了这种把空间差异转化为时间距离的叙述模式,或者说马克思把空间抽象为具体的时间排列,这也许是西方中心主义的历史观造成的,同时,也与马克思把"共时"辩证地纳入"历时"的叙述方法息息相关。

三 一般·特殊

作为一种进步的发展的时间观,实际上预示着一种具有先后次序的排列方式,进而就涉及认识论的问题。也就是说,既然历史的发展具有进步（即辩证向上）的运动逻辑,那么如何理解低级与更高一级的关系,或者说处在当下的语境如何理解之前的低级与之后的高级呢?马克思使用了一个比喻:"人体解剖对于猴体解剖是一把钥匙。反过来说,低等动物身上表露的高等动物的征兆,只有在高等动物本身已被认识之后才能理解。"[②]在这里,马克思为什么不说"猴体解剖对于人体解剖是一把钥匙"呢?他强调了认识高等动物对于

[①] 汪晖:《是经济史,还是政治经济学?》,许宝强、渠敬东选编:《反市场的资本主义》,中央编译出版社2001年版,第19页。

[②] [德]马克思:《政治经济学批判》导言,《〈资本论〉选读》(校内用书),中国人民大学出版1996年版,第22页。

低等动物的意义，而为什么不说认识低等动物对于高等动物的意义呢？这种认识论上的轻重差异，就构成了马克思叙述上的一个假定，那就是他认为认识高等动物比认识低等动物更具有意义。

这种认识论在其论述中有两个不言自明的前提：一是高等动物与低等动物具有共同性，否则就不能借助一个去认识另一个；另一个则是它们之间也存在着差异，否则一个就不会比另一个更高级。这些看似简单的常识，却涉及马克思叙述上的又一个重要的话语结构，即"一般—特殊"的关系，阐释它们的关系不仅成为马克思为什么要把首要的研究工作放在"现代资产阶级社会"[①]的考察上，而且在某种程度上也构成了其叙述上的紧张关系。

在论述"生产"问题时，马克思提出了是研究"生产一般"还是研究"生产特殊"的问题。"一般"是一种抽象，具有普遍性，是各个时代都会拥有的共同点，或者说，"经过比较而抽出来共同点，本身就是有许多组成部分的、分别有不同规定的东西。其中有些属于一切时代，另一些是几个时代共有的"，也就是说"一般"在历时中是重复运动的，并不能成为历史发展的动力，否则历史就只能原地打转了，而构成历史发展动力的"恰恰是有别于这个一般和共同点的差别"[②]。所以，马克思认为对"一般"考察，并不能得出支配历史前进的动力，而那些推动时代发展的"差别"或"特殊"却是研究的重点，也就是说他要突显事物在历史中的运动变化，而不是共时性的结构（当然正如上面提到的，马克思在事物内部结构时更重视其空间关系）。因此，马克思强调了以不同生产

[①] 据法国著名的历史学家即年鉴学派的代表人费尔南·布罗代尔在《市场经济与资本主义》一文中的说法，"资本主义"一词是20世纪初才开始广泛使用的，马克思从没有用过这个字眼。在阅读中，我发现，马克思在《资本论》（第一卷）"1867年第一版序言"中就已经把自己的研究对象描述为"资本主义生产方式"，布罗代尔的说法似乎与历史不相符合。《市场经济与资本主义》一文登载于2000年2月的《天涯》杂志。

[②] [德]马克思：《政治经济学批判》导言，《〈资本论〉选读》（校内用书），中国人民大学出版社1996年版，第3页。

方式为标志的不同历史阶段的阶段性、差异性和断裂性，而不太重视不同生产方式之间的过渡及其连续性。这就可以得出马克思之所以倾向于人体（高等动物）的研究，不仅仅是为了找出动物的一般属性，而且为了探求人体之所以为人体（高等动物之所以为高等动物）的特殊性来，而"资产阶级社会是最发达的和最多样性的历史的生产组织。因此，那些表现它的各种关系的范畴以及对于它的结构的理解，同时也能使我们透视一切已经覆灭的社会形式的结构和生产关系"，也就是说"资产阶级经济为古代经济等等提供了钥匙"，所以，马克思要从生产方式最高级的资产阶级社会入手研究，但是他又说"绝不是像那些抹杀一切历史差别、把一切社会形式都看成资产阶级社会形成的经济学家所理解的那样"。①

可见，马克思固然没有否定存在着超越一切历史关系的经济规律，但这种"一般"并不能掩盖"特殊"，或者说他的工作就是要把"一般"纳入"特殊"，因为"特殊"恰恰是"历史"的产物，强调"特殊"无非是为了完成历史唯物主义的任务，正是在这一点上，马克思批判了资产阶级政治经济学的反历史特征②。只是马克思的政治经济学的工作依然要从探讨"一般"/"共时"的规律出发，而这种规律的探讨，马克思受了科学主义的影响，如他把研究资本主义生产方式的历史规律类比为物理学上的实验。他认为"物理学家是在自然过程表现得最确定、最少受干扰的地方观察自然过程的，或者，如有可能，是

---

① [德]马克思：《政治经济学批判》导言，《〈资本论〉选读》（校内用书），中国人民大学出版社1996年版，第22页。

② 这正是马克思批评蒲鲁东等资产阶级经济学家的主要理由所在，即"蒲鲁东先生主要是由于缺乏历史知识而没有看到：人们在发展其生产力时，即在生活时，也发展着一定的相互关系；这些关系的性质必然随着这些生产力的改变和发展而改变。他没有看到：经济范畴只是这些现实关系的抽象，它们仅仅在这些关系存在的时候才是真实的。这样他就陷入了资产阶级经济学家的错误之中，这些经济学家把这些经济范畴看作永恒的规律，而不是看作历史性的规律——只是适于一定的历史发展阶段、一定的生产力发展阶段的规律。所以，蒲鲁东先生不把政治经济学范畴看作实在的、暂时的、历史的社会关系的抽象，而神秘地颠倒黑白，把实在的关系只看作这些抽象的体现"。[《马克思致帕·瓦·安年科夫》，马克思、恩格斯：《马克思恩格斯选集》（第四卷），人民出版社1995年版，第536—537页。]

在保证过程以其纯粹形态进行的条件下从事实验的。我要在本书研究的，是资本主义生产方式以及和它相适应的生产关系和交换关系。到现在为止，这种生产方式的典型地点是英国"。这样一种研究方法来自19世纪科学主义的影响，也给马克思带来了叙述上的矛盾。一方面这种"抽象"的个案研究，建立在马克思的进步史观的基础上，也就是说在马克思坚信"工业较发达的国家向工业较不发达的国家所显示的，只是后者未来的景象"。①

这样一种把空间的地域差异转化为进步的时间分布的逻辑，是一种19世纪普遍主义的人类历史观念，带有很强的西方中心论的色彩。20世纪以来，这种"时间距离转化为空间差异"的历史观受到了普遍的质疑和批判，比如结构主义人类学的一个重要工作就是采用共时的空间结构来替换历时的时间的"陈旧的进化论"；②另一方面，这种诉求于对资本主义生产方式的"一般"的研究，如何在其研究内部运用"特殊"，也就是说这种历史个案式的研究能否超越用形而上学的规律替代具体历史过程及其动力的研究方式。进一步说，马克思所要面临的问题是，如何把"典型地点英国"这一"共时"结构的探讨纳入种种非英国的世界史的"历时"当中，以及如何在诉求于"资本主义生产方式"的"一般"研究里关照英国自身的"特殊"历史，也就是说，在"共时—历时""一般—特殊"的话语结构中，它们是如何运动的，马克思的答案是"辩证法"，他在"抽象—具体"这一基本的话语结构中详细描述了辩证法的运动过程。

---

① [德]马克思：《资本论》（第一卷）、《〈资本论〉选读》（校内用书），中国人民大学出版社1996年版，第34页。

② 法国人类学家列维-斯特劳斯在《结构人类学》中说道，"目前最重要的是帮助人类学从围绕着'原始的'这个术语的哲学余烬中解脱出来"，因为"原始的"这个术语曾经被"陈旧的进化论"无形中添加了很多混乱。（《结构人类学》，上海译文出版社1995年版，第107—126页。）正如他在这本书的一开始就说："西方文明便似乎是社会进化的最先进的表现，同时原始共同体则成了早期阶段的'残余'，其逻辑分类反映了它们在时间上出现的顺序。"（同上书，第3页。）

四 抽象·具体

与"自然—历史""共时—历时""一般—特殊"在结构上相类似,"抽象—具体"是马克思论述这些话语内部的运动时所借重的概念。正如上面所分析的,马克思的阐释方法是放弃"自然/共时/一般",而诉求于"历史/历时/特殊",但是实际上他并没有放弃对"一般"的研究,否则就不会探究历史发展的一般规律,把英国作为研究对象的目的也是为了找出资本主义生产方式的一般规律,那么如何协调"自然—历史""共时—历时""一般—特殊""抽象—具体"的关系呢?马克思从黑格尔那里继承了辩证法,从而为这些话语结构提供了动力和具体形式。

在《政治经济学的方法》一文中,马克思描述了"抽象"和"具体"的辩证关系,他以研究人口为例描述了"抽象—具体"这一话语结构的运动方式,即"如果我从人口着手,那么,这就是关于整体的一个混沌的表象,并且通过更切近的规定我就会在分析中达到越来越简单的概念;从表象中的具体达到越来越稀薄的抽象,直到我达到一些最简单的规定。于是行程又得从那里回过头来,直到我最后又回到人口,但是这回人口已不是关于整体的一个混沌的表象,而是一个具有许多规定和关系的丰富的总体了"[①],这就是马克思所谓的"辩证法"的精彩运动过程。用图式可以表现为:

具体 —蒸发→ 抽象 —再现→ 具体
("混沌的表象")　　("最简单的规定")　　("丰富的总体")

马克思把由"具体到抽象"的过程称为"蒸发",这是17世纪经济学家所使用的方法,他们仅仅从"生动的整体"里找出了"一些有决定意义的抽象

[①] [德]马克思:《政治经济学批判》导言,《〈资本论〉选读》(校内用书),中国人民大学出版社1996年版,第17页。

的一般的关系",而没有进一步把这种"抽象"辩证地运动到"具体"。马克思所谓的科学的正确的方法是不能少了"抽象的规定在思维行程中导致具体的再现"的过程,正是这样一个过程使马克思把辩证法从黑格尔的精神意志里拯救到历史唯物主义的科学真理的道路上,"他批评了那种以经济范畴观察社会关系的形式主义方法(或唯心主义方法),但他所做的是力图在历史唯物论的基础上改造这些范畴及其内涵,重构作为科学的政治经济学"[①]。

进而,这也使马克思解决了政治经济学的历史视野(具体)与形而上学(抽象)的叙述形式之间的紧张关系,那就是说辩证法作为方法论是一种形而上学的运动,其本身的产生过程既是辩证的也是历史的,即黑格尔完成了"具体到抽象",而马克思则实现了"抽象到具体的再现",或者说马克思把形而上学的叙述形式转化为一种"具体的再现"。这种"具体的再现"就成为马克思落实历史唯物主义的一种叙述上的方案,这种叙述上的方案能否真正抵达历史,也就是说,"辩证法"本质上是"共时／一般／抽象"的研究方法,那么"辩证"的运动过程如何与"历史"这一唯物主义的诉求纠结起来,或者说马克思是在"辩证之中"寻找"历史"的依据,还是在"辩证之外"纳入"历史"的声音?这是关乎政治经济学命脉的问题,下面我将通过对商品价值理论和剩余价值理论的解读来看看马克思是如何解决这个问题的。

五 辩证·历史

马克思站在历史唯物主义的立场上,批判黑格尔的辩证法,使其去神秘化,但是马克思并没有放弃辩证的运动模式,反而成为上面所讨论的话语结构的叙述动力,并且在《资本论》开篇第一章讨论"商品"的问题时,就把

[①] 汪晖:《是经济史,还是政治经济学?》,许宝强、渠敬东选编:《反市场的资本主义》,中央编译出版社2001年版,第28页。

主体魅影

"具体—抽象"的辩证法付诸了实施。在叙述的进程中,"无差别的人类劳动的单纯凝结"这一被马克思称为"幽灵般的对象性"①成为对"具体"的一种"抽象",并担负着"抽象"向"具体的再现"转化或者说进行唯物主义落实的重要任务,而且马克思把这种"抽象人类劳动"通过劳动力来让渡给或者说物化到商品的价值中,使其完成价值增值的过程,使剩余价值得以产生。马克思假定的这种"凝结人类劳动力的抽象劳动"也就成为其叙述上实现"辩证"到"历史"的唯物主义转化的"瓶颈"。马克思是否完成了这项任务,将决定着"抽象—具体"等一系列话语结构能否承载历史唯物主义的这一在马克思看来唯一科学和真理的叙述企图。

为什么马克思将商品理论作为他的政治经济学的出发点?有学者在文章中指出这是考虑到"商品生产是资本主义生产的特性,而不是其他社会关系的特性"②,我觉得除此之外,不得不考虑马克思自己的说法,《资本论》一开篇,他就指出:"资本主义生产方式占统治地位的社会的财富,表现为'庞大的商品堆积',单个的商品表现为这种财富的元素形式。因此,我们的研究就从分析商品开始。"③实际上,马克思给出了两个理由:一是"庞大的商品堆积"是资本主义生产方式占统治地位的社会财富的表象,这种表象也就是"混沌的表象"(具体);二是这种社会财富可以还原为(或者说"越来越稀薄的抽象"为)单个的商品。对于后一个理由,即"单个的商品表现为这种财富的元素形式"是一种科学主义的叙述模式,在微观物理学上,探究物质构成的方法就是逐步分离的过程,马克思显然相信这样一种把复杂的事物还原(实际上也是一种

---

① [德]马克思:《资本论》(第一卷),《〈资本论〉选读》(校内用书),中国人民大学出版社1996年版,第49页。

② 汪晖:《是经济史,还是政治经济学?》,许宝强、渠敬东选编:《反市场的资本主义》,中央编译出版社2001年版,第34页。

③ [德]马克思:《资本论》(第一卷),《〈资本论〉选读》(校内用书),中国人民大学出版社1996年版,第46页。

抽象的方式)为同质的元素,进而考察单个元素("最简单的规定")也就可以达到认识整体即"丰富的总体"的方法,这是多么惬意的"由具体到抽象再到具体"的辩证法!

正如前面所说,马克思的论述从商品的物质属性即使用价值开始,这种论述建立在以人类为中心的价值观上。在叙事上,马克思引入商品的使用价值,也就使商品这一"抽象的能指"找到了一个所指,或者说一个更"具体的能指"。运动总算开始了,紧接着,马克思就进入了问题的关键,即商品的使用价值为什么能够"实现"交换。马克思并没有把商品为什么能够交换放在心上,因为这依然是以人为本的思路,交换方实行交换的唯一目的或企图就是为了获得对方商品的使用价值,这显然不是马克思所关心的(这也为后人攻击马克思留下了悬念[①]),他需要在"交换行为"内部为维持这种广泛的交换关系寻找到一个"一般"的理由、动力或者可能。

"一般"在基本的话语结构中意味着"共时"/"抽象",也就是说马克思必须放弃具体、偶然、历史等可变因素中的交换活动,而把交换抽象为普遍的、同构的过程,把唯一的"特殊"性保留给不同商品的使用价值,因为这是交换得以进行的根本动力和唯一理由。那么,就剩下一个问题没有解决了,即使用价值凭什么能够交换,也就是说,这些因为使用价值不同而具有本"质"区别的商品依靠什么可以放置在同一个天平上,进而,马克思的任务就变成如何由"特殊/差异"蒸发为"一般"的了,也就是要完成"具体"到"抽象"的运动。马克思终于露出了他要实现这一推论的秘密武器,这次,他借重的是

---

① 以人类为中心的认识论在20世纪遭到了全面的质疑,人几乎丧失了主体性,弗洛伊德的"无意识"告诉人们,人并不能掌控自我的意识,人受到看不见摸不着的无意识的控制;而语言学—结构主义以来,人也丧失了"说语言"的权力,而变成了"语言说人";到了后结构主义或后现代主义,在利奥塔的努力下,完整的/宏大的叙事/历史已不复存在,而福柯则使连续的历史变得不可能,历史变成破碎的/断裂的,并且使任何试图填补历史空白、黏合历史碎片的工作都变得很荒唐,而德里达更是颠覆了人类处于中心的可能,把建立在西方中心主义以来的一切自信,都解构掉了。

数学这一为科学大厦奠基的方法。转折点体现在"不管二者的交换比例怎样，总是可以用一个等式来表示"①，秘密就在这个"等式"上。"等式"不仅意味着"特殊的／个别的／偶然的"相等，而且更重要的是数学上的"等式"具有无限运动下去的可能性，也就是说"等号"可以把所有的东西都归整到它的旗下，这样"等式"就具有了"一般"，显然这里的"一般"依赖于本身已经被抽象过的数量，这样所有的商品都可以放在等式的两边了，也就意味着交换双方的商品在某种形式的"量"上具有同质性。可以说，马克思把"特殊的质"的问题转化为了"同质的量"的问题，商品在使用价值上既具有了"特殊的质"，又具有了"一般的质"，这个"一般的质"被马克思命名为商品的"价值"，"特殊"与"一般"就这样被辩证地统一在了商品身上。

需要指出的是，此时的辩证法已经具体表现为"二重性"，也就是说马克思在辩证法这一结构内部也赋予了否定之否定的历时运动和二重性的共时分布，如果说前者是螺旋上升，后者则是对立统一。上面提到的"历时—共时""特殊—一般""具体—抽象"等话语结构也被辩证地运用到辩证法自身。辩证法在马克思的手中既具有否定之否定的螺旋上升的开放性，又具有自我缠绕、自我论证的自省特质，当然这种一旦把开放性和自省特质分别讲述的企图呈现出来的时候，另一种辩证统一的力量也就被辩证法"自行"启动了。简单地说，辩证法的基本叙述方式表现为"既（是）……又（不是）……"，如马克思在阐述剩余价值诞生的过程中，这种辩证法或者叙述方式对最终在叙事上完成"资本生资本"的秘密起着关键性的作用，即"资本不能从流通中产生，又不能不从流通中产生。它必须既在流通中又不在流通中产生"②。

当马克思由具有"特殊的使用价值的商品"论述为具有"一般的价值的

---

① [德]马克思：《资本论》（第一卷），《〈资本论〉选读》（校内用书），中国人民大学出版社1996年版，第48页。

② [德]马克思：《1844年经济学哲学手稿》，人民出版社1985年版，第53页。

商品"时，已经完成了由"具体"蒸发到"抽象"的任务，也就是说辩证法完成一半了，下面的工作就是如何由"抽象"再重新降落到"具体"。"同质的量"的价值成为马克思辩证法的出发点，显然，这里的"同质的量"还停留在抽象的数学的基础上，或者说，此时"价值"还是一个"空洞的能指"，这时，马克思需要为这个飘浮的"能指"找到一个"降落伞"。同样的事情发生了，正如他以人类中心的有用性来约束商品的使用价值一样，他把商品是否投注了人类"劳动"作为其价值的所指，从而"劳动"这个词语被马克思勾陈出来，甚至成为人之为人的本质，"一个种的全部特性、种的类特性就在于生命活动的性质，而人的类特性恰恰就是自由的有意识的活动"①，这种付出了"自由的有意识的活动"就是人类的劳动。接下来，我们不得不追问：马克思为什么会选择"劳动"来充当叙述的重任？

正如马克思所说"劳动首先是人和自然之间的过程，是人以自身的活动来中介、调整和控制人和自然之间的物质交换的过程"②，也就是说"劳动"是人与自然的关系和态度，或者说人对自然的一种作用力或意志力，这显然来自黑格尔所描述的"孩子向水面投掷石头而掀起涟漪"的故事。正如上面谈到的，人来自自然，但"人／主体"与"自然／客体"的关系却体现为一种征服与驯服的决断力，即人投射到自然身上的"作为注意力表现出来的有目的的意志"③，这与是否能有用于人类而作为衡量商品使用价值的逻辑一样，人通过"劳动"的最终目的也是为了人自身。不过，马克思没有满足于这种在"人—自然"的框架里阐述劳动，因为这只能说明劳动的存在，而无法回答为什么劳动对于商品来说具有重要的意义，正如"马克思说希腊的亚里士多德（Aristotle）几乎发现了劳动价值理论，但因为一个很简单也是最终的原

---

① [德]马克思：《资本论》（第一卷），《〈资本论〉选读》（校内用书），中国人民大学出版社1996年版，第88页。
② 同上，第82页。
③ 同上，第89页。

因，他不能创立这样一种理论，因为当时劳动并没有商品化"①，也就是说，"劳动似乎是一个十分简单的范畴……但是，在经济学上从这种简单性上来把握的'劳动'，和产生这个简单抽象的那些关系一样，是现代的范畴"②。可见，马克思在使用"自然—历史"的话语结构来为劳动寻找阐释力的时候，依然选择了一种"历史主义"的方法。

当马克思把"劳动"放置在历史/历时的过程之中的时候，作为叙述动力的辩证法也随着开始启动。所谓"劳动"的历史唯物主义阐述，依然是劳动由具体的/个体的上升为抽象的/一般的，当然，"劳动"的历史演化也由原始的/简单的发展为高级的/复杂的。具体地说，马克思把劳动的认识大致分为这样一个历时的辩证顺序："重工主义或重商主义把财富的源泉从对象转到主体的活动——商业劳动和工业劳动，已经是很大的进步"，到"重农主义把劳动的一定形式——农业——看作创造财富的劳动，不再把对象本身看作裹在货币的外衣之中，而是看作产品一般，看作劳动的一般成果了"，再到"亚当·斯密大大地前进了一步，……有了创造财富的活动的抽象一般性，也就有了规定为财富的对象的一般性，这就是产品一般，或者说又是劳动一般，然而是作为过去的、对象化的劳动"③，最后马克思把劳动抽象为"无差别的人类劳动的单纯凝结，即不管以哪种形式进行的人类劳动力耗费的单纯凝结"④。从这里，可以清晰地看出，马克思所谓的历史观，不仅是一种进步的时间态度，而且是一种辩证的时间观，"《资本论》的叙述方式就体现了这一辩证的时间观念，它通过改造和综合斯密和黑格尔的逻辑，创造性地解释

---

① [美]杰姆逊：《后现代主义与文化理论》，唐小兵译，北京大学出版社1997年版，第105页。

② [德]马克思：《政治经济学批判》导言，《〈资本论〉选读》（校内用书），中国人民大学出版社1996年版，第20页。

③ 同上。

④ [德]马克思：《资本论》（第一卷），《〈资本论〉选读》（校内用书），中国人民大学出版社1996年版，第49页。

了资本主义生产方式的运动过程"①。

由抽象的数量变为抽象的人类劳动,这依然是能指自身的运动,或者说马克思为商品搭建的天梯还没有完成,但已经离地面不远了,或者说在马克思找到"等式"的时候,天梯的蓝图已经绘成了。很快,马克思把"抽象的人类劳动"量化为"劳动的量",而"劳动本身的量是用劳动的持续时间来计量,而劳动时间又是用一定的时间单位如小时、日等作尺度"②。这样,"抽象的人类劳动"就被换算为物理意义上的时间,抽象的数量终于羽化为了具体的时间尺度。但是,马克思并没有就此结束,因为如果辩证法就此停止,具体的时间又将会变成特殊的／个体的／偶然的,这与商品拥有"特殊的／具体的使用价值"没有什么两样,这样辩证法就变成了循环论,这显然不是马克思愿意看到。因此,这种通过时间单位度量的劳动时间应该是抽象的／一般的,否则就要走老路了。

辩证法继续前进,马克思引入了"社会必要劳动时间"的概念,即"在现有的社会正常的生产条件下,在社会平均的劳动熟练程度和劳动强度下制造某种使用价值所需要的劳动时间",经过了长途跋涉,马克思终于找到了要找的东西,抽象的人类劳动的所指固定在了"社会必要劳动时间"上。因为它在共时的结构中具有稳定性,也就是说它对于一定的生产条件来说,是抽象的／一般的／不变的,但它又是一种时间概念,又是具体的／特殊的／差异性的（随着生产条件的变化,在量上也有变化）,也就是说,社会必要劳动时间既是抽象的（无法核算出具体的物理时间）,又是具体的（可以用多少来度量）,这是多么精彩的辩证法!

可是,叙述的危机也在辩证法结束之时随之到来。由"商品的具体的使用价值"到"商品的抽象的人类劳动的价值"再到"决定商品的价值的社会

---

① 汪晖:《是经济史,还是政治经济学?》,许宝强、渠敬东选编:《反市场的资本主义》,中央编译出版社2001年版,第31页。
② [德]马克思:《资本论》(第一卷),《〈资本论〉选读》(校内用书),中国人民大学出版1996年版,第49页。

必要劳动时间"的过程中，辩证法就像写好的电脑程序一样自行运算，而"历史参照物"却消失得无影无踪。实际上，商品在辩证法的旅行中充当了一个能指的角色，辩证法的动力或者说运动方式，则转化为"能指寻找所指然后所指又充当能指再寻找下一个所指"的一种类似于拉康描述的能指在能指链上滑动的过程。比如作为能指的商品找到的所指是使用价值，而使用价值又作为能指找到的所指是价值，直到社会必要劳动时间的出现，辩证法停止了，能指也停止了。这种能指自身的运动，在运动开始就把其参照物留在了叙述之外。也就是说，辩证法一旦进入叙述就会转化为能指趋向于所指的运动，而把历史参照物抛在一边。在这个意义上，"历史"无法进入"辩证法"，也就是说，历史处在辩证法之外。不过，叙述的动力依然是一种唯物主义的诉求。因为辩证法的运动被展现为了能指不断滑向所指的运动，也就是说，驱使能指向所指运动的动因是为了暂时获得一个"意义"，以想象地完满能指的匮乏，这种追逐"意义"的过程就是一种不断落实唯物主义的叙述方案。在"能指／所指"的结构中，马克思实现了唯物主义的方案，也正是在这个意义上，辩证法与历史唯物主义结合在了一起。

但是，这显然不是马克思的原意，他在叙述上要实现的是符号与历史参照物的唯物主义诉求，而实际上，从分析"商品"的辩证运动中可以看出，他只能在"能指／所指"之间实现唯物主义，而没有让能指溢出符号抵达历史参照物。对于这一点，马克思有着清晰的认识，他认为"在形式上，叙述方法必须与研究方法不同。研究必须充分地占有材料，分析它的各种发展形式，探寻这些形式的内在联系。只有这项工作完成以后，现实的运动才能适当地叙述出来。这点一旦做到，材料的生命一旦观念地反映出来，呈现在我们面前的就好像是一个先验的结构了"[①]，也就是说，马克思对由"辩证法"

---

① [德]马克思：《资本论》（第一卷）1872年第二版跋，《〈资本论〉选读》（校内用书），中国人民大学出版社1996年版，第44页。

而寻找到的"先验的结构"早有心理准备,因为他认为"问题本身并不在于资本主义生产的自然规律所引起的社会对抗的发展程度的高低。问题在于这些规律本身,在于这些以铁的必然性发生作用并且正在实现的趋势"①。这种"必然性发生作用并且正在实现的趋势"的信念,成为马克思在叙述上完成"先验的结构"与"改变世界"的融合的动力,这种努力体现在马克思试图为这个经过辩证运动获得的"先验的结构"寻找一种"历史／历时／特殊／具体"的依据,就让我们从马克思论述剩余价值理论中来体会这种努力吧。

剩余价值的理论是关于"资本"的理论,即"资本(G)如何变成资本(G')"的理论。马克思首先发现,"资本不能从流通中产生,又不能不从流通中产生。它必须既在流通中又不在流通中产生"②,而关键性的问题在于"劳动的二重性"这一被马克思称为"理解政治经济学的枢纽"③上,即"劳动既可以表现为不同质的具体劳动又可以成为不同量的抽象劳动",这样劳动具有使用价值和价值即劳动可以成为商品,但同时,劳动又是商品的价值源泉,这种"独特商品"就造成了作为商品的价值与自身投注到商品的价值源泉之间的落差,这种落差就是剩余价值的不二法门,即"价值增值过程不外是超过一定点而延长了的价值形成过程"④。关于"劳动"的辩证法,在《商品》一章中马克思就已经论述过了,所以在论述"剩余价值理论"时,马克思引入了历史的声音,也就是把"剩余价值"落实到历史当中,这就是马克思对劳动力成为商品的论述,即"有了商品流通和货币流通,绝不是就具备了资本存在的历史条件。只有当生产资料和生活资料的占有者在市场上找到出卖

---

① [德]马克思:《资本论》(第一卷)1867年第一版序言,《〈资本论〉选读》(校内用书),中国人民大学出版社1996年版,第34页。

② [德]马克思:《资本论》(第一卷),《〈资本论〉选读》(校内用书),中国人民大学出版社1996年版,第82页。

③ 同上,第51页。

④ 同上,第96页。

自己劳动力的自由工人的时候，资本才产生；而单是这一历史条件就包含着一部世界史。因此，资本一出现，就标志着社会生产过程的一个新时代"[1]，从而为剩余价值得以产生在叙述上提供了历史的制度上的阐释。另外，马克思在对于"最初的资本从哪来的问题"即资本的原始积累的阐述上，更显示了其历史唯物主义的魅力，而这恰恰是辩证法无力完成的任务。

马克思与他之前的哲学家最大的不同，在于他认为"哲学家们只是用不同的方式解释世界，而问题在于改变世界"[2]，这样一种强烈地把哲学活动指向实践的态度，导致了马克思坚持历史唯物主义的信念，从而在叙述上所要面对的最大问题就是"辩证"与"历史"，即如何把"历史"转为一种"辩证"，如何把"辩证"纳入一种"历史"，这种叙事的张力可以从"自然—历史""共时—历时""一般—特殊""抽象—具体"这四组基本的话语结构中体现出来。我在上文中把商品在"辩证法"中的运动的过程，转换成了商品作为一个能指不断寻找所指的滑动，也就是说，语言学以来，"辩证·历史"的问题，被转化为"能指—所指·历史参照物"的问题，显然，在辩证法内部永远也无法抵达历史参照物。可以说，历史在辩证法之外，即在辩证法开始运动之外或停止运动之后，历史才登场，这也许正是马克思意义上的历史唯物主义吧。

（写于2003年2月，发表于《北京大学研究生学志》2003年第1期。）

---

[1] [德]马克思：《资本论》（第一卷），《〈资本论〉选读》（校内用书），中国人民大学出版社1996年版，第83页。

[2] [德]马克思：《关于费尔巴哈的提纲》，[德]马克思、恩格斯：《马克思恩格斯全集》（第3卷），人民出版社1960年版，第6页。

从符号中拯救历史

——对索绪尔及其《普通语言学教程》的一种解读

瑞士语言学家索绪尔开创了现代语言学,由他的学生根据听课笔记整理出版的《普通语言学教程》,不仅成为现代语言学的经典之作,而且也极大地影响或者说改造了此后人文学科的面貌。索绪尔通过批评18世纪末期以来语言学史中的比较语言学和历史语言学,主张研究"普通语言学",并提出一些如能指/所指、语言/言语、共时/历时、句段/联想[①]等二元对立的观念,正如乔纳森·卡勒在《索绪尔》中所说,"事实上,他把本来是深奥难懂、专业性很强的语言学变成了一个主要的知识领域,变成了其他人文科学的典范"[②]。

索绪尔认为符号是由能指和所指组成,与事物本身没有关系,并且符号的意义来自任意性的差异关系,这就割断了符号与历史的联系。进而索绪尔在批判历史语言学和历史比较语言学的基础上,把语言学研究分为内部语言学和外部语言学,并采用共时和历时两种方法来研究内部语言学,认为内部语言学的研究完全不受外部语言学的影响。本文试图回到索绪尔来反思他之

[①] 对于能指/所指在国内还经常翻译为施指/所指(见[美]J·卡勒:《索绪尔》,张景智译,中国社会科学出版社1989版;陈嘉映:《语言哲学》,北京大学出版社2003年版),或者翻译为能指者/所指者(见[法]保罗·利科主编:《哲学主要趋向》,李幼蒸、徐奕春译,商务印书馆1988年版);句段/联想,是高名凯在《普通语言学教程》中的说法,而通常被说成组合/聚合,这里以高名凯的翻译为准。

[②] [美]J·卡勒:《索绪尔》,张景智译,中国社会科学出版社1989年版,第68页。

主体魅影

所以把符号从历史中分离出来的"语境",他选择口语作为符号的能指而没有选择书面语,是因为书面语并不能记录真正的历史。他把语言学的研究清晰地划分为内部语言学和外部语言学,认为内部语言学完全可以不受外部语言学的影响,这并非要放弃对外部语言学的考察,而恰恰是充分意识到"外部"对语言学研究的影响,并通过回到内部语言学,来暴露外部语言学的意识形态特征,进而诉说语言与民族学、政治史、地理学的关系。这并非简单地要为索绪尔的语言学理论进行辩护,而是把他的"普通语言学"放置到语言与构筑民族国家的"想象的共同体"[①]之间的关系中来关照。

语言学研究绝不是"价值中立"(马克斯·韦伯)的透明学术,否定语言的政治性本身就是一种"性质恶劣"的意识形态,实际上"索绪尔所面临的现实状况很明显是政治化的。从语言学家的角度来看,这亦是无法坐视语言学之意识形态机能的状态"[②]。本文就围绕着口语与文字、内部语言学与外部语言学、共时语言学与历时语言学、民族统一体与方言四个方面来重新反思索绪尔及其《普通语言学教程》,希望能够把被后来的结构主义所规范和封闭掉的历史从索绪尔那里拯救出来[③]。

---

① [美]本尼迪克特·安德森:《想象的共同体:民族主义的起源与散布》,吴叡人译,上海人民出版社2005年版。

② [日]柄谷行人:《书写语言与民族主义》,《日本现代文学的起源》,赵京华译,生活·读书·新知三联书店2003年版,第199页。

③ "拯救"(rescue)一词,取自美国杜赞奇《从民族国家拯救历史:民族主义话语与中国现代史研究》(社会科学文献出版社2003年版)一书的书名。我取"拯救"一词,是通过把索绪尔以及《普通语言学教程》再历史化/语境化,试图穿越结构主义对索绪尔的规范性叙述重新找回"历史",结构主义把索绪尔提出的普通语言学的概念作为自己的核心话语方式,把符号封闭在历史之外,而这里"从符号中拯救历史"的含义有两个:一是把对索绪尔和《普通语言学教程》的解读纳入历史的视野(受柄谷行人的启发);二是在索绪尔普通语言学内部找到他安置"历史"的方式,也就是说,索绪尔不是只强调共时语言学/内部语言学而排斥历时语言学/外部语言学,这涉及如何在"普通的"语言学理论中安置"历史"和"差异性"的问题。

一 口语与文字

在索绪尔看来,"语言符号联结的不是事物和名称,而是概念和音响形象"①,他把符号分为能指和所指两部分,"用所指和能指分别代替概念和音响形象"②。这样,符号就成为能指与所指组成的双面统一体,而"事物"则被剔除符号之外,这实际上就取消了传统哲学中名与物的问题。进而,索绪尔认为符号的意义只能来自符号内部,并且是任意性的,即能指与所指也没有任何内在的关系,因此,"一个社会所接受的任何表达手段,原则上都是以集体习惯,或者同样可以说,以约定俗成为基础的"③。索绪尔选择了"音响形象"作为能指,而没有把文字作为符号的物质基础,他认为"语言和文字是两种不同的符号系统,后者唯一的存在理由是在于表现前者。语言学的对象不是书写的词和口说的词的结合,而是由后者单独构成的"④。这样,音响形象/声音就成为语言学研究的"内部因素",而文字则成为"外部因素",尽管"声音"指的不是"物质的声音,纯粹物理的东西,而是这声音的心理印迹,我们的感觉给我们证明的声音表象"⑤。后来的解构主义大师德里达正是从这种把声音作为语言研究中心而排除文字的做法中发现了所谓的:"语音中心主义",并把这种语音中心主义的传统追溯到柏拉图,认为口语对文字的压抑是西方哲学中源远流长的传统。

在《语言在言语活动事实中的地位》一节中,索绪尔说:"要在整个言语活动中找出与语言相当的部分,必须仔细考察可以把言语循环重建出来的个人行为。这种行为至少要有两个人参加:这是使循环完整的最低限度的人

---

① [瑞士]费尔迪南·德·索绪尔:《普通语言学教程》,高名凯译,商务印书馆2001年版,第101页。
② 同上,第102页。
③ 同上,第103页。
④ 同上,第47—48页。
⑤ 同上,第101页。

数。"①这里暂且先不谈索绪尔对语言和言语的区分,更为精妙的是,他几乎不假思索地就把个人的言语活动的语境设定为了一种"对话"的情景,而使对话得以成立的条件至少需要两个平等的主体,这也是巴赫金所提倡的"对话主义"的基本情境②。值得追问的是索绪尔为什么要把"对话"作为个人言语行为的基本情景,而没有把个人书写作为一个"原初情景"呢?对话情景,就先在地把文字／书写排斥在外,或者说对话是一种主体"在场"的行为,而书写或阅读的主体是缺席的。当然,这种对话的情景只存在于言语之中,或者说"言语"的存在依赖于这种声音在场的交流,而"语言"则不需要,因为在索绪尔的思想中,语言是一种先验存在的,它如同"交响乐"一样,是抽象的不会受具体演奏的影响,而言语的具体演奏被索绪尔认为是口语活动,而不是书写文字。

需要指出的是,索绪尔在这里所说的文字是指表音体系,并且"只限于今天使用的以希腊字母为原始型的体系"。他把文字划分为两个体系:一是表意体系,即"一个词只用一个符号表示,而这个符号却与词赖以构成的声音无关。这个符号和整个词发生关系,因此也就间接地和它所表达的观念发生关系。这种体系的典范例子就是汉字";二是表音体系,即"它的目的是要把词中一连串连续的声音摹写出来。表音文字有时是音节的,有时是字母的,即以言语中不能再缩减的要素为基础的。"③索绪尔把研究对象限制在表音体系,而不包括表意体系,原因正如德里达所指出的"音素是非形象的东西本

---

① [瑞士]费尔迪南·德·索绪尔:《普通语言学教程》,高名凯译,商务印书馆2001年版,第32页。
② 巴赫金从"对话主义"的角度论述了他对语言的看法,他指出:人总是处在与他人的相互关系之中,"两个声音才是生命的最低条件",而思想的存在是以对话为前提的,"恰是在不同声音、不同意识互相交往的连接点上,思想才得以产生并开始生活"。(参见周宪:《20世纪西方美学》,南京大学出版社1997年版,第303页。)
③ [瑞士]费尔迪南·德·索绪尔:《普通语言学教程》,高名凯译,商务印书馆2001年版,第50—51页。

身，任何可见物都不可能与它相似"①，可是表意文字与被指称的事物之间却有一定的表形关系或相似关系，这就与索绪尔所说的符号的任意性原则相矛盾。因此，表意文字就被排除在语言学研究范围之外，同时，这也成为由语言学过渡到符号学的障碍，显然，图像符号或影像符号并不仅仅像语言符号那样其意义来源于差异关系，反而与已经被语言符号所割断的"事物"保持着密切的关系。

在被德里达认为"如此晦涩"的《文字表现语言》一章中，索绪尔主要从以下几个方面阐述了使用口语比表音文字的优越性，以消解"文字的威望"。一是"语言有一种不依赖于文字的口耳相传的传统，这种传统并且是很稳固的，不过书写形式的威望使我们看不见罢了"②，也就是说，语言的秘密与其说凝固在文字的形式上，不如说更踏印在声音里，或者说随风而逝的音响印象比看似永恒的视觉印象更为可靠；二是"语言是不断发展的，而文字却有停滞不前的倾向，后来写法终于变成了不符合于它所应该表现的东西"③，也就是说，相对于时代的变迁，文字反而没有口语变化得快，或者说文字具有滞后性，并不能反映实际上人们对语言的使用状况，反而遮蔽了历史的真实；三是文字无法真正反映发音，反而"遮掩住了语言的面貌，文字不是一件衣服，而是一种假装"④，或者说文字书写的变迁在很大程度上与发音的变化没有关系，如果通过文字的变化来研究发音的变迁，就只能本末倒置，成为"畸形学"的一部分。此外，口语／声音是一条听觉上的时间线，"它的要素相继出现，构成一个链条"，而书写符号从视觉上可以在几个向度上同时并发，是"空间线条代替时间上的前后相继"⑤，口语的这样一种"线

---

① [法]雅克·德里达：《论文字学》，汪堂家译，上海译文出版社1999年版，第62页。
② [瑞士]费尔迪南·德·索绪尔：《普通语言学教程》，高名凯译，商务印书馆2001年版，第49页。
③ 同上，第52页。
④ 同上，第56页。
⑤ 同上，第106页。

条特征"就保证了符号的句段关系和联想关系的实现。

德里达正是从这种对把口语作为语言学研究的内部素材而把文字作为语言学的外部因素来批判索绪尔的,认为索绪尔之所以这样做是为了"保护乃至恢复语言的内部系统在概念上的纯洁性,以防止它受到最严重、最不顾信义、最持久的污染,这种污染不断威胁着语言的内部系统,甚至败坏这一系统"[1]。进而,他认为索绪尔为了贯彻符号的任意性而把文字或者说非表音文字排斥在外,这种"给整个文字学加上括号,对它们存而不论"的做法,是因为索绪尔没有摆脱"逻各斯中心主义的形而上学的系统"[2]。而实际上"普通文字系统并不外在于普通语言系统,除非我们承认外在与内在的划分转向内在的内在或外在的外在,以致语言的内在性本质上受到了明显外在于系统的各种力量的干扰"[3],或者说,言语与文字并非"两种不同的符号系统",所以说,德里达正好把索绪尔的命题颠倒过来,把文字作为内,口语作为外,其符号的意义产生也由差异变成了延异。不过,德里达"并非针对索绪尔的意图或动机,而是针对他所继承的这个非批评的传统",也就是文字受口语抑制的自柏拉图以来的形而上学传统。

但是,在日本思想家柄谷行人所著《书写语言与民族主义》的论文中有一小节专门讨论索绪尔的语言学,他不同意德里达把索绪尔放到整个"西洋形而上学"的语境里被归入"语音中心主义"的解读方法,认为"这样解读会忽略掉语音中心主义的历史性或政治性的含意"[4],因为德里达这种把索绪尔语音中心主义的观念追溯到柏拉图主义的寻找起源的方式,实际上是"把较近的起源上发生的颠倒投影到过去"的做法,"会忽略本来可以从本质上看

---

[1] [法]雅克·德里达:《论文字学》,汪堂家译,上海译文出版社1999年版,第46页。
[2] 同上,第59页。
[3] 同上,第59页。
[4] [日]柄谷行人:《书写语言与民族主义》,《日本现代文学的起源》,赵京华译,生活·读书·新知三联书店2003年版,第197页。

到的较近的过去或者其政治性的颠倒过程",①进而,柄谷行人详尽分析了索绪尔排斥书面语而把口语作为普通语言学的研究对象背后的意识形态诉求,或者说,"索绪尔坚持把语言学的对象限制在口语范围内,并不是因为语音中心主义,而是因为要暴露历史语言学的语音中心主义之欺骗性"②。

在索绪尔看来,"在个人生活和社会生活中,言语活动比其他任何因素都更重要。我们不能容忍语言研究还只是几个专家的事情。事实上,每个人都或多或少在研究语言"③,他用"每个人"来消解"专家"的事情,这意味着什么呢?显然,索绪尔并非想反对语言学的专门研究或者说语言学的学科化,反而他的工作恰恰是想建立一种真正现代意义上的语言科学,实际上,他反对的是那些"利用文献的人如历史学、语文学家等"专家以文献／文字来研究语言的人,这在当时,主要指一些历史语言学和历史比较语言研究。索绪尔是在批评他们的研究"不符合现实中的任何东西,同一切言语活动的真正情况也格格不入"④,或者说他认为在以文字为载体的文献资料中并不能承载真实的历史状况,反而在口语中蕴涵了更多历史的痕迹,比如他认为历史比较语言学把使用历史文献来研究语言的起源或进行比较很难说是可靠的。

在《最古的语言和原始型》一章中,索绪尔指出历史比较语言学由于梵语是印欧语的最古文献就"把这文献提升到了原始型的高贵地位"的做法是错误的,因为判断"一种语言比另一种语言古老"的标准并不是找到一种在时间上更久远的语言就行了,甚至"没有一种语言我们可以指定它的年龄,因为不管哪一种都是人们在它之前所说的语言的延续",也就是说,这样一

---

① [日]柄谷行人:《书写语言与民族主义》,《日本现代文学的起源》,赵京华译,生活·读书·新知三联书店2003年版,第195页。
② 同上,第199页。
③ [瑞士]费尔迪南·德·索绪尔:《普通语言学教程》,高名凯译,商务印书馆2001年版,第27页。
④ 同上,第23页。

种追溯起源的方法是错误的,言语活动的"发展的绝对延续性不容许我们把它分成世代",①再加上,语言始终处在一个"系统"当中,语言学的问题,最先应该追问的是"语言"系统,而不是"言语"的来源问题,索绪尔认为"语言起源的问题并不像人们一般认为的那么重要。它甚至不是一个值得提出的问题"②,也就是说,根本无法把握语言在历史演变中的真正情景,除非"具有那种语言随时摄取的无穷无尽的照片"③。当然,这并非不要对语言进行历史比较研究,利用文献来重建古老的语言形态还是有意义的,只是重建的意义在于确定"区别的实体",而不是确定准确的形式,这依然是索绪尔所强调的语言是一种差异系统,即弄清差异要比确定某个具体的音位更重要。

二 内部语言学与外部语言学

索绪尔对口语／文字的安排最终还是落实在把口语作为语言的内部因素而把文字作为外部要素上,他认为:"关于语言的定义是要把一切跟语言的组织、语言的系统无关的东西,简言之,一切我们用'外部语言学'这个术语所指的东西排除出去。"④这些要被排除的"外部语言学"具体指语言学与民族、种族、文化、政治各种制度(如教会、学校等)以及地理学等有着密切的关系,而研究内部语言学则可以不考虑这些外部因素,因为"语言是一个系统,它只知道自己固有的秩序",也就是说作为"普通语言学"的一般规律是可以把握的,"一切与系统和规则有关的都是内部的"。⑤

这种"内部语言学"与"外部语言学"的划分与索绪尔对"语言"与

---

① [瑞士]费尔迪南·德·索绪尔:《普通语言学教程》,高名凯译,商务印书馆2001年版,第300—301页。
② 同上,第108页。
③ 同上,第296页。
④ 同上,第43页。
⑤ 同上,第46页。

"言语"的划分是一致的。索绪尔认为"语言"如同莫尔斯电码或者交响乐,是一种"约定俗成的东西"[①],与如同具体的电码或乐曲的"言语"不能混为一谈。也就是说,语言"既是言语机能的社会产物,又是社会集团为了使个人有可能行使这机能所采用的一整套必不可少的规约",而言语活动则"是多方面的、性质复杂的,同时跨着物理、生理和心理几个领域,它还属于个人的领域和社会的领域",[②]因此,"我们必须离开个人行为,走向社会事实,因为个人行为只是言语活动的胚胎"[③],并且诸如语音演变等"言语活动"对"语言"的影响不大,尽管"语言和言语是互相依存的;语言既是言语的工具,又是言语的产物。但是这一切并不妨碍它们是两种绝对不同的东西"[④]。

在这里,语言／言语、内部／外部、口语／文字可以看成具有同质性的话语结构,或者说,索绪尔把语言、内部、口语作为普通语言学的研究对象,而排斥与之对立的言语、外部、文字,这并非忽略了外部、文字的因素,反而索绪尔认为外部语言学"所研究的却是一些很重要的东西"[⑤],因为语言从属于"外在的"东西。在《日内瓦大学就职演说》中索绪尔提到:"语言不会自然死去,也不会寿终正寝。但突然死去却是可能的。其死法之一,是因为完全外在的原因语言被抹杀掉了。例如,操此语言的民族突然被根绝。这主要发生在北美印第安特殊的语言中。或者也有强大的民族将自己的特殊语言强加于人的情况。在这种情况下,只有政治的支配是不够的,首先需要确立文明的优越地位。而且,文字语言常常是不可缺少的,就是说必须通过学校、教会、政府即涉及公私两端的生活全体来强行推行其支配。这种

[①] [瑞士]费尔迪南·德·索绪尔:《普通语言学教程》,高名凯译,商务印书馆2001年版,第31页。
[②] 同上,第30页。
[③] 同上,第34页。
[④] 同上,第41页。
[⑤] 同上,第43页。

事情,在历史上被无数次地反复着。"①这就是语言与政治的密切关系。既然这些诸如政治、民族、地理等因素极大地影响着语言,为什么还要把语言学分成内部和外部呢?并且认为内部语言学的研究完全可以不受外部语言学的影响呢?这才是问题的关键所在。

索绪尔举国际象棋的例子,"国际象棋由波斯传到欧洲,这是外部的事实,反之,一切与系统和规则有关的都是内部的。例如我把木头的棋子换成象牙的棋子,这种改变对于系统是无关紧要的;但是假如我减少或增加了棋子的数目,那么,这种改变就会深深影响到'棋法'",这并不是说外部因素的改变无法影响到内部因素,无论是"木头的棋子换成象牙"还是"棋子数目的增减"都是外部因素造成的,这些外部因素可以影响到"棋法",也可能影响不到"棋法",但是内部研究只关注于棋法和棋法的变化,而对于为什么会变化,则属于外部研究的范围,或者说,"一切在任何程度上改变了系统的,都是内部的",②也就是说,外部因素并不一定影响到内部研究,而内部研究只对系统有兴趣,即使外部因素影响到内部机构,内部研究也不用管为什么会影响,而只要弄清影响的结果是什么就可以了。对于外部因素来说,索绪尔认为很大程度上来自偶然的,比如上面提到的语言"突然死去"的事情,所以如果依据外部因素来研究语言的变化或者语言的法则,就会把诸如民族、历史、政治等外部因素的偶然结果变成具有内在的必然性的法则,所以说,索绪尔坚持强调"内部语言学"不是因为他忽视"外部的"东西,而是为了批判那种把"外部的"结果内在化的语言学。这样一种严格划分内/外的做法,反而使"外部"更加突显出来,况且索绪尔也并不认为语言完全是消极的,在符号或内部语言学中依然可以安置历史和外部因素。

---

① [瑞士]索绪尔:《日内瓦大学就职演说》,转引自[日]柄谷行人:《日本现代文学的起源》,赵京华译,生活·读书·新知三联书店2003年版,第198页。
② [瑞士]费尔迪南·德·索绪尔:《普通语言学教程》,高名凯译,商务印书馆2001年版,第46页。

当然，索绪尔认为语言也并非没有积极性的因素。由于"语言不可能有先于语言系统而存在的观念或声音，而只有由这个系统发出的概念差别和声音差别"，所以"不必触动意义或声音，一个要素的价值可以只因为另一个相邻的要素发生了变化而改变"，[①]这就是索绪尔反复强调的符号的任意性原则，即"在词里，重要的不是声音本身，而是使这个词区别于其他一切词的声音上的差别，因为带有意义的正是这些差别"[②]，尽管索绪尔也承认"只有一部分符号是绝对任意的"，而另一些符号的"任意性虽不能取消，却有程度的差别"，[③]也就是所谓符号的"绝对任意性和相对任意性"。这种任意性和差别关系也成为对索绪尔的一个主要批评是他"用语言学范围内能指者对所指者的二元关系，取代了'能指者—所指者—事物'的三元关系"[④]，即取消了语言和现实的关系问题。但是，这种批评只看到了问题的一半，索绪尔承认在语言中"没有积极要素的差别"，即使"说语言中的一切都是消极的，那只有把所指和能指分开来考虑才是对的"，而如果从符号的整体去考虑，就会看到在它的秩序里有某种积极的东西。

这种积极的东西是指："语言系统是一系列声音差别和一系列观念差别的结合，但是把一定数目的音响符号和同样多的思想片段相配合就会产生一个价值系统，在每个符号里构成声音要素和心理要素间有效联系的正是这个系统。所指和能指分开来考虑虽然都纯粹是表示差别的和消极的，但它们的结合却是积极的事实；这甚至是语言唯一可能有的一类事实，因为语言制度的特性正是要维持这两类差别的平行。"[⑤]索绪尔把维持观念差别与声音差别的平衡作为找回现实／历史的途径，正如"差别一经产生，必然会表示意义，

[①] [瑞士]费尔迪南·德·索绪尔：《普通语言学教程》，高名凯译，商务印书馆2001年版，第167页。
[②] 同上，第164页。
[③] 同上，第181页。
[④] [法]保罗·利科主编：《哲学主要趋向》，李幼蒸、徐奕春译，商务印书馆1988年版，第354页。
[⑤] [瑞士]费尔迪南·德·索绪尔：《普通语言学教程》，高名凯译，商务印书馆2001年版，第167页。

尽管不一定成功，也不是一下子就能实现。反之，任何观念上的差别，只要被人们感到，就会找到不同的能指表达出来；如果有两个观念，人们已感到没有什么区别，也会在一个能指里混同起来"①。这样，两个符号之间就不是差别关系，而是区别关系。

进一步说，研究内部语言学有一个前提，即假定有一个语言系统存在，只有在语言系统内部，符号的差别才有可能是任意性的，所以说，索绪尔搁置外部语言学的做法，是为了找到适用于每一个语言系统的普遍规律，而无法处理不同语言系统之间的问题，也就是说，观念的差别，来自固定的语言系统，或者说尽管"声音差别"与"观念差别"是一种任意性的关系。但是要追问观念为什么有这些差别，则就不仅仅是一个内部语言学的问题，而是由文化、民族、地理等外部语言学所决定的。那么如何来确立一种语言系统呢？或者说哪些言语可以被归入同一个语言系统呢？要解决这一问题，语言研究就要由内部语言学转向外部语言学。

三 共时语言学与历史语言学

索绪尔把语言学的研究对象确定为"语言"而不是言语，又把语言学的范围分为外部语言学和内部语言学，强调内部语言学的优越性，而要对内部语言学进行研究，就必须区分为两种形态的语言学，即共时态和历时态，这就是语言学研究的内在二重性。他认为任何学科都要面对连续性／时间和固定状态／空间这样两个二重性，但是在一些学科（如天文学、地质学、历史学、政治学等）里并不太注意这种二重性，但是这种情况却在经济学领域比较明显②。

---

① [瑞士]费尔迪南·德·索绪尔：《普通语言学教程》，高名凯译，商务印书馆2001年版，第168页。
② 在《普通语言学教程》第117页的"注释①"中解释了索绪尔与经济学派的关系："在经济学方面，德·索绪尔受到以瓦尔拉斯（Walras）等人为代表的瑞士正统经济学派的影响比较深，从中吸取了一些观点，用来阐明他的语言理论。"

"政治经济学和经济史在同一门科学里构成了两个划分得很清楚的学科；最近出版的有关著作都特别强调这种区分。从事这种研究的人常常不很自觉地服从于一种内部的需要。同样的需要迫使我们把语言学也分成两部分，每部分各有它自己的原则。"①进而，索绪尔指出，语言学如同政治经济学一样，都面临着价值这个概念，"在这两种科学里都是涉及不同类事物间的等价系统，不过一种是劳动和工资，一种是所指和能指"②。在这里，索绪尔非常大胆地把政治经济学和语言学作为对"不同类事物"的一种"再现"，或者说符码化，只不过政治经济学找到的是商品，而语言学找到的则是符号。这样，商品在"生产—流通—消费"的资本主义生产方式中流动，而符号则在语言／口语中进行线性流动，商品的交换是等价交换，那么符号也要遵循于"等价"交换的原则。

在马克思的《资本论》(第一卷)中详尽讨论了商品交换的过程，简单地说，商品之所以能够进行交换，首先是因为商品具有不同的使用价值，所以有交换的必要性，其次是商品的"价值"凝聚了人类的抽象劳动，而抽象劳动又可以用社会必要劳动时间来衡量，这样具有不同使用价值的商品就可以在价值的天平上进行交换了。在《语言的价值》一章里，索绪尔借用政治经济学中"价值"的概念，认为符号"只有当它披上自己的价值，并与这价值结为一体，才成为现实的和具体的要素"③。具体地说，语言的价值如同"货币"的价值一样具有两个方面的性质："（1）一种能与价值有待确定的物交换的不同的物；（2）一些能与价值有待确定的物相比的类似的物"④，前一个保证了历时的句段关系，后一个支持了共时的联想关系。

马克思政治经济学根据生产方式的不同，把历史划分为诸如"亚细亚

---

① [瑞士]费尔迪南·德·索绪尔：《普通语言学教程》，高名凯译，商务印书馆2001年版，第117—118页。
② 同上，第118页。
③ 同上，第155页。
④ 同上，第161页。

的、古代的、封建的和现代资产阶级的生产方式可以看作是社会经济形态演进的几个时代"[1]，并首先选择对资产阶级社会的生产方式进行研究。在索绪尔看来，前者是对不同状态的演变进行的历时研究，而后者则是对某一状态的语言系统进行共时研究，进而普通语言学也应该分为历时语言学和共时语言学。所以说，马克思的政治经济学与索绪尔的普通语言学在方法上有相似之处，这与其说是马克思的政治经济学启发了索绪尔的语言学研究，不如说索绪尔对语言学的洞察无意中发现了政治经济学的叙述动力和话语结构。

但是，在谈历时与共时的关系时，索绪尔没有使用马克思的辩证法，而是把这种"历史现实性和语言状态之间"的关系比喻为"投影学"。"为了表明共时态和历时态的独立性及其相互依存关系，我们可以把前者比之于物体在平面上的投影。事实上，任何投影都直接依存于被投影的物体，但是跟它不同，物体是另一回事。没有这一点，就不会有整个的投影学，只考虑物体本身就够了"，因此，"语言学里，历史现实性和语言状态之间也有同样的关系，语言状态无异就是历史现实性在某一时期的投影"。[2]也就是说，共时语言学／历时语言学如同投影／被投影的物体，这种二元对立的结构方式，既不是后者支配前者，也不是矛盾统一的辩证法，而是截然对立不能混为一谈的并且是"相互依存的"关系，这种依存关系，就是没有后者／被投影的物体，肯定就没有前者／投影，但这绝不意味着后者就是前者的来源和基础。

四 民族统一体与方言

近代以来，语言学的问题总和民族、民族主义或者民族国家的问题联系

---

[1] [德]马克思：《政治经济学批判》序言，[德]马克思、恩格斯：《马克思恩格斯全集》（第13卷），人民出版社1962年版，第9页。

[2] [瑞士]费尔迪南·德·索绪尔：《普通语言学教程》，高名凯译，商务印书馆2001年版，第127页。

在一起。雅各布·布克哈特在《意大利文艺复兴时期的文化》中曾经描述过但丁用方言写作的伟大诗篇在与拉丁文的对抗中使得"托斯卡纳方言成为新的民族语言的基础",并且这种方言被"这个国家一个地方接着一个地方地正式采用"。[①]伴随着资产阶级民族国家的兴起,一种方言成为民族语言的情形在欧洲各国出现,本尼迪克特·安德森在《想象的共同体:民族主义的起源与散布》一书中把近代欧洲民族意识的起源归结为拉丁文的方言化,认为其方言的选择都是"逐渐的、不自觉的、实用主义的——更不用说是偶然的——发展过程"[②],并借重印刷资本主义得以迅速地传播,"那些口操种类繁多的各式法语、英语或西班牙语,原本可能难以或根本无法彼此交谈的人们,通过印刷字体和纸张的中介,变得能够相互理解了。在这个过程中,他们逐渐感觉到那些在他们的特殊语言领域里数以十万计,甚至百万计的人的存在,而与此同时,他们也逐渐感觉到只有那些数以十万计或百万计的人们属于这个特殊的语言领域"[③],这就形成了民族的"想象共同体"的胚胎。"想象"在这里不是真假的区别,而是民族内部成员之间相互连接的一种运作机制,或者说民族成员之间的关系是一种想象性关系,而所谓的"想象的共同体"是指"它是一个想象的政治共同体——并且,它是被想象为本质上是有限的,同时也享有主权的共同体"[④]。

日本思想家柄谷行人则把安德森的命题引向对非西方国家主要是日本近代民族国家形成过程中语言变化的讨论中,在其谈论德里达的《论文字学》

---

① [瑞士]雅各布·布克哈特:《意大利文艺复兴时期的文化》,何新译,商务印书馆1996年版,第371—373页。
② [美]本尼迪克特·安德森:《想象的共同体:民族主义的起源与散布》,吴叡人译,上海人民出版社2005年版,第42页。
③ 同上,第43页。
④ 吴叡人:《认同的重量:〈想象的共同体〉导读》,《想象的共同体:民族主义的起源与散布》,吴叡人译,上海人民出版社2005年版,第8页。

的论文里反复强调语音中心主义并不仅仅是"西方的"问题，而是民族国家形成过程中"世界上无一例外地要发生这样的问题"，并指出近代日本"民族主义的萌芽主要表现于在汉字文化圈中把表音性的文字置于优越位置的运动中"，[①]即通过对古代日语的发掘来驱逐汉字的支配性影响。受到安德森和柄谷行人的影响，中国学者汪晖写作了《地方形式、方言土语与抗日战争时期"民族形式"的论争》一文，认为："中国的情况似乎有所不同，因为白话文运动完全不能被看作是一个方言运动，作为一种书面语系统，白话文对文言文的替代也不能被描述为语音中心主义。在这里，并不存在用一种民族语言去取代另一个帝国语言的问题，如用意大利语、法语、英语取代拉丁语的问题，也不存在用日本方言或韩国方言取代汉语的问题。这里存在的是用一种汉语书面语系统取代另一种汉语书面语系统的问题。然而，白话文运动与现代民族主义的关系则是显而易见的。"[②]之所以说用一种汉语书面语系统取代另一种汉语书面语系统，而不是取代"帝国语言"，是因为中国与近代欧洲由帝国逐渐分裂为各个民族国家的历史很不一样，在西方冲击下，中国由帝国转变为民族国家的过程继承了许多"帝国"的遗产，或者在基本保有原"帝国"的基础上化装成了另一个帝国，所以说中国只是在表面上看起来像具有独立主权和固定边界等特征的现代民族国家。

因此，从这些针对不同地区近代民族与民族国家兴起的研究成果中，可以看出，他们都围绕着民族语言的形成与转变的问题来展开，只是在不同的区域和历史脉络中，近代民族语言的转化呈现出或利用方言或利用古语来驱逐帝国语言，或者由一种书面语系统取代另一种书面语系统等不同的情形，但有一点是确定的，语言尤其是"方言"在民族意识的兴起和民族国家／想

[①] [日]柄谷行人：《书写语言与民族主义》，《日本现代文学的起源》，赵京华译，生活·读书·新知三联书店2003年版，第195页。

[②] 汪晖：《地方形式、方言土语与抗日战争时期"民族形式"的论争》，《汪晖自选集》，广西师范大学出版社1997年版，第341—342页。

象的共同体的形成过程中充当了特殊而且重要的角色。而"索绪尔对历史语言学的批判,明显地有着对其中的意识形态功能的批判"①,因为"历史语言学的语音中心主义不单产生于民族语言这一思考的兴盛,它还反过来发挥了补充强化这一思考的作用",索绪尔的工作就是要通过强调内部语言学的纯粹性,来反衬出外部语言学的政治意义。这样一种对语言学本身所具有的政治敏锐性,被柄谷行人推测为大概是因为"他不是法国国民,而是虽为多民族国家却与奥地利帝国相异的瑞士国民"的缘故。②所以说,索绪尔正是在保有对外部语言学充分重视的前提下,在《普通语言学教程》讨论完"共时语言学"和"历时语言学"之后又讨论了"地理语言学"和"回顾语言学的问题"。

在索绪尔看来,语言对于人类学、民族学和史前史的阐明中"有很大一部分是幻想"③,也就是说,语言、血统、种族之间没有必然的关系,"不能拿它们来相互推断。在许多情况下,人类学的证据和语言的证据是不相符的,我们没有必要把它们对立起来,也不必从中做出选择;它们各有各的价值"④。不过,民族统一体却和语言共同体有着密切的关系,"所谓民族统一体就是一种以宗教、文化、共同防御等等多种关系为基础的统一体;这些关系甚至在不同种族的人民之间,没有任何政治上的联系,也能建立"⑤,而民族统一体和语言共同体可以相互解释,并且索绪尔非常清晰地说:"在民族统一体的问题上,我们首先应该过问的就是语言。语言

---

① [日]柄谷行人:《书写语言与民族主义》,《日本现代文学的起源》,赵京华译,生活·读书·新知三联书店2003年版,第201页。
② 同上,第199页。
③ [瑞士]费尔迪南·德·索绪尔:《普通语言学教程》,高名凯译,商务印书馆2001年版,第310页。
④ 同上,第311页。
⑤ 同上。

的证据比其他任何证据都更重要。"①但是，语言"一成不变的特征是没有的；永恒不变只是偶然的后果；在时间的进程中保存下来的特征，也可以随着时间的流逝而消失"②，也就是说，在通过语言的痕迹来寻找民族的证据时，对于语言要坚持演化语言学即历时语言学的基本原理。这体现在索绪尔对方言的研究上。

索绪尔认为"在语言研究中，最先引人注目的是语言的差异"，"如果说时间上的分歧往往不是人们所能看到的，空间分歧却可以一目了然"，③因此，"语言学中最先看到的就是地理上的差异；它确定了对语言的科学研究的最初形式"④。而历史比较语言学，就是通过对相似语言的比较，确定几种语言之间的亲属关系，这样的一群语言就称为语系，对这些语系进行比较，又可能找到更古老的血缘关系，但是索绪尔认为"这种比较很快就会碰到一些无可逾越的障碍"，因为"世界上一切语言都有普遍的亲属关系是不大可能的"。所以，索绪尔把研究重点放在了方言上，即同一语系中"只在很轻微的程度上有分歧的语言"。⑤

进而，索绪尔分析了文学语言和方言的关系。这种被索绪尔称为"文学语言"的语言不仅指文学作品的语言，而且在更一般的意义上指"各种为整个共同体服务的、经过培植的正式的或非正式的语言"，也就是"随着文化的发展，人们交际日益频繁，他们会通过某种默契选出一种现存的方言使成为与整个民族有关的一切事物的传达工具"，这就是"普通的民族共同语言"的形成，其形成过程也就是"各种方言中的一种得到了作为文学语言、政府公用语或国内交易流通语的特权地位。得其荫庇，只有这一种方言通过文字

---

① [瑞士]费尔迪南·德·索绪尔：《普通语言学教程》，高名凯译，商务印书馆2001年版，第312页。
② 同上，第321页。
③ 同上，第266页。
④ 同上，第267页。
⑤ 同上，第268页。

的遗迹被传播开来，相反其他方言则让人感到是不美观不洁净的土话或者公用语的歪曲形态。也可以说，被文学语言所采用的方言屠杀了众多的其他方言，这并不是什么稀奇的事"①，而那些"一旦被提升为正式的和共同的语言，那享有特权的方言就很少保持原来的面貌。在它里面会掺杂一些其他地区的方言成分，使它变得越来越混杂，但不致因此完全失去它原来的特性"，而且"文学语言不是一朝一夕就能普及使用的，大部分居民会成为能说两种语言的人，既说全民的语言，又说地方上的土语"。②

索绪尔把方言这种在地理上的空间差异归结为时间因素，因为"空间本身是不能对语言起什么作用的，……语言的分化正是由时间因素引起的。地理差异应该叫作时间差异"③。这样一种排斥空间的做法，只能肯定方言在时间中的变化，而又无法找到变化的确切原因，因为这些变化往往由偶然的或不确定的因素造成，这就使方言的传播区域根本无法预见，可以说"有多少个地方就有多少种方言"④。这样一种把方言"去区域化"的做法，暴露了方言是一种人为安置的特征，其"划出的界限是不符合任何方言实际的"⑤。当然，如果模仿地图学上的"等温线"也把相同特征的方言画一个"等语线"，这样就有可能确定一个方言的区域，这时才有可能使用社会、政治、宗教等方面的事实来解释这种方言的形成。进而，索绪尔由方言没有自然的界限推论出语言也没有自然的界限，"语言的分界线，像方言的分界线一样，也在过渡中淹没了。方言只不过是在语言的整个地区上任意做出的小区分，同样，

---

① [瑞士]费尔迪南·德·索绪尔：《日内瓦大学就职演说》，转引自[日]柄谷行人：《日本现代文学的起源》，赵京华译，生活·读书·新知三联书店2003年版，第202页。
② [瑞士]费尔迪南·德·索绪尔：《普通语言学教程》，高名凯译，商务印书馆2001年版，第273页。
③ 同上，第277页。
④ 同上，第281页。
⑤ 同上，第282页。

设想中的两种语言的界限,也只能依惯例划定"①。最后,索绪尔把方言的分化比喻为"波浪",进一步论证了方言的分化与民族的四处分散和地理上相连接没有必然的联系,也就是说,任何把社会、政治、民族等外部因素安置在语言身上的做法都是可疑的,任何通过证明语言之间的亲属关系而确定民族、文化身份的做法也是缺乏理由的。

实际上,索绪尔就消解了语言与民族之间的确切关系。语言学家通过确定一种语言的同一性,进而划定一个边界,就可以确认一种民族身份的做法,显然忽视了语言没有自然的界限的事实,任何划定边界的做法都来自"人为"。也就是说,索绪尔正是意识到这种"人为"的意识形态性,才极力安置和提倡内部语言学的研究,这恰恰是对语言学的政治性从学术上所做出的一种回应,而这种回应的策略却被后来的结构主义所遮蔽。索绪尔成了创建语言等封闭系统研究的始作俑者,而事实上他却是最清楚地意识到"外部语言学"的重要性或者说政治性的学者。

索绪尔在语言／言语、内部语言学／外部语言学的两项对立中把前者作为普通语言学的研究对象,并把口语作为研究的素材,而不是文字,这样一种非此即彼的二元选择是在批判历史语言学和历史比较语言学的基础上产生的,而德里达在这个问题上对索绪尔的语言学所做的分析是一种"颠倒"②的解读方式。另外,本文的写作受柄谷行人的《书写语言与民族主义》(1992年)的启发,虽然该论文并非是一篇专门讨论语言学的论文,但处理的却是语言与民族关系的问题,在这个意义上,索绪尔把语言学清晰地分为内部语言学和外部语言学,本身就是对语言与民族问题的回应,认为研究内部语言学的

---

① [瑞士]费尔迪南·德·索绪尔:《普通语言学教程》,高名凯译,商务印书馆2001年版,第285页。
② "颠倒"(inversion)是日本思想家柄谷行人在《日本现代文学的起源》一书中提出的讨论日本现代文学起源的方法。

问题可以完全不受外部语言学的影响，这样一种表面排斥外部语言学的知识安排，恰恰突显了语言学与外部诸因素的关系，并在论述方言与民族统一体的问题时，处理了民族与语言之间的复杂关系，为反思民族语言的形成与民族国家之间的互动关系提供了其他的思考路径。

（写于2003年9月，发表于《北京大学研究生学志》，2007年第3期。）

阿尔都塞"理论实践"的意义

马克思、"马克思以后的马克思主义"[①]及其指导下的社会主义实践，是处于后冷战、后社会主义、后革命语境中的"中国"所面临的非常切近的遗产与债务。简单地说，新时期的"思想解放运动"主要是通过对"青年马克思"(即《1844年经济学哲学手稿》)的讨论来展开的[②]，试图用人道主义的马克思主义来改造教条化的马列主义，其讨论的核心概念是"异化"问题，为"建设有

[①] [英]戴维·麦克莱伦：《马克思以后的马克思主义》，余其铨等译，中国社会科学出版社1986年版。

[②] 《手稿》德文版1932年问世，在20世纪40—60年代东欧、苏联等社会主义国家和欧洲、美国等西方国家引发了"《手稿》热"，阿尔都塞称之为"三十年来《手稿》一直处在马克思的保卫者和反对者之间进行论战的前沿阵地上"。《手稿》中文版于1956年出版，但在1957年关于"人情""人性""人道主义"的文章当中，并没有出现对《手稿》的直接引用。在20世纪80年代产生重要影响的几篇关于人道主义论述的文章，如《人道主义就是修正主义吗？》《关于马克思主义的几个理论问题的探讨》《为人道主义辩护》等，都直接提到《手稿》，并将其作为主要理论资源。在1983年，西方学者论述《手稿》的两个选本：《西方学者论〈1844年经济学—哲学手稿〉》(复旦大学出版社)和《〈1844年经济学—哲学手稿〉研究》(文集)(湖南人民出版社)也得以出版。这种状况的出现，在很大程度上是一种官方意识形态的转变使然。在1979年由中共中央马恩列编译局重新出版的《马克思恩格斯全集》中，增补了第40卷到50卷，其中第42卷是马克思的《1844年经济学哲学手稿》。由于官方意识形态早期认为《手稿》是马克思唯心主义时期的作品，不同于成熟时期马克思的"科学社会主义"，因此在1956年出版的《马克思恩格斯全集》没有将《手稿》列入。在1979年的增补卷中一反以前的否定态度，开始肯定1844年青年马克思时期的著作，认为："马克思在这里第一次试图从唯物主义和共产主义的立场出发，对资本主义经济制度和资产阶级经济学进行批判性考察，对自己的新的哲学、经济学观点和共产主义思想作综合的阐述。这是马克思主义科学世界观形成阶段的一部重要著作。"[参见马克思、恩格斯：《马克思恩格斯全集》(第42卷)，人民出版社1979年版，第1页。]

中国特色的社会主义"改革运动提供了理论上的依据。与这种人道主义的马克思主义相关的讨论是李泽厚、刘再复等对主体性的阐发。李泽厚在《批判哲学的批判——康德述评》以及"六个哲学提纲"中从马克思、黑格尔"回到康德"[①]，为"人／个体"的主体性确立了哲学基础，指出"高扬个体主体性"是克服异化的途径之一。刘再复则从文学角度谈论"主体性"问题，认为人的主体性包括实践主体和精神主体两个方面，深化了"文学是人学"的观念。在其《论文学的主体性》一文中，他详尽地分析了文学主体的三个方面——"创作主体的作家""文学对象主体的人物形象"和"接受主体的读者和批评家"——在文学活动中的主体性位置，对于社会主义现实主义的机械反映论进行了批判，从而论证了"人既是实践主体，又是精神主体"的主体理论。[②]这种"文学主体性"的论述，其意识形态的结果是把文学看作审美的自律空间，为形成"纯文学"的信念提供了理论基础。

  这些关于"异化""人道主义""主体"的讨论的现实依据无疑是建立在对"文革"时期的意识形态清算之上，这在20世纪80年代具有清晰的意识形态批判色彩，并且，知识分子在很大程度上也不把马克思主义作为有效的理论资源，对正统马克思主义的拒绝成为80年代知识分子最重要的"负面认同"。而马克思主义在中国的状况，如同阿尔都塞在《如何看待马克思主义的危机》一文中所描述的"尽管东欧国家的群众和青年对马克思主义普遍不感兴趣，但马克思主义仍是一种官方理论与意识形态"[③]。但是，随着市场化在中国的全面展开或者说中国在冷战结束以后被逐渐纳入全球资本主义化的进

---

  ① 李泽厚在《批判哲学的批判》（1979年）一书中第一章追溯了康德的思想来源和发展过程，并对"回到康德"的现代思潮做了评价，提到"有的'西方马克思主义'派别则公开反对黑格尔，认为康德对马克思的影响比黑格尔大，如科连蒂、阿尔都塞以及佛雷雪等人"。[参见《李泽厚十年集》（第二卷），安徽文艺出版社1994年版，第61页。]

  ② 刘再复：《论文学的主体性》，分两期发表在《文学评论》1985年第6期和1986年第1期。

  ③ [法]路易·阿尔都塞：《如何看待马克思主义的危机》（1971年），《哲学译丛》1985年第4期。

程，这些主体论、人道主义的论述在很大程度上"转化为当代中国资本主义的文化先声"①，也就是说其意识形态的效果恰恰在于针对彼叙述的批判成了此叙述建构的动力，或者说是通过对异化、主体性的讨论以确立的人道主义叙述成为新自由主义话语的建构的意识形态基础之一②，从而使这种叙述自身成为意识形态的表述。

对于马克思主义以及左派理论的再认识，是在20世纪90年代中后期展开的"新左派"与"新自由主义"的争论中浮现出来的。汪晖早在20世纪90年代初期对"人文精神"论争的批判中就指出："对于这种人文主义和人文精神的呼唤，我的问题不是什么是人文精神或人文主义，而是为什么是人文精神或人文主义。例如，对于整个社会过程的重要变动，为什么不是从生产方式、资本的活动、全球性市场，以及所有这些重要社会活动与文化生产的关系来着手分析，而把人文精神的失落视为整个社会变迁的原因或结果？"③这里搁置"新左派"与"新自由主义"争论内容，也不对彼此的观点进行二元对立式的表述。简单地说，"新左派"④的主要工作就是重新评价了新中国成立以来计划经济体制下的社会主义实践，批评了把毛泽东时代的历史简单地"清算"为封建主义／传统的遗毒或历史的倒退的叙述（尤其是那种通过对"文革"的"全面否定"来反身为新时期的意识形态进行辩护的策略），而借用"现代性"的理论视野来

---

① 汪晖：《当代中国的思想状况与现代性问题》，罗岗、倪文尖编：《90年代思想文选》（第一卷），广西人民出版社2000年版，第278—279页。

② 汪晖：《一九八九社会运动与"新自由主义"的历史根源——再论当代中国的思想状况与现代性问题》，《台湾社会研究季刊》2001年第四十二期。

③ 汪晖：《人文话语与中国的现代性问题》，罗岗、倪文尖编：《90年代思想文选》（第一卷），广西人民出版社2000年版，第480页。

④ "新左派评论"上对汪晖的访谈录中，汪晖结合中国的具体历史语境指出，"新左派"不同于西方的"New Left"，作为学术术语"新左派"最早出现在《北京青年报》上，该文用非常激进的口吻提到了新马克思主义和新左派的思想，主要是呼唤中国需要一种新权威主义，在这个意义上，汪晖拒绝使用这个术语。

阿尔都塞"理论实践"的意义

把毛泽东时代的历史尤其是社会主义遗产作为中国近代以来的现代性过程中的另类现代化尝试或选择，进而在知识上打开了反思历史的空间。[①]

本文并非要直接处理新时期以来马克思主义与中国现实的关系，而是通过讨论阿尔都塞的"理论实践"来反身关照诸如人道主义、异化、主体等命题在中国语境中的意义。20世纪60年代，阿尔都塞对苏共二十大以后的人道主义马克思主义的批判，把科学的马克思从被《1844年经济学哲学手稿》所笼罩的人道主义的"青年马克思"叙述中拯救出来，并通过对马克思的出色阅读"复活"了以马、恩、列为代表的经典马克思主义的表述。[②]一些被认为是教条化的观点在阿尔都塞的阅读中又获得了理论上的活力，并且其理论对拉美革命产生过重要的影响，这不仅对我们重新理解人道主义、异化、主体等提供了一种反思的视角，而且对身处在"告别革命""后革命的氛围"[③]中的当下历史提供了一份理解马克思主义的理论及其社会主义实践遗产的可能性，这也就是本文写作的有点宏大叙事的现实意义吧。

一 阿尔都塞在西方马克思主义史中的位置

在进入阿尔都塞的"理论实践"之前，有必要讨论一下阿尔都塞在历史中的位置，即在历史叙述中的在场方式，或者说阿尔都塞以什么样的形象、身份在什么样的历史中被叙述出来，这不仅仅是为了呈现阿尔都塞理论实践的学术史背景，更重要的是展现阿尔都塞进行理论对话的场域，或者说为理解阿尔都塞的理论提供一个"上下文"。

---

① 公羊编：《思潮：中国"新左派"及其影响》，中国社会科学出版社2003年版。
② [英]斯图亚特·霍尔：《文化研究：两种范式》，罗钢、刘象愚主编：《文化研究读本》，中国社会科学出版社2000年版，第58页。
③ 李泽厚、刘再复：《告别革命》，天地图书有限公司1995年版；[美]阿里夫·德里克：《后革命氛围》，王宁等译，中国社会科学出版社1999年版。

1. 西方马克思主义者——阿尔都塞的历史在场之一

阿尔都塞一般被叙述为"西方马克思主义史"中的一员,或者说"西方马克思主义者"是阿尔都塞在历史中出场的重要标识,但是阿尔都塞并没有自觉地以"西方马克思主义"的身份发言。这在很大程度上说明"西方马克思主义"对于阿尔都塞来说更多的是一种外在的叙述,而不是其理论对话的内在需求,这正好就是英国著名新左派理论家佩里·安德森在《西方马克思主义探讨》(1976年)一书中所指出的西方马克思主义"最为突出和最自相矛盾的特点之一——缺乏国际主义"[1]。但他依然认为"西方马克思主义尽管存在种种内部分歧和对立,却仍然构成一种具有共同学术传统的理论"[2],这种"共同学术传统"使得安德森得以叙述"西方马克思主义"的"历史"。我的问题不是对"西方马克思主义"这个概念的历史进行考察,而更关注于阿尔都塞是如何被铭写到"西方马克思主义"的"共同学术传统"之中的。

安德森把"西方马克思主义"之前的马克思主义称为"经典传统",其发展过程被概括为世代的更迭。马克思和恩格斯是创始人,直接继承人主要有拉布里奥拉、梅林、考茨基和普列汉诺夫四人,他们的工作"承担双重使命:一方面把马克思主义总的哲学内容作为一种历史观念提出来;另一方面又把它扩展到马克思所未曾直接触及的领域"[3]。第二代继承人是列宁、卢森堡、希法亭、托洛茨基、鲍威尔、普列奥勃拉任斯基、布哈林,这一代人基本都是各国共产党的创始人或领导人,因此"理论和实践的统一"是他们的重要特征,其理论主要关注于垄断和帝国主义的问题。接下来就是"西方马克思主义的出现",主要成员(按年龄大小排列)为卢卡奇、柯尔施、葛兰西、本雅明、霍克海默、德拉·沃尔佩、马尔库塞、勒菲弗尔、阿多诺、萨特、戈德

---

[1] [英]佩里·安德森:《西方马克思主义探讨》,高铦等译,人民出版社1981年版,第88页。
[2] 同上,第7页。
[3] 同上,第13页。

曼、阿尔都塞、科莱蒂，这一代人在安德森看来"首要的最根本特点就是：它在结构上与政治实践相脱离"①，或者说"它的整个重心从根本上转向了哲学"②，这正好"倒转了马克思本身的发展轨道"③，即由研究黑格尔哲学的问题转向政治经济学的路径。而安德森也正是把这种"理论和实践的统一"的问题作为了贯穿全书的主题④，无论是理论与实践相统一还是相脱离，对于马克思主义者来说都是一个确认身份的问题，因为马克思在《关于费尔巴哈的提纲》中提出"哲学家们只是用不同的方式解释世界，而问题在于改变世界"⑤。因此，马克思划清了自己与"哲学家们"的界线，并进一步把这种界线明晰化为唯物主义与唯心主义的分野，从而"理论与实践的统一"成为马克思主义最为核心的观点。在这个意义上，理论与实践的问题，对于作为马克思主义者的阿尔都塞来说，也是不可回避的问题，其"理论实践"的概念显然是对这一马克思主义经典命题的回应。

可以看出，安德森通过这种代际叙述在马克思主义理论内部建立了一种连续性的或者说历史的表达，而支撑这种叙述的理论基础，则是历史唯物主义的史学观念，或者说这些以"一代人"的方式叙述出来的"马克思主义"是历史条件不断变化的产物。正如"西方马克思主义是第一次世界大战后欧洲资本主义先进地区无产阶级革命失败的产物，它是在社会主义理论和工人阶级实践之间愈益分离的情况下发展起来的"⑥，这种历史唯物主义的视野也就成为构造"共同学术传统"的理论基础。进而，也就形成了西方马克思主

---

① [英]佩里·安德森：《西方马克思主义探讨》，高铦等译，人民出版社1981年版，第41页。
② 同上，第65页。
③ 同上，第68页。
④ 安德森在"后记"中指出："贯穿全书的这个主题的前提，当然是'理论和实践的统一'这一被传统地视为规定马克思主义认识论本身的课题。"（《西方马克思主义探讨》，人民出版社1981年版，第135页。）
⑤ [德]马克思、恩格斯：《马克思恩格斯选集》（第一卷），人民出版社1972年版，第19页。
⑥ [英]佩里·安德森：《西方马克思主义探讨》，高铦等译，人民出版社1981年版，第117页。

义的诸多统一性的特征，并且这种统一性的叙述在很大程度上是与上一代的结构性对比中建构完成的，或者说，每一代马克思主义者都针对不同的历史境遇提出相应的"问题序列"，其理论成果就成为对时代／历史的一种文本的再现、表征或表述。

这里的"问题序列"并非指托马斯·库恩在《科学革命的结构》中提出的"范式"，也和阿尔都塞在《保卫马克思》中所说的认识论上的"总问题"[①]以及福柯在《词与物》中作为知识演变的"知识型"不同。在安德森看来，每一代的马克思主义者因为要面对时代所提出的课题，所以他们的理论表述可以看成是统一的"问题序列"。对于西方马克思主义来说，这些问题序列大致包括：1.卢卡奇开创了回到黑格尔来阐释马克思主义的传统，随后的法兰克福学派、萨特等也非常重视黑格尔对于马克思主义的意义；2.突出马克思早期著作尤其是《1844年经济学哲学手稿》的理论意义，这导致了"青年马克思"的诞生，并奠定了人道主义马克思主义的叙述；3.关注于当代资产阶级文化也就是上层建筑、意识形态的问题，这包括葛兰西和阿尔都塞的工作等。

除了这种通过历史唯物主义建构出的统一性之外，"西方马克思主义"中的"西方"这个空间性的概念在安德森看来是有其所指的，即相对于前两代马克思主义的继承人在地域上多来自东欧或中东欧来说，这些西方马克思主义的成员则主要来自西欧，也就是说，"西方"不过是相对于欧洲内部的西方。从这个角度看，安德森对马克思主义的整个代际式的叙述依然是欧洲中心主义的视野，中国、拉美地区、北美等地的马克思主义则被先在地排除在

---

① "总问题"（Problematic）是阿尔都塞论述认识论断裂的核心概念，但在国内的翻译并不统一，大部分被翻译为"总问题"（见 [法] 阿尔都塞：《保卫马克思》顾良译，杜章智校，商务印书馆1984年版），其他译法主要有："理论构架""疑难""疑团""问题构架""问题设定""问题结构""问题式""难题性"。

外。①在这个意义上说,"西方马克思主义"与其说来自内部的认同,不如说更是建立在地域性基础上的历史唯物主义的叙述。阿尔都塞之所以被放置到西方马克思主义的叙述框架中,也是因为他处在安德森所叙述的历史唯物主义的背景之下,但在西方马克思主义史内部,阿尔都塞的位置是以其作为结构主义马克思主义的身份来标识的。

2. 结构主义马克思主义者——阿尔都塞的历史在场之二

在西方马克思主义内部,经常以"黑格尔主义的马克思主义""法兰克福学派的马克思主义""存在主义的马克思主义""弗洛伊德主义的马克思主义""新实证主义的马克思主义""结构主义的马克思主义""分析的马克思主义""新托马斯主义的马克思主义"等流派的方式来勾画西方马克思主义的地形图,②似乎西方马克思主义就是不同的非马克思主义特征的哲学思潮与马克思主义的嫁接,这与西方马克思主义者的生存或工作方式有着密切的关系。

安德森在《当代西方马克思主义》(准确的翻译应是《历史唯物主义的踪迹》)③所指出的"探讨马克思主义的场所逐渐从工会和政党转移到研究所和大学的院

---

① 在加拿大学者本·阿格尔著的《西方马克思主义概论》一书中,"西方马克思主义"的概念更为宽泛一些,包括"东欧修正主义",但是作者并没有把阿尔都塞列入西方马克思主义的序列,只是在最后一章"重新研究危机理论:现代马克思主义的诸多方面"的"供进一步阅读的参考书目"中列入了阿尔都塞的两本著作《保卫马克思》和《读〈资本论〉》,并指出:"阿尔都塞不同于本书作者,认为马克思抛弃了他的'早期哲学'阶段,随后在其后期的经济著作中变成了一个结构上义者。"(中国人民大学出版社1991年版,第519页。)

② 参见徐崇温主编的《西方马克思主义理论研究》(海南出版社2000年版)、俞吾金、陈学名的《国外马克思主义哲学流派新编》(复旦大学出版社2002年版)、王维、庞君景的《20世纪西方的马克思主义思潮》(首都师范大学出版社1999年版)等对西方马克思主义的分类。有的书,也把"法兰克福学派的马克思主义"归类到"黑格尔主义的马克思主义"里面。

③ 奇怪的是,这本被翻译为《当代西方马克思主义》的书其英文名字却是 *In the Tracks of Historical Materialism*,尽管其内容多是讨论西方马克思主义在20世纪六七十年代的理论命题,但其关注点则放在了"历史唯物主义"上。

系"①，因此，他们"重视于认识论胜过实体……所有这些人所著的主要著作基本上都集中在认识论问题上，尽管这些作品是辩证的重新阐述，但都使用了令人生畏晦涩难懂的专门术语"②。这种封闭在学院内部的哲学沉思成了马克思主义在欧洲发展的基本处境，尽管1968年革命呈现出某种历史唯物主义（理论与实践）的契机，但是革命的失败，并没有从根本上改变西方马克思主义的这种学院生产的状况，只是关注点不仅仅集中在认识论上，阶级、国家的问题也浮现出来。

由于缺乏某种国际主义的精神，在这些西方马克思主义的流派中，彼此之间的理论对话并不是那么直接，而与阿尔都塞构成直接论战的主要是"黑格尔主义的马克思主义"和"存在主义的马克思主义"。阿尔都塞不仅批评了自卢卡奇以来从马克思回到黑格尔的做法，而且把存在主义以及种种借助《1844年经济学哲学手稿》而产生的社会主义人道主义或人道主义马克思主义的叙述批评为"意识形态"的观念，而不是"科学"的理论。简单地说，这些集中在20世纪60年代的论战，被认为是阿尔都塞把结构主义引入马克思主义的结果。自从1966年12月英国《泰晤士报》的文学副刊使用"结构主义的马克思主义"来介绍阿尔都塞，这个称号就成为标识阿尔都塞的最重要的身份。尽管阿尔都塞在20世纪70年代写就的《自我批评材料》中否认自己是个"结构主义者"，但是，结构主义成为批评或"埋葬"③阿尔都塞的重要理由。而多斯在《结构主义史》中指出，20世纪50年代后半期到60年代结构主

---

① [英]佩里·安德森：《当代西方马克思主义》，余文烈译，东方出版社1989年版，第11页。
② 同上，第12页。
③ 阿尔都塞在1974年写的《自我批评材料》中说："尽管如此，人们显然为了图省事，就硬说我们是'结构主义者'，各国的和各种名目的社会民主党人纷纷用'结构主义'这口棺材把我们庄严地送进土里，并且以马克思主义的名义——当然是他们的马克思主义——把我们埋葬起来。"（《保卫马克思》，商务印书馆1984年版，第237页。）

义在法国思想界起了重要的作用[1]，并对马克思主义构成严峻的挑战。

在安德森的《当代西方马克思主义》这本以"历史唯物主义"为主题的书中，专门讨论了"战后法国文化从马克思主义占主导地位到结构主义乃至后结构主义占主导地位的转变"[2]的问题，并把这种"转变"作为对"结构与主体"这一"解释人类文明发展的历史唯物主义之最重要和最基本的问题之一"[3]的回应。在法国，萨特于20世纪50年代末、60年代初通过对马克思主义和存在主义的综合确立了"个体生命的总体意义"(《辩证理性批判》1960年)，而列维－斯特劳斯则在其结构主义人类学的奠基作品《野性的思维》(1962年)一书中"连撑带轰结束了萨特的历史主义"[4]。随后，阿尔都塞通过马克思主义与结构主义的"调情"[5]肯定了结构主义对历史主义的挑战，安德森对此非常不满[6]("1965年，终于有了一个对马克思主义的回答，但它并不是对结构主义主张的否定，而是对之表示赞同"[7])，认为"阿尔都塞主义在本质构成上也都决定性地依赖于既先于它而存在、又比它存在更长久的结构主义"[8]，这不仅对阿尔都塞1968年后通过对列宁主义的重读在自己的理论中放入阶级、群众的观点考虑不足，而且没有充分认识到阿尔都塞"保卫马克思"的语境，即其在"结构与主体"的视域内

---

[1] 转引自杜小真：《德里达与法国后结构主义》。

[2] [英]佩里·安德森：《当代西方马克思主义》，余文烈译，东方出版社1989年版，第38页。

[3] 同上，第39页。

[4] 同上，第44页。

[5] 阿尔都塞的《自我批评材料》中说："我们在《读〈资本论〉》的某些段落里却没有始终能够说得恰到好处，我们同结构主义术语的'调情'肯定超过了所能允许的限度，因而批评我们的人（除去个别例外）也都觉得这是滑稽可笑的。"(《保卫马克思》，商务印书馆1984年版，第236页。)

[6] 佩里·安德森在《西方马克思主义探讨》一书中曾对阿尔都塞的工作给予高度评价："路易·阿尔都塞的著作在1960年至1965年的出现，标志着法共党内知识分子辩证水平的决定性变化。一个重要的理论体系在法国共产主义组织系统内部第一次得到了明确的阐述，这个理论体系的力量和独创性甚至连它最坚决的反对者也无不承认。阿尔都塞的影响在1960年以后在法国共产党内外都得到了迅速的传播，这使得他在法共历史上占有独一无二的地位。"(人民出版社1981年版，第53页。)

[7] [英]佩里·安德森：《当代西方马克思主义》，余文烈译，东方出版社1989年版，第44页。

[8] 同上，第45页。

来讨论人道主义、异化的问题。

与"结构与主体"相关的问题是"历史与结构"。在法兰克福学派第二代代表人物阿尔弗雷德·施密特的《历史和结构——论黑格尔马克思主义和结构主义的历史学说》一书中,提出了"无结构的历史还是无历史的结构"的问题。在这本书中,施密特非常强调黑格尔对马克思的影响,认为"马克思以不同于黑格尔,但又受惠于黑格尔的方式,把历史过程的主观—客观的双重特性置于自己思考的中心"[1],指出马克思对于历史唯物主义以及辩证法的运用多"起因"于黑格尔,这与阿尔都塞认为马克思的唯物辩证法并非黑格尔的辩证法的简单"颠倒"而是根本性的"断裂"的观点不同。施密特认为"马克思在《资本论》中结构分析的方法与历史发生的方法同时并用"[2],对马克思来说,虽然"逻辑的东西对历史的东西在认识上的优先性"[3],但并不意味着马克思放弃历史的东西,而是在逻辑／历史中建立辩证统一,进而批评阿尔都塞对马克思主义做出"理论上反历史主义"的观点。尽管施密特清醒地指出:"问题并不是在历史辩证方法和结构主义方法之间确立一个简单的对立面"[4],但是阿尔都塞依然被看作"将马克思主义的学说视为同任何真实的历史思想和同人道主义相反的一种'纯粹的'理论"[5],而显然没有充分考虑到阿尔都塞在"科学／意识形态"的"认识论断裂"的意义上,把"历史主义"本身作为意识形态的一部分来批判,以防止相对主义或虚无主义对历史主义的攻击,进而捍卫历史唯物主义的初衷。

这些以"结构或结构主义"的名义对阿尔都塞的批评,为我们提出了两

---

[1] [德]施密特:《历史和结构——论黑格尔马克思主义和结构主义的历史学说》,重庆出版社1993年版,第6页。

[2] 同上,第124页。

[3] 同上,第32页。

[4] 同上,第7页。

[5] 同上,第125页。

个重要的问题:"结构与主体"和"历史与结构",这不仅是马克思主义内部的核心问题,也是阿尔都塞试图处理的关键问题。阿尔都塞使用结构主义的方式来阐释马克思主义,在很大程度上,与他早期的理性主义偏向有关。尽管阿尔都塞在《读〈资本论〉》的意大利文版中承认,这是"沾染了一种错误的倾向"[①]造成的,并在其展开"理论实践"的过程中对"结构主义"保持了充分的警惕[②],但是"结构主义"依然被认为是阿尔都塞阐释马克思主义的重要理论资源。正如施密特所说"他并未用结构主义语言解释(或者只不过很少这样解释)熟悉的马克思主义思想(这样一种解释肯定会用来阐明它)。毋宁说,他直截了当地将各种结构主义的观点表述为马克思主义的观点"[③]。

上面分别讨论了阿尔都塞在历史中的两种在场方式,"西方马克思主义者"和"结构主义马克思主义者"是他以标签的形式铭写到学术史上的身份。通过分析安德森("新左派")对西方马克思主义的叙述和施密特(法兰克福学派)对阿尔都塞的批评,可以引出四个主要的问题:一是理论与实践;二是结构与主体;三是历史与结构;四是哲学与实践。其中,阿尔都塞在20世纪60年代对"理论实践"的思考到70年代转化为对"哲学实践"的论述,都涉及实践的问题。本文就把这四个主题或者说命题作为论文的问题意识,以讨论阿尔都塞对这四个问题的叙述为内容,来展现阿尔都塞处理这些马克思主义理论问题的方式。从方法论上来说,本文尽量从阿尔都塞的内在视野来处理他

[①] [法]路易·阿尔都塞:《自我批评材料》,《保卫马克思》,顾良译,商务印书馆1984年版,第218页。

[②] 阿尔都塞在《哲学和科学家的自发哲学》(1967)中讨论"文科之间跨学科"的问题时,指出人文科学"把一种'方法'外在地应用于随便什么对象(就其'普遍性'而言,这种应用是在赶时髦),这一点在当代最反常的例证就是'结构主义'",在这里,阿尔都塞认为结构主义成为人文学科寻找科学性的方法,其实是一种科学的意识形态或者说"科学家的自发哲学"在作怪。(陈越主编:《哲学与政治:阿尔都塞读本》,吉林人民出版社2003年版,第37页。)

[③] [德]施密特:《历史和结构——论黑格尔马克思主义和结构主义的历史学说》,重庆出版社1993年版,第93页。

所面对的问题，也就是说所有的讨论都建立在对阿尔都塞文本的细读基础之上，来发现其处理问题的方式及其面临的困境。

二 理论与实践

"理论与实践"作为马克思主义理论内部的经典命题，其含义是理论与实践的辩证统一。正如上面已经指出，安德森在《西方马克思主义探讨》和《当代西方马克思主义》这两本书中，有一个贯穿性的主题，就是用历史唯物主义的视野来批评西方马克思主义，坚持"马克思主义理论只有直接和群众革命运动相联系，才能取得合适的形式"[①]的观点。而西方马克思主义无论其关注的问题是"远离经济基础、位于等级制度最顶端的那些特定的上层建筑层次"[②]，还是其"晦涩难懂的专门术语"[③]，都预示着"切断了它本该具有的、与争取革命社会主义的群众运动的纽带"[④]，这种理论与实践的分离，成为安德森对西方马克思主义最重要的批评。但是，阿尔都塞从"认识的生产"的角度，把理论与实践合并为"理论实践"，从而修改了理论与实践的对立关系。

1. 由"实践一般"到"理论实践"

在《保卫马克思》一书的序言中，阿尔都塞批评当时法国理论界没有认真研究马克思的著作，说"我国其他方面的传统十分丰富，唯独理论传统却显得贫乏"[⑤]，这就造成"法国党就是在以上条件下诞生和成长起来的，它没有建立起民族的理论传统，得不到民族理论传统的帮助，其不可避免的结果

---

① [英]佩里·安德森：《西方马克思主义探讨》，高铦等译，人民出版社1981年版，第135页。
② 同上，第97页。
③ [英]佩里·安德森：《当代西方马克思主义》，余文烈译，东方出版社1989年版，第12页。
④ 同上，第11页。
⑤ [法]路易·阿尔都塞：《保卫马克思》，顾良译，商务印书馆1984年版，第4页。

阿尔都塞"理论实践"的意义

是，它没有一个能够造就出理论大师的理论学派"[①]，在这样的背景下，阿尔都塞展开了"理论实践"的工作。对于理论与实践的思考，阿尔都塞引用马克思在《关于费尔巴哈的提纲》第8条中的论述"社会生活在本质上是实践的。凡是把理论导致神秘主义方面去的神秘东西，都能在人的实践中以及对这个实践的理解中得到合理的解决"[②]。从这里可以看出，马克思认为，实践是与理论相对立的一个概念，并且实践对理论有去神秘化的作用，而阿尔都塞调整了这种理论与实践的对立关系。

阿尔都塞在一般的意义上定义了实践的概念："关于实践，我们一般指的是任何通过一定的人力劳动，使用一定的'生产'资料，把一定的原料加工为一定产品的过程。在任何这类实践中，过程的决定性时段（或要素）既不是原料，又不是产品，而是狭义的实践：是人、生产资料和使用生产资料的技术在一个特殊结构中发挥作用的加工阶段。"[③]这个对于"实践一般"[④]的定义，把实践由物质实践扩充为"把一定的原料加工为一定产品的过程"，而"原料"和"产品"也不仅仅是物质，这就使阿尔都塞得以把对"表象、概念、事实"这一原料加工的实践定义为"理论实践"，其"加工的原料（表象、概念、事实）由其他实践（'经验'实践、'技术'实践或'意识形态'实践）所提供"[⑤]，这样，"理论与实践"就合二为一变成"理论实践"。但是，对于阿尔都塞来说，理论实践是为了"在一个具体问题上弥补理论与实践之间的'差距'"，也就是说，

[①] [法]路易·阿尔都塞：《保卫马克思》，顾良译，商务印书馆1984年版，第6页。
[②] [德]马克思、恩格斯：《马克思恩格斯选集》（第一卷），人民出版社1972年版，第18页。
[③] [法]路易·阿尔都塞：《保卫马克思》，顾良译，商务印书馆1984年版，第139页。
[④] 阿尔都塞没有用"实践一般"这个词，但是他对马克思在《〈政治经济学批判〉导言》中提到的"生产一般"即"生产一般是一个抽象，但是只要它真正把共同点提出来，定下来，免得我们重复，它就是一个合理的抽象"[马克思、恩格斯：《马克思恩格斯选集》（第二卷），人民出版社1972年版，第88页。]的概念非常重视，并提出"哲学一般"的概念。（《哲学和科学家的自发哲学》，陈越编：《哲学与政治——阿尔都塞读本》，吉林人民出版社2004年版，第5页。）
[⑤] [法]路易·阿尔都塞：《保卫马克思》，顾良译，商务印书馆1984年版，第140页。

"从理论上去阐述业已以实践状态存在的'解答'"①,因此,这种理论实践不仅仅是列宁所说的"没有革命的理论就没有革命的实践"(即强调理论对实践的指导意义),而是要把在马克思主义的实践中已经存在的理论用理论问题和理论解答的形式加以表达,"因为在实践中承认某个真理的存在并不等于认识了这个真理(不等于上升成为理论),只有思想糊涂的人才把二者混淆起来"②。

之所以会产生理论与实践之间的"差距",是因为理论实践包括"意识形态的"理论实践和"科学的"理论实践,而在阿尔都塞之前对马克思主义实践的理解都是意识形态的理论实践,并没有阐明马克思主义实践的科学性,或者说马克思主义者没有"能取得与《资本论》和一百年来马克思主义者的革命实践相提并论的成果"③。在这里,阿尔都塞把"理论实践"与"革命实践"区别开,似乎暗示"理论实践"与"解释世界"和"革命实践"与"改造世界"的对应关系,但是,阿尔都塞所要求的"理论实践"是指科学的而不是意识形态的理论实践。而科学的理论实践,就是"同它前时期的、意识形态的理论实践划清界限:这种区分的表现形式是理论上和历史上的'质的'中断,用巴什拉尔的话来说,就是'认识论断裂'",或者说,"断裂的每次出现都使科学同它过去的意识形态相脱离,揭露科学的过去是意识形态,从而创建科学"④,而"认识论断裂"就由意识形态的总问题转换为科学的总问题。

可见,阿尔都塞研究"理论实践"的意义或者说任务就是充分认识到马克思主义实践的这种"断裂"性,把马克思主义实践从"意识形态"中拯救出来,否则,就会"一而再、再而三地在理论上和实践中落到形形色色的机会主义泥坑

---

① [法]路易·阿尔都塞:《保卫马克思》,顾良译,商务印书馆1984年版,第137页。
② 同上,第138页。
③ 同上,第142页。
④ 同上,第140页。

中去"①，比如恩格斯和普列汉诺夫从外部把辩证法应用于自然科学的例子。阿尔都塞认为这种"从外部硬搬概念的做法从来不能和理论实践画等号"②，不仅对自然科学不能起任何作用，而且还会是一种"意识形态的桎梏"。

2.认识的生产：认识对象／现实对象

在《从〈资本论〉到马克思的哲学》一文中，阿尔都塞讨论了如何阅读《资本论》的问题，指出"这个问题涉及的是可见领域和不可见领域之间的必然的却是看不见的关系。这种关系把黑暗的不可见领域的必然性规定为可见领域结构的必然结果"③，这就是"症候阅读法"的机密，即把可见／不可见作为同一结构的要素。阿尔都塞把这种阅读／看（按今村仁司的说法就是视觉模式④）作为一种"认识的生产"，也就是说"生产这个词表面上意味着把隐藏的东西表现出来，而实际上意味着改变（以便赋予已经存在的材料以某种符合目的的对象形式）在某种意义上说已经存在的东西"⑤。

进而，阿尔都塞详尽地分析了把认识作为从现实中"开采"出本质的经验认识论⑥，"对于经验主义认识论来说，全部认识同现实结合在一起，认识始终表现为认识的现实对象的内在的关系，这一现实对象的各个实际上不同的组成部分之间的关系"⑦，这实际上就把认识对象与现实对象混同起来了，而"马克思反对这种混同，坚持把现实对象（现实具体，即在现实具体的认识的生产前后

---

① [法]路易·阿尔都塞：《保卫马克思》，顾良译，商务印书馆1984年版，第141页。
② 同上，第142页。
③ [法]路易·阿尔都塞、艾蒂安·巴里巴尔：《读〈资本论〉》，李其庆、冯文光译，中央编译出版社2001年版，第10页。
④ [日]今村仁司：《阿尔都塞：认识论的断裂》，朱建科译，河北教育出版社2001年版。
⑤ [法]路易·阿尔都塞、艾蒂安·巴里巴尔：《读〈资本论〉》，李其庆、冯文光译，中央编译出版社2001年版，第29页。
⑥ 阿尔都塞认为："从现实对象中抽出本质就是真正意义的开采，就像人们所说的，从含金的矿脉或沙里开采（提取或分离）出金。"（阿尔都塞：《读〈资本论〉》，第31页。）
⑦ [法]路易·阿尔都塞、艾蒂安·巴里巴尔：《读〈资本论〉》，李其庆、冯文光译，中央编译出版社2001年版，第35页。

'始终独立地存在于头脑之外的'现实整体）同认识对象区别开来"①。阿尔都塞认为，认识对象是思维的产物，与现实对象不同，而且，这种现实对象的生产过程完全是在现实中进行的，而且按照现实发生过程的现实顺序来完成，相反，认识对象的生产过程却完全是在认识中进行的。因此，"'再现''现实'范畴的思维范畴在这种顺序中的位置不是现实历史发生过程顺序中的位置，它们在认识对象的生产过程中的作用使它们获得了完全不同的位置"②，也就是说，"通过特殊的认识实践掌握世界的方式所涉及的完全是它的对象（认识对象），它不是它所认识的现实对象"③。这种把认识对象／现实对象分开的做法，类似于索绪尔把历史参照物从符号中排除掉一样，因为符号的意义是任意性的，与历史参照物没有必然的联系。

如果说认识对象的生产过程与现实对象的生产过程完全没有关系，是不是就意味着某种唯心主义的倾向呢？阿尔都塞非常及时地指出这种在头脑中对认识对象进行生产过程的思维"并不是同作为物质的现实世界相对立的超验的主体或绝对意识的能力"，而"是历史地在自然现实和社会现实中产生和形成的思维器官所构成的体系"④。这样，阿尔都塞就把"思维"重新历史化、对象化或者说唯物化了，因为"思维本身是由一种结构建立起来的。这种结构把思维所要加工的对象（原料）、思维所掌握的理论生产资料（思维的理论、方法、经验的或其他的技术）同思维借以生产的历史关系（以及理论关系、意识形态关系、社会关系）结合起来"⑤。

在这段非常重要的话中，阿尔都塞一方面把"历史关系"引入思维的认

---

① [法]路易·阿尔都塞、艾蒂安·巴里巴尔：《读〈资本论〉》，李其庆、冯文光译，中央编译出版社2001年版，第36—37页。
② 同上，第37页。
③ 同上，第62页。
④ 同上，第37页。
⑤ 同上。

识生产，另一方面也把这一理论实践的条件放入承担思维的主体之中。进一步说，思维并非在"思维／物质"的二元对立结构这一"唯心主义为了确认和确立自身而生产出来的神话"中获得意义，"它是在同自然保持着一定关系的一定历史社会的现实世界中产生和形成的，它是一种特殊的体系，它是由它的存在条件和它的实践条件所规定的，也就是说是由特有的结构规定的"。在这个意义上，阿尔都塞把认识对象同现实对象区分开来，与其说是为了使认识对象的生产过程获得自主性，不如说是把这种认识的生产重新镶嵌在"一定历史社会的现实世界"的结构之中。这样，阿尔都塞就把理论实践界定在"认识对象"的范围内，而与"现实对象"没有必然直接的关系。因此，"理论实践所固有的认识的生产是完全在思维中进行的过程"[①]，但阿尔都塞的高明之处，在于把认识对象与现实对象严格区分开之后，并没有走向唯心主义，而是强调认识对象由"它的存在条件和它的实践条件所规定"。

3. 马克思的理论革命："唯物辩证法"

阿尔都塞认为，马克思的理论实践或者说理论革命就是唯物辩证法，因为在辩证法的认识生产中产生了"认识论断裂"。对于辩证法的工作方式，虽然马克思最终没有专门写关于辩证法的书，但是在其《政治经济学的方法》一文中，讨论了"抽象"与"具体"的辩证关系。阿尔都塞在《关于唯物辩证法（论起源的不平衡）》一文中，认为在这一辩证法的理论实践或者说认识的生产的过程发生了"认识论断裂"，即"一般乙"在把"一般甲"加工成"一般丙"的理论实践过程中出现了"认识论断裂"，或者说"一般乙"充当了科学的理论实践的角色，这样，马克思在"清算"了以前的"意识形态"之后就进入了"科学"的总问题。这涉及两个命题：一是在"一般甲"和"一般丙"之间，实现了由"意识形态的一般"转化为"科学的一般"，即"认识论断裂"；二是把"一般甲"加工成"一般丙"，即由"抽象"转化为"具体"，

[①] [法]路易·阿尔都塞：《读〈资本论〉》，李其庆、冯文光译，中央编译出版社2001年版，第38页。

而这项工作只涉及理论实践的过程,即完全"在认识过程中"进行,或者说"一般甲"(混沌的表象)与"一般丙"(丰富的总体)都是"认识的思维具体"(认识对象),而不是"作为认识对象的实在具体"(现实对象)。

在阿尔都塞看来,黑格尔正是混淆了认识对象和现实对象,把"抽象概念的自生过程当成了具体实在的自生过程"[①],而费尔巴哈也把二者混淆起来,与黑格尔相反,他"否定科学实践的实在性,否定科学实践的抽象化的有效性,因而最终也就否定认识这一理论'具体'的实在性"[②]。认识对象与现实对象的区分成为马克思的辩证法彻底抛弃了意识形态总问题的关键所在,或者说正如上一节所指出的"认识对象"(一般甲)既具有与现实对象独立的特性,又是受到"特有的结构规定的",兼有具体和抽象的双重性,从而把唯物和辩证巧妙地结合起来。阿尔都塞举"水果"的例子来说明辩证唯物主义的工作方式,黑格尔的看法是水果的一般概念通过自我发展产生了具体的水果,而费尔巴哈的看法是具体的水果产生了水果的抽象概念。在这个意义上,"颠倒"了黑格尔的是费尔巴哈,而不是马克思,因为马克思认为具体的水果"从一开始起,本身就是有关食品的、农业的,甚至巫术的、宗教的和意识形态的不同实践的产物"[③],而不是经验主义意识形态出发点的"具体的水果",或者说"企图从具体的个体中得出纯本质的抽象行为是意识形态的神话"[④]。因此,"一般甲"作为加工的原料仍然是意识形态的概念,而唯物辩证法的工作和生产就是把意识形态的"一般甲"加工成科学的"一般丙"。这样,马克思就在对黑格尔和费尔巴哈的双重批判的基础上与"从前的哲学信仰"做了彻底的"清算"。[⑤]

---

① [法]路易·阿尔都塞:《保卫马克思》,顾良译,商务印书馆1984年版,第161页。
② 同上,第158页。
③ 同上,第162—163页。
④ 同上,第163页。
⑤ [德]马克思、恩格斯:《马克思恩格斯选集》(第二卷),人民出版社1972年版,第84页。

三 结构与主体

20世纪60年代，结构主义思潮对马克思主义的挑战，被安德森归结为"结构与主体"的问题。他在《当代西方马克思主义》中指出，"结构与主体"是马克思主义理论自身的问题，"在马克思的著作中，他一方面把历史变革的原动力归因于生产力与生产关系的矛盾"，"另一方面又将历史变革的原动力归因于阶级斗争"，①前者为结构，后者为主体，而历史唯物主义的任务就是把这两种不同类型的因果关系或解释原则联结起来，这在"马克思主义工人运动史"中体现为经济主义（强调结构）和唯意志论（强调主体）两种极端的论述，可以说，历史唯物主义并没有找到完全解决"结构与主体"的答案。但是，对于阿尔都塞来说，"结构与主体"转化为了"意识形态与主体"的问题，进而，关系到人／主体的异化以及人道主义等一系列问题。这里，需要指出的是，阿尔都塞所要面对的是苏共二十大以来借用《1844年经济学哲学手稿》而形成的人道主义的马克思主义，其"理论上的反人道主义"就是对这种马克思主义人道主义化的批判。

1. 关于人／主体的"来源"问题

马克思在《〈政治经济学批判〉导言》中，批判了政治经济学中经济人的神话，认为那些"被斯密和李嘉图当作出发点的单个的孤立的猎人和渔夫，应归入十八世纪鲁滨孙故事的毫无想象力的虚构"②。其实，早在《1844年经济学哲学手稿》中，马克思就批判了这种把个人／经济人作为出发点的观念，他举亚里士多德的话说"你是你父亲和你母亲所生；这就是说，在你身上，两个人的父媾即人的类行为生产了人"，那么就造成进一步的追问："谁生出了我的父亲？谁生出了他的祖父？"进而，就会提出："谁生出了第一个人

---

① [英]佩里·安德森：《当代西方马克思主义》，余文烈译，东方出版社1989年版，第39页。
② [德]马克思、恩格斯：《马克思恩格斯选集》（第二卷），人民出版社1972年版，第86页。

和整个自然界?"对于这样一种论证思路,马克思说:"你的问题本身就是抽象的产物。请你问一下自己,你是怎样想到这个问题的;请你问一下自己,你的问题是不是来自一个因为荒谬而使我无法回答的观点;请你问一下自己,那个无限的过程本身对理性的思维来说是否存在。既然你提出自然界和人的创造问题,你也就把人和自然界抽象掉了。你设定它们是不存在的,你却希望我向你证明它们是存在的。"①

马克思如此反对这种把事物"抽象"的解释,是因为与抽象相对的是具体的历史。马克思对这些资产阶级政治经济学家进行批判,是因为他们认为"这种个人不是历史的结果,而是历史的起点。因为,按照他们关于人类天性的看法,合乎自然的个人并不是从历史中产生的,而是由自然造成的","我们越往前追溯历史,个人,也就是进行生产的个人,就显得越不独立,越从属于一个更大的整体"。换句话说,个人是历史的产物,这实际上也就是马克思为"人"下的定义,即"人是最名副其实的社会动物,不仅是一种合群的动物,而且是只有在社会中才能独立的动物",②这样,马克思把"人"从自然中分离出来,又放入历史／社会的范畴,防止了人的自然化。这里的自然不再指一种客观化的对象(即自然化的自然),而成为一种区别于历史的解释学的动力源之一(即自然而然),或者如美国著名马克思主义学者弗雷德里克·杰姆逊所说"自然是无意义的,这是达尔文意义上的无意义,人类生命中也没有目的,只不过是些偶然事件罢了,而历史是有意义的"③。

阿尔都塞在《马克思主义和人道主义》一文中,指出"从1845年起,马克思同一切把历史和政治归结为人的本质的理论彻底决裂"④,这种"认识论的决裂"体现在,马克思制定出建立在崭新概念基础上的历史理论和政治理

---

① [德]马克思:《1844年经济学哲学手稿》,人民出版社1985年版,第91—92页。
② [德]马克思、恩格斯:《马克思恩格斯选集》(第二卷),人民出版社1972年版,第87页。
③ [美]杰姆逊:《后现代主义与文化理论》,唐小兵译,北京大学出版社1997年版,第89页。
④ [法]路易·阿尔都塞:《保卫马克思》,顾良译,商务印书馆1984年版,第196页。

论，或者说历史的概念被"社会形态、生产力、生产关系、上层建筑、意识形态、经济起最后决定以及其他特殊的决定因素等"[①]所填充，在这个时候，人道主义在马克思那里就成为意识形态的叙述。

2."异化"叙述背后的历史目的论

苏共二十大之后，由于斯大林主义的影响，使马克思主义一度陷入困境，而《1844年经济学哲学手稿》（简称《手稿》）为欧洲左翼知识分子捍卫马克思或者说重新发现马克思提供了契机，尤其是《手稿》中对人的异化的论述，发展出了马克思主义的人道主义，为批判斯大林主义提供了马克思主义的基础。《手稿》是马克思第一次试图对资本主义经济制度和资产阶级政治经济学进行批判性考察，并初步阐述自己的新的经济学、哲学观点和共产主义思想的一部早期文稿，其中，详细论述了"生产"的概念，并把"生产"与劳动、异化放在一起来讨论。正如阿尔都塞所指出的"《1844年手稿》的理论体系所依靠的是人的本质、异化、异化劳动这三个基本概念"[②]。

马克思认为"劳动首先是人与自然之间的一个过程，在这过程中，人由他自己的活动，来引起，来调节，来统制人与自然之间的物质交换"[③]，或者说"劳动这种生命活动、这种生产生活本身对人来说不过是满足一种需要即维持肉体生存的需要的一种手段"[④]。马克思使用动物的劳动来界定人的劳动，"诚然，动物也生产。它为自己营造巢穴或住所，如蜜蜂、海狸、蚂蚁等。但是，动物只生产它自己或它的幼仔所直接需要的东西；动物的生产是片面的，而人的生产是全面的；动物只是在直接的肉体需要的支配下生产，而人甚至不受肉体需要的影响也进行生产，并且只有不受这种需要的

---

① [瑞士]费尔迪南·德·索绪尔：《普通语言学教程》，高名凯译，商务印书馆2001年版，第196—197页。
② [法]路易·阿尔都塞：《保卫马克思》，顾良译，商务印书馆1984年版，第221页。
③ [德]马克思：《资本论》（第一卷），人民出版社1953年版，第191—192页。
④ [德]马克思：《1844年经济学哲学手稿》，人民出版社1985年版，第57页。

影响才进行真正的生产；动物只生产自身，而人再生产整个自然界；动物的产品直接属于它的肉体，而人则自由地面对自己的产品。动物只是按照它所属的那个种的尺度和需要来构造，而人懂得按照任何一种的尺度来进行生产，并且懂得处处都把内在的尺度运用于对象；因此，人也按照美的规律来构造"①。或者用更形象的说法是"使最拙劣的建筑师都比最巧妙的蜜蜂更优越的，是建筑师以蜂蜡筑蜂房以前，已经在他的头脑中把它构成了"②。所以说正是由于这种"有意识的生命活动把人同动物的生命活动直接区别开来"③，马克思强调一种人的意识赋予了劳动／生产特殊的本质。

这种主体由异化之前的"非异化"到"异化"再到异化之后的"去异化"的理论生产的过程，是以生产力的发展为结构动因的经济／历史作为保证的，共产主义既在生产力上达到最高又实现了人／主体的全面自由的发展。在主体异化的逻辑背后隐含着历史目的论，或者说这种"异化／去异化"的历史过程预设了假设异化之前和异化之后的非异化状态，这就暗含主体存在着透明自足的状态，这与阿尔都塞对主体的理解是不同的。

在论述"理论实践"时，他提到思维着的主体（个体）在认识生产中的地位，指出"理论实践"虽然在头脑中或者说思维中来完成，但是"马克思这样说，丝毫也没有陷入意识唯心主义、精神唯心主义或思维唯心主义"④，因为"这种一定的现实性决定着单个个体的'思维'的地位和作用。单个个体只能'思考'已经提出或者可能提出的'问题'"⑤，或者说"正是理论实践

---

① [德]马克思：《1844年经济学哲学手稿》，人民出版社1985年版，第57—58页。
② [德]马克思：《资本论》（第一卷），人民出版社1953年版，第192页。
③ [德]马克思：《1844年经济学哲学手稿》，人民出版社1985年版，第57页。
④ [法]路易·阿尔都塞、艾蒂安·巴里巴尔：《读〈资本论〉》，李其庆、冯文光译，中央编译出版社2001年版，第37页。
⑤ 同上，第38页。

条件的这一体系赋予思维着的主体（个体）在认识生产中的地位和作用"[1]。从这里可以看出，主体并没有获得思维的自足，阿尔都塞更强调主体要受理论实践条件的制约，主体（个体）并非透明自足的，并且，这种非透明性，是与阿尔都塞的"意识形态没有历史"的观点有关的，"历史唯物主义不能设想共产主义社会可以没有意识形态，不论这种意识形态是伦理、艺术或者'世界的表象'"[2]。

四 历史与结构

阿尔都塞被命名为结构主义马克思主义者，对其最主要的批评，就是指责他用"结构"替代了"历史"，尤其是其提出了"马克思主义不是历史主义"的观点。从某种意义上说，"历史/结构"可以转化为结构主义的概念"历时/共时"的关系。按照杰姆逊的说法："在马克思主义传统中，用历史的眼光看待事物和从社会学的角度看待事物之间有一种紧张关系，一种是从事件发生的先后角度来看问题，另一种则是从结构出发，两种方法之间有某种张力。我认为这种抗衡是一直存在的，而且也无法摆脱，这也许是历时与共时的另一种表现形式"[3]。具体地说，历时就是将生产方式的发展看成是一个历史的序列，这涉及历史唯物主义的方法，而共时则是把每一生产方式作为一个包含不同层次的共时系统来考察，即马克思对上层建筑和基础的划分。施密特在《历史与结构》一书中强调"马克思在《资本论》中结构分析的方法与历史发生的方法同时并用"[4]，对阿尔都塞把《资本论》解读为"无

---

[1] [法]路易·阿尔都塞、艾蒂安·巴里巴尔：《读〈资本论〉》，李其庆、冯文光译，中央编译出版社2001年版，第37—38页。

[2] [法]路易·阿尔都塞：《保卫马克思》，顾良译，商务印书馆1984年版，第202页。

[3] [美]杰姆逊：《后现代主义与文化理论》，唐小兵译，北京大学出版社1997年版，第73—74页。

[4] [德]施密特：《历史和结构——论黑格尔马克思主义和结构主义的历史学说》，重庆出版社1993年版，第124页。

主体魅影

历史的结构"提出了批评，但是，阿尔都塞并非要在历史／结构的二元结构中做出选择，而是在他看来，研究资本主义社会的机体在马克思政治经济学的研究方案中具有优先性。

1. 马克思政治经济学的研究方案

从马克思对政治经济学研究方案的论述中，阿尔都塞得出"使我们能够理解范畴的不是范畴的历史起源，也不是它们在先前形式中的结合，而是它们在现实社会中的结合体系，这种体系赋予我们这种结合的变化的概念，从而也使我们能够理解过去的形态。同样，只有对现实认识作用机制的说明才能使我们理解先前的作用"①，这就反映马克思在研究现代资产阶级社会时，虽然把资产阶级社会理解为历史的结果／产物，但是，"问题不在于各种经济关系在不同社会形式的相继更替的序列中在历史上占有什么地位，更不在于它们在'观念上'（蒲鲁东）（在历史运动的一个模糊表象中）的次序，而在于它们在现代资产阶级社会内部的结构"②。

阿尔都塞指出马克思的研究对象是被思考为历史结果的现实资产阶级社会，这与马克思把对资产阶级社会的研究放在优先位置是一致的。他认为，"马克思把现实社会（以及以往的一切社会形式）既看作结果又看作社会"，这就涉及两个问题，第一个问题是"阐明历史借以把现实资本主义生产方式作为结果生产出来的机制"，第二个问题是"要理解这种结果是社会生产方式，是社会存在形式，而不是任何一种存在形式"。③第一个问题是一种生产方式向另一种生产方式转化的机制理论，而第二个问题回答的是生产方式结构理论，即"只能通过'机体'理论即社会现实结构理论来理解这一社会"。这样，阿

---

① [法]路易·阿尔都塞、艾蒂安·巴里巴尔：《读〈资本论〉》，李其庆、冯文光译，中央编译出版社2001年版，第66页。
② [德]马克思：《资本论》（第二卷），人民出版社1972年版，第110页。
③ [法]路易·阿尔都塞、艾蒂安·巴里巴尔：《读〈资本论〉》，李其庆、冯文光译，中央编译出版社2001年版，第67页。

尔都塞认为马克思"所追求的完全不是理解作为历史的结果的社会的产生机制，而是理解这种结果即现存的现实社会产生社会作用的机制"。在这个意义上，阿尔都塞强调社会／结构对历史的优越地位，这也为阐述"马克思主义不是历史主义"的观点奠定了基础。

2.反历史主义：逻辑顺序／历史顺序

马克思在《资本论》第一卷第二版跋中回应了针对其辩证法的批评，指出："在形式上，叙述方法必须与研究方法不同。研究必须充分地占有材料，分析它的各种发展形式，探寻这些形式的内在联系。只有这项工作完成以后，现实的运动才能适当地叙述出来。这点一旦做到，材料的生命一旦观念地反映出来，呈现在我们面前的就好像是一个先验的结构了。"①在这里，马克思提出"叙述方法"与"研究方法"的不同，这也就是"所谓的'逻辑'顺序（即《资本论》中的范畴'演绎'顺序）和现实'历史'顺序之间是否存在着同一性的问题"②。

这个问题与认识对象和现实对象的区分有关，"逻辑顺序"只存在于认识中出现的顺序，而"历史顺序"则是在历史现实中出现的顺序，所以，它们之间有着根本的区分。在"马克思政治经济学的研究方案"一节中，我讨论了马克思要优先研究资产阶级社会的问题，而阿尔都塞则推论出马克思在《资本论》中要用社会结构来解决历史的产物的问题。因此，"把经济范畴按它们在历史上起决定作用的先后次序来安排是不行的，错误的。它们的次序倒是由它们在现代资产阶级社会中的相互关系决定的，这种关系同看来是它们的合乎自然的次序或者同符合历史发展次序的东西恰好相反"③。

这种"逻辑顺序"与"历史顺序"的关系背后涉及辩证唯物主义和历时

---

① [德]马克思、恩格斯：《马克思恩格斯选集》（第二卷），人民出版社1972年版，第217页。
② [法]路易·阿尔都塞、艾蒂安·巴里巴尔：《读〈资本论〉》，李其庆、冯文光译，中央编译出版社2001年版，第43页。
③ [德]马克思：《资本论》（第二卷），人民出版社1972年版，第110页。

唯物主义之间的关系，进而涉及马克思主义理论与现实历史的关系。在马克思论述辩证法的运动方式时，就指出："具体之所以具体，因为它是许多规定的综合，因而是多样性的统一。因此它在思维中表现为综合的过程，表现为结果，而不是表现为起点，虽然它是现实中的起点，因而也是直观和表象的起点。"①也就是说，具体是"思维／逻辑"的结果，是"现实／历史"的起点，或者说思维是以现实的结果作为起点的，正如马克思对资产阶级社会的分析建立在资产阶级社会是历史结果的基础之上。那么，这种对于社会／结构的分析如何能够说明是历史的产物呢？或者说"逻辑顺序"与"历史顺序"在什么意义上具有同一性呢？这显然关系到马克思使用辩证法／叙述方法能否抵达历史的问题，这也就是能否贯彻历史唯物主义的核心。

对于这一问题，阿尔都塞的回答是，"概念在分析中出现的顺序就是马克思科学论证的顺序：这个顺序与某一范畴在历史上出现的顺序之间没有任何直接的、对应的关系"②，也就是说逻辑顺序和历史顺序是否具有同一性并不重要，重要的是维持二者的区别，这正是阿尔都塞批判对马克思主义进行历史主义解释的原因。所谓"历史主义"，按照在法国哲学家雷蒙·阿隆在《论治史：法兰西学院课程》一书中引用经典德语史学著作梅尼克的《历史主义的兴起》和勒尔奇的《历史主义与它的问题》对历史主义的解释是"历史主义（Historismus）是一种人类史学观，根据这一史学观，人类的演变取决于各社会、各时代的基本差异，所以也取决于每个时代、每个社会所特有的多元化价值"③，用这种"多元化价值观"进行阐释的结果就是导致"所有人类的思想都是历史性的，因而对于把握任何永恒的东西来说都是无能为力的"④，也

---

① [德]马克思：《资本论》（第二卷），人民出版社1972年版，第103页。
② 同上，第45页。
③ [法]雷蒙·阿隆：《论治史：法兰西学院课程》，冯学俊、吴泓缈译，生活·读书·新知三联书店2003年版，第4页。
④ [美]列奥·施特劳斯：《自然权利与历史》，彭刚译，生活·读书·新知三联书店2003年版，第13页。

就是说在这种"贬斥普遍原则而崇尚历史原则"的视野中,"所有的人类的思想都是依赖于特定的历史背景的,这一历史背景是承继此前多少有些不同的背景而来的,对于此前的背景来说,它又是以某种根本不能预料的方式出现的。这就是说,人类思想是由不可预料的经验或决断来奠基的。由于所有的人类思想都属于特定的历史情形,所有的人类思想就都注定了要随着它所属于的历史情形而衰落,被新的、不可预料的思想所取代"[1],这样,历史主义就会导致相对主义和虚无主义。

对此,阿尔都塞保持着充分的警惕,他在分析葛兰西、科莱蒂、萨特为了避免"使马克思主义陷入形而上学,从而导致以恩格斯为宗师的自然哲学的复活"而对马克思主义做了历史主义的解释以后,指出"对马克思主义的历史主义解释会造成的最后结果是实践上否定历史科学(历史唯物主义)和马克思主义哲学(辩证唯物主义)之间的差别。在这一最后的还原中,为了历史理论,马克思主义哲学就失去了存在的理由:辩证唯物主义消失在历史唯物主义之中了"[2]。这种"把一个哲学论断看作在一定历史时期是真实的,也就是一定历史行动和一定实践的必然的和不可分离的表现",在阿尔都塞看来不过是颠倒位置的黑格尔历史主义,即"从思辨哲学过渡到'具体哲学',从思辨的辩证法过渡到现实的辩证法",[3] 显然这与阿尔都塞所强调的"理论实践"以及后期经常论述"新的哲学实践"的看法是根本对立的。因此,阿尔都塞认为"马克思主义是反历史主义的",以维护马克思主义的科学性而不受历史主义的侵害。

3.由"不平衡理论"到"多元决定论"

在《政治经济学批判》序言中,有一段关键性的话成为马克思从事政治经济学研究的最终目的:"人们在自己生活的社会生产中发生一定的、必然

---

[1] [美]列奥·施特劳斯:《自然权利与历史》,彭刚译,生活·读书·新知三联书店2003年版,第20页。
[2] [法]路易·阿尔都塞、艾蒂安·巴里巴尔:《读〈资本论〉》,李其庆、冯文光译,中央编译出版社2001年版,第156页。
[3] 同上,第157页。

的、不以他们的意志为转移的关系,即同他们的物质生产力的一定发展阶段相适合的生产关系。这些关系的总和构成社会的经济结构,即有法律的和政治的上层建筑竖立其上并有一定的社会意识形态与之相适应的现实基础。物质生活的生产方式制约着整个社会生活、政治生活和精神生活的过程。不是人们的意识决定人们的存在,相反,是人们的社会存在决定人们的意识。社会的物质生产力发展到一定阶段,便同它们一直在其中活动的现存生产关系或财产关系(这只是生产关系的法律用语)发生矛盾。于是这些关系便由生产力的发展形式变成生产力的桎梏。那时社会革命的时代就到来了。随着经济基础的变更,全部庞大的上层建筑也或慢或快地发生变革。在考察这些变革时,必须时刻把下面两者区别开来:一种是生产的经济条件方面所发生的物质的、可以用自然科学的精确性指明的变革,一种是人们借以意识到这个冲突并力求把它克服的那些法律的、政治的、宗教的、艺术的或哲学的,简言之,意识形态的形式。"[1]马克思在这里提出了"基础"和"上层建筑"的概念,并说它们的关系是"基础"制约并决定"上层建筑",而且"意识形态的形式"与"生产的经济条件"随着"经济基础的变更"情况并不一样,意识形态的变革无法用自然科学精确指明并且会"或快或慢"。进而,马克思又提出"物质生产的发展例如同艺术生产的不平衡关系",并举希腊艺术的例子来论证"不平衡"的合理性。说明希腊艺术受到社会物质生产力的影响或者说支配并不难,只要用唯物主义的方法就能轻易地达到,难的是历史主义无法阐释"一种规范和高不可及的范本"。

在艺术生产与物质生产的不平衡规律背后是"上层建筑/基础"的结构与历史主义支撑下的物质生产之间的冲突,而阿尔都塞正是针对这种"冲突"把意识形态与经济基础的关系修改为"多元决定论",把"上层建筑/基础"的二元论调整为"复杂整体的统一性","复杂整体具有一种多环节主导结构的统一性。归根到底,正是这种特殊结构确立了矛盾与矛盾之间,各

---

[1] [德]马克思:《资本论》(第二卷),人民出版社1972年版,第82—83页。

矛盾方面之间存在的支配关系；毛泽东指出，这种支配关系是矛盾的基本关系"①，这与"黑格尔的总体是简单统一体和简单本原的异化发展"②不同，因为后者没有主导矛盾，把任何特定的矛盾都看成是同质的、无差别的。

而阿尔都塞强调复杂整体的差异性和主导结构，这就把"矛盾的'差异'（在任何复杂过程中必有一个主要矛盾，在任何矛盾中必有一个主要矛盾方面）与复杂整体的存在条件结成一个不可分割的整体"③，也就是说矛盾的差异性是在整体／结构／共时之中呈现出来的，这种似乎是分享了结构主义观点的看法，与阿尔都塞强调社会／结构对历史的优越地位是一致的，或者说他把可能是历史状态存在的矛盾放置在了同一结构之中，"每个矛盾的现实存在条件的内部，恰恰是构成整体统一性的这一主导结构的表现"④。

这种看法体现在马克思论述"生产与分配、交换、消费的一般关系"中。在阿尔都塞看来，生产是主导结构，生产与消费、生产与分配、交换与流通所体现的则是不同矛盾在同一总体中的互为依存或条件的关系。这样，阿尔都塞就把马克思的"上层建筑""经济基础"转化为同一个结构内部的不同矛盾，把处于物质生产与艺术生产的不平衡问题转化为同一结构内部的不同矛盾之间的转移和压缩（阿尔都塞借用精神分析的概念来阐述矛盾之间的变化），尽管他从来都不否认经济"归根到底"是决定性因素，但这种"决定性因素仅仅在最后的层次上才起决定的作用"⑤。

五 哲学与实践

自从柯尔施写作《马克思主义与哲学》和卢卡奇发表《历史与阶级意

---

① [法]路易·阿尔都塞：《保卫马克思》，顾良译，商务印书馆1984年版，第174页。
② 同上，第175页。
③ 同上，第176页。
④ 同上，第177页。
⑤ [法]路易·阿尔都塞：《亚眠的答辩》，中共中央马克思恩格斯列宁斯大林著作编译局、《马列主义研究资料》编辑部编：《马列主义研究资料》（1986年第3—4辑合刊），人民出版社1986年版，第300页。

识》以来，这种"专业哲学家"就在西方马克思主义的"共同学术传统"中占据压倒性优势，安德森认为"整个西方马克思主义的隐蔽标志只是一个失败的产物而已"①。这种通过外在的政治经济学基础来解释西方马克思主义的做法，似乎可以为西方马克思主义转向哲学提供历史唯物主义的动因，但是这种叙述却遮蔽了西方马克思主义者对"经典传统"的批判视野。因此，与其说马克思主义者在政治上的失败孕育了西方马克思主义，不如说西方马克思主义通过特殊的方式回应了这种政治上的失败。对于阿尔都塞来说，不仅要做"哲学家"，而且要成为"马克思主义哲学家"，这与他要以哲学家的身份来阅读《资本论》以及确立一种"新的哲学实践"的论述有关，而"哲学实践"与第一章论述的"理论实践"不同，与葛兰西把有机知识分子参与文化领导权的阵地战的行为作为一种"实践哲学"也不同。

1."马克思主义哲学家"

阿尔都塞在《读〈资本论〉》中指出："直至最近一个时期，《资本论》还只是被'专家们'即经济学家和历史学家们阅读。……成千上万的正在战斗的工人研究过这部著作，经济学家和历史学家阅读过它，但很少有哲学家，即能够对《资本论》提出关于它的对象的特殊性质这个先决性问题的'专家'阅读它。"②我的问题是：阿尔都塞为什么要以哲学家的身份来阅读《资本论》？或者说，为什么要把《资本论》当作哲学著作来读呢？这种哲学家的身份／角色与马克思关于"哲学家们只是用不同的方式解释世界，而问题在于改变世界"的经典表述是否冲突呢？这都涉及阿尔都塞对马克思主义哲学

---

① [英]佩里·安德森：《西方马克思主义探讨》，高铦等译，人民出版社1981年版，第58页。在《当代西方马克思主义》中更具体地指出："自俄国革命胜利和孤立之后，西方马克思主义经历了很长时期的形成过程，它基本上是1911年布尔什维克首次突破之后，欧洲大陆发达资本主义堡垒中工人运动一再失败的产物。"

② [法]路易·阿尔都塞、艾蒂安·巴里巴尔：《读〈资本论〉》，李其庆、冯文光译，中央编译出版社2001年版，第81页。

阿尔都塞"理论实践"的意义

的理解。

对于阿尔都塞来说,作为"哲学家"与成为"马克思主义者"是密切相关的问题。因为哲学家是知识分子,是小资产阶级,他们作为群体服从于资产阶级和小资产阶级意识形态①,"他们在资产阶级教育制度中的作用,就是充当意识形态专家,向大部分青年学生反复灌输(不管是批判的还是后批判的)统治阶级意识形态的教条"②。因此,即使他们在政治上成为革命者,但是在意识形态上"一开口,就是小资产阶级意识形态在说话"③。在这里,阿尔都塞把意识形态作为阶级立场的透明表征,或者说阶级立场成为意识形态的本质。要由小资产阶级在政治和理论方面变成同无产阶级"血肉相连的知识分子"(葛兰西),就必须接受"革命教育",即"知识分子必须在他们的思想中进行剧烈的革命:长期的、痛苦的和困难的再教育。无休止的外部的和内心的斗争"④,这样才能具有无产阶级的阶级立场,而"哲学"就成为连接哲学家与马克思主义者的意识形态桥梁。但是他又认为"马克思主义哲学存在着,却又从来没有被当作'哲学'来生产"⑤,这是否对具有"哲学家"与"马克思主义者"两种身份的阿尔都塞构成内在的矛盾呢?

---

① 阿尔都塞在《列宁和哲学》的附言里指出:"哲学教师是教师,即这样的一些知识分子:他们在一种给定的教育制度中被雇佣,服从于那个制度,作为群体履行着反复灌输'占统治地位的意识形态价值'的社会功能。至于在学校和其他机构中可能有一定量的'游戏',使得个别教师可以用他们的教学和思考来反对这些既定的'价值',这个事实也并没有改变哲学教育功能的群体效果。哲学家是知识分子,因而也是小资产者,他们作为群众服从于资产阶级和小资产阶级意识形态。"(选自陈越编:《哲学与政治:阿尔都塞读本》,第170页。)

② [法]阿尔都塞:《列宁和哲学》,陈越编:《哲学与政治:阿尔都塞读本》,吉林人民出版社2003年版,第137页。

③ [法]阿尔都塞:《哲学是革命的武器——回答玛丽亚·安东尼埃塔·玛其奥奇的提问》,《国外社会科学动态》1980年第3期。

④ 同上。

⑤ [法]阿尔都塞:《哲学的改造》,陈越编:《哲学与政治:阿尔都塞读本》,吉林人民出版社2003年版,第222页。

主体魅影

在《哲学的改造》中，阿尔都塞把"马克思主义工人运动史"（而不是"马克思主义哲学史"）中的哲学家分为两类：一类是马克思、恩格斯、列宁、葛兰西、毛泽东；一类是卢卡奇、斯大林、普列汉诺夫、波格丹诺夫。前者是"接受了哲学的塑造，却又拒绝从事哲学写作"的马克思主义者，因为以"哲学"的方式来生产哲学是资产阶级意识形态的一部分，这也就是马克思所批评的解释世界的"哲学家们"。因此，他们对从事哲学写作的人／知识分子表现出极大的不信任，这导致知识分子在社会主义国家处于非常暧昧的地位。后一类则被看成从事哲学生产的马克思主义者，尤其是斯大林"使马克思主义哲学转向某种可以通过物质来理解各种哲学论点的唯物主义本体论或形而上学"①。而历史实践证明了前者的正确性，所以，阿尔都塞认为"把哲学当作'哲学'来生产是一种加入到对手的游戏中去的做法"②，因此"马克思主义所需要的哲学绝不是被当作'哲学'来生产的哲学，而毋宁是一种新的哲学实践"③。这种拒绝哲学生产的哲学实践，显然改造了安德森所叙述的西方马克思主义者把马克思主义哲学化的统一特征，或者说阿尔都塞所要从事的哲学实践是一种不把哲学当作哲学生产的"新的哲学实践"，这也就是阿尔都塞所认为的"哲学家"的工作了。阿尔都塞认为马克思主义哲学存在着，只是没有以"哲学"的方式来生产罢了，以非哲学的方式生产的哲学就是"新的哲学实践"，即马克思主义哲学，这就与被马克思称为"解释世界"的哲学家们的哲学生产区分开来。在阿尔都塞看来，马克思是第一个进行这种"新的哲学实践"的人，或者说马克思"在《资本论》的写作中实践了他从未写过的哲学"④，而阿尔都塞阅读《资本论》的目的就是要找出马克思的"新的哲

---

① [法]阿尔都塞：《列宁和哲学》，陈越编：《哲学与政治：阿尔都塞读本》，吉林人民出版社2003年版，第245页。
② 同上，第246页。
③ 同上。
④ 同上，第244—245页。

学实践"的成果,即马克思主义哲学,这就是他尤为强调以"哲学家"的身份来阅读《资本论》的内在原因。

阿尔都塞认为,列宁是第一个"从哲学家的角度阅读和理解《资本论》"的人①。在《列宁与哲学》中,阿尔都塞通过对列宁的《唯物主义和经验批判主义》的解读,来回答解释世界与改变世界的之间关系("只是从列宁开始,费尔巴哈提纲第11条里预言般的语句才终于获得了实质内容和意义"②),指出"真正的问题在于列宁通过倡导一种完全不同的哲学实践,使得那种传统的实践本身成了问题"③。"这种完全不同的哲学实践"就是指"把哲学实践的最终本质定义为对于理论领域的干预。这种干预采取了双重的形式:在它对一些确定范畴的提法上是理论的;在这些范畴的功能上是政治的。这种功能包括:在理论领域内,在被宣布为正确的观念和被宣布为错误的观念之间、在科学的东西和意识形态的东西之间'划清界限'。这种界限的作用有两种:就其有助于某种实践(科学实践)而言是肯定性的,就其捍卫这种实践以防止某些意识形态概念(这里是唯心主义和教条主义概念)的威胁而言是否定性的"④,这种"划清界限"的干预行动就成为"新的哲学实践"的任务,也就是与"解释世界"的哲学家们的哲学生产不同的哲学实践,这被阿尔都塞看作是一次理论事件的"认识论断裂"。

---

① 阿尔都塞在对"哲学家"所做的注释中提到:"基于一些极其深刻的原因,实践上往往是那些不是职业哲学家的政治活动家和政治领袖懂得从哲学家的角度阅读和理解《资本论》。列宁就是最出色的榜样。他对《资本论》的哲学的理解使得他的经济和政治的分析的深刻性、严格性和尖锐性达到无与伦比的程度。……我们可以从中研究行动中的、'实践'状态的马克思主义哲学,即成为政治、政治行动、政治分析和政治决策的马克思主义哲学。"(《读〈资本论〉》,中央编译出版社2001年版,第226页。)

② [法]阿尔都塞:《列宁和哲学》,陈越编:《哲学与政治:阿尔都塞读本》,吉林人民出版社2003年版,第169页。

③ 同上,第136页。

④ 同上,第163页。

但是，阿尔都塞并没有把"新的哲学实践"仅看作"改造世界"，因为哲学实践所进行的依然是一场意识形态的或者说葛兰西意义上的领导权的斗争，尽管"不存在脱离意识形态的实践，并且任何实践——包括科学的实践在内——都要通过某种意识形态来实现自身"[①]。因此，"哲学只有通过作用于现存的一整套矛盾着的意识形态之上，作用于阶级斗争及其历史能动性的背景之上，才能获得自我满足"[②]。也就是说"哲学是一场每个人对每个人的战争，是作为阶级斗争在哲学中的影响与回声的那种永恒之战"[③]，而"马克思主义哲学家的任务就是去创造新的哲学干预的形式，以加速资产阶级意识形态领导权的终结"[④]。在这里，阿尔都塞所强调的依然是哲学在阶级斗争中的作用，或者说"哲学在理论中适应并延续着阶级斗争，从而回应了一种基本的政治必要性"[⑤]。因此，"马克思主义不是一种（新的）实践哲学，而是一种（新的）哲学实践"[⑥]。

可以说，阿尔都塞用这种作为划分科学与意识形态界限的"哲学实践"替换了哲学生产，其背后的叙述逻辑是用马克思主义"哲学实践"来替换资产阶级意识形态的"哲学生产"，也就是说真正的马克思主义哲学家"必须懂得如何进行划分、分割和划清界限"[⑦]。这种阿尔都塞对马克思、列宁的阅读或者说理论干预，都可以看作是其作为马克思主义哲学家的工作和实践方式。

---

① [法]阿尔都塞：《哲学的改造》，陈越编：《哲学与政治：阿尔都塞读本》，吉林人民出版社2003年版，第238页。

② 同上。

③ [法]阿尔都塞：《列宁和哲学》，陈越编：《哲学与政治：阿尔都塞读本》，吉林人民出版社2003年版，第244页。

④ 同上，第248页。

⑤ 同上，第241页。

⑥ 同上，第169页。

⑦ [法]阿尔都塞：《哲学的改造》，陈越编：《哲学与政治：阿尔都塞读本》，吉林人民出版社2003年版，第165页。

2."马克思主义哲学史"

阿尔都塞对"马克思主义哲学史"保持着谨慎的态度,他在《列宁与哲学》中讨论列宁在马克思主义哲学中的地位时,指出:"我不能指望就此勾勒出马克思主义哲学史的轮廓。我还不可以这样做,并且这是因为一个完全具有决定作用的原因:我们必须先搞清楚我打算给它写历史的这个未知数到底是什么,而在搞清楚这一点之后,我还必须能够知道这个未知数到底有没有历史,也就是说,它有没有权利拥有历史"①,这就涉及哲学有没有历史的问题。

马克思在《德意志意识形态》中认为,像宗教和伦理一样,哲学不过是意识形态中的一种,因为意识形态没有历史,所以哲学也没有历史,而科学就是不断地割裂意识形态,"通过行动打破掩盖着它的种种意识形态来揭示它:这些意识形态中首屈一指的便是哲学"②。但是,"认识论断裂"之后,马克思"从先前只有历史哲学的地方创建了历史科学"即历史唯物主义,但是,"新的哲学实践"并没有随之诞生,"如果像马克思主义哲学之类的东西有朝一日可能诞生的话,那么看来,它必须经过一个总是把哲学的重组和引起这种重组的科学革命分隔开来的长久间隔,然后从这门科学的母体里孕育出来——这门科学对现有的科学来说,当然是它们的一个全新的姐妹,但恰恰又是一个奇怪的姐妹"③。

直到列宁在《唯物主义和经验批判主义》一书中才把这种"新的哲学实践"表达出来,"唯物主义哲学尤其关心在科学实践中发生的事情,并且是以它独有的方式来关心的,因为它以自己的唯物主义论点表述着科学家对于他们科学对象的存在和对于他们知识的客观性的'自发的'信念"④,进而

---

① [法]阿尔都塞:《哲学的改造》,陈越编:《哲学与政治:阿尔都塞读本》,吉林人民出版社2003年版,第138页。
② 同上,第141页。
③ 同上,第143—144页。
④ 同上,第155页。

"哲学史"被列宁表述为唯心主义与唯物主义之间的斗争,哲学没有真正的历史,因为"在哲学理论里,就体现着该对立中两个敌对倾向彼此抗衡的游戏。因此,哲学史无非是在这种重复颠倒中的无所发生"[①]。

进而,阿尔都塞因为哲学不可能证明唯物主义的根本原则,它不像科学那样能证明自己对象的属性,认为哲学没有对象。"由于哲学没有任何对象,在哲学中也就并无事情可以发生。它的无历史,只是重复了它的无对象"[②],这在很大程度就与阿尔都塞在20世纪60年代在《保卫马克思》《读〈资本论〉》中,将哲学定义为"理论实践的理论"[③]发生了转变。

3."理论实践"与"哲学实践"的意义

在第二节和第五节中,分析了阿尔都塞的"理论实践"和"哲学实践"的具体所指。"理论实践"主要体现在他对马克思及其《资本论》的阅读上,其意义是为了发现马克思主义的理论革命,即"认识论断裂";"哲学实践"则是他对列宁及其《唯物主义和经验批判主义》的阅读,其意义在于发现马克思主义的"新的实践哲学",即划清"科学"与"意识形态"的界限。可见,在很大程度上,"理论实践"和"哲学实践"的任务是重合的。

在论述"理论实践"的必要性时,阿尔都塞指出"很久以来,我们的理论问题的解答已经以实践状态在马克思主义实践中存在着"[④],这说明,理论与实践之间存在着"差距"。在"哲学实践"中,他也提到马克思主义哲学"落后"于马克思主义历史科学的问题。而阿尔都塞的任务正是通过"理论

---

① [法]阿尔都塞:《列宁和哲学》,陈越编:《哲学与政治:阿尔都塞读本》,吉林人民出版社2003年版,第157页。
② 同上,第158页。
③ [法]阿尔都塞:《哲学和科学家的自发哲学(1967)》,陈越编:《哲学与政治:阿尔都塞读本》,吉林人民出版社2003年版,第5页。
④ [法]路易·阿尔都塞、艾蒂安·巴里巴尔:《读〈资本论〉》,李其庆、冯文光译,中央编译出版社2001年版,第137页。

实践"来弥补这些与马克思主义革命实践的"距离",通过"新的哲学实践"来跟上马克思主义历史科学的步伐。在这里,阿尔都塞并非要用理论实践、哲学实践来代替革命实践或生产实践,正如他从来没有怀疑过经济基础的"归根到底"的最终决定力量。但是,他对理论实践、哲学实践的关注,不仅仅是要在法国"造就理论大师的理论学派"或成为"马克思主义哲学家",而且主要是为了充分认识到马克思、列宁等经典马克思主义革命家的理论成果,以便为"改造世界"提供科学的认识论。

通过对"理论与实践""结构与主体""历史与结构"和"哲学与实践"的讨论,大致可以呈现出阿尔都塞"理论实践"的面貌。阿尔都塞对于这些问题的反思,并非如同安德森在《西方马克思主义探讨》《当代西方马克思主义》和施密特在《历史与结构》中所批评的那样简单。在其"理论上反人道主义""理论上反历史主义""认识论断裂""多元决定论""意识形态国家机器"等已经被西方马克思主义学术史教条化的论述背后,遮蔽掉的是阿尔都塞更大的抱负和企图,他要发现前人没有发现的马克思主义实践中的"理论革命",他要以"马克思主义哲学家"的身份来完成"一百年来与马克思主义者的革命实践相提并论"的"理论实践"。相比其他的西方马克思主义者,阿尔都塞更为关注马克思(而不仅仅是青年马克思)、恩格斯、列宁的思想,对社会主义实践怀有更多的敬意,并用"理论实践"或"新的哲学实践"来回应这种革命实践的成果,这为我们在"历史终结论"的叙述下反思社会主义实践提供了一份难得的遗产。

(本文选自作者硕士论文《试论阿尔都塞"理论实践"的意义——关于阿尔都塞的"研究笔记"》,写于 2004 年 3 月至 5 月,部分内容发表于《扎根》2016 年第二辑。)

接合理论与主体缝合
——"伯明翰学派"与"《银幕》理论"的异同及融合

　　文化研究 (Cultural Studies) 作为一种研究方法已经被引入中国大陆人文思想学界，并产生了广泛的影响。作为一种兴起于英国20世纪五六十年代，有着清晰的问题意识和现实针对性的研究方法，80年代之后已经流散到世界各地，一度成为人文社会学科最为显著的学术思路。电影研究在20世纪六七十年代结构主义、符号学等文化理论的支撑下，也一度成为先锋理论的实验场和最具创新性的学科。这两个战后的新兴学科，在20世纪70年代曾发生过几次重要的论战，论战双方分别是以伯明翰学派为代表的英国文化研究群体和以英国《银幕》杂志为中心的电影理论家。

　　无论是霍尔主持的伯明翰当代文化研究中心对工人阶级、青少年亚文化的关注，还是围绕着《银幕》杂志展开的现代电影理论研究，都与20世纪50年代末期出现的英国新左派有着密切而直接的关系。英国新左派面对苏联的斯大林主义与福利体制下的西方资本主义社会都保持批判的态度，试图在社会主义和资本主义的冷战结构之外寻求新的历史出路，也就是说新左派既不认同发达资本主义的体制，也不认同苏联式的社会主义实践。新左派最先引进欧洲大陆的文化理论，这些漂洋过海的欧陆理论与英国本土的研究思路发生了激烈的对话。而文化研究与"《银幕》理论"之间的争论也是在这种外来理论冲击下展开的，不仅涉及战后欧陆理论之间的内在张力，而且更凸显为穿过英吉利海峡的结构主义／后结构主义理论与英国本土以经验主义为基础的文化主义之间的冲突。持续十年的论争虽然没有胜负，但极大地改变和调整了文化研究与电影研究的原有思路。

与这种外来理论大量引进相似的是，中国20世纪80年代也是一个理论被大量译介的时代。此时的中国处在先期到来的后冷战情境中，与英国新左派在冷战结构的夹缝中向欧陆寻找理论资源不同，中国的人文思想学者则倒置50年代到70年代的冷战逻辑，借用西方理论这一敌手／他者的理论方法来瓦解、改造经典马克思主义的学术视野。中国电影理论也在此背景下发生了重要变化，并成为这些西方"语言学转型"之后的文化理论得以操练的舞台，如同"《银幕》理论"在20世纪70年代对资产阶级主流意识形态展开了激烈的批判，中国的电影研究者则借结构主义、符号学、意识形态方法对50年代到70年代的电影文本进行了"再解读"。直到世纪之交，"文化研究"被作为最新一拨西方理论引介到中国，除了在文学批评、文艺学等领域产生影响外，与中国电影研究发生了"接合"[①]，形成了一种以电影产业为中心的研究方法。电影产业化的研究与中国电影市场这十几年处在岌岌可危的位置上有关。本文试图以这样两种不同背景下出现的文化研究与电影研究的对话为中心，来处理二者在各自学术史背景中的位置。

一 新左派、文化研究与"《银幕》理论"的出现

文化研究与《银幕》理论两个知识群体与英国20世纪50年代末期出现的新左派有着千丝万缕的联系。二战后，冷战确立其全球秩序，发生了苏共二十大对斯大林主义的批判 (1956)、苏联进军匈牙利以及英美联军入侵苏伊士

[①] "接合"是对英语"articulate/articulation"的翻译，也是本文的核心关键词之一，具有"表达"和"连接"的双重含义，是伯明翰学派经历了"葛兰西转向"之后提出的重要概念，详细含义下文会分析，中文世界把这个词语翻译为"接合""结合""连接""耦合"等，本文采用"接合"这一相对普遍使用的译法。

运河（1957）等一系列政治历史事件，使得作为冷战对手的社会主义与资本主义制度都显露出一种暴力、强权和帝国的逻辑，尤其是苏联的斯大林主义，使西方世界的左翼知识分子产生了极大的震惊，纷纷退出共产党组织，也促使人们开始思考被冷战的二元思维所封闭掉的第三种或其他的选择。正是在这种背景下，英国出现了新左派（New Left），既延续马克思主义立场对资本主义进行激烈的批判，又对以苏联为代表的社会主义实践进行深刻的反省。这种双重批判的选择，也成为几乎同时出现的文化研究以及更为年轻的《银幕》理论家们共同面对的历史情境。

英国新左派并非是一个严密的组织，最初是"由前共产主义者、不忠的工党支持者以及希望复兴社会主义理论和实践的社会主义学生组成的异质团体"[①]。主要包括两个群体：一个是反对苏联入侵匈牙利的于20世纪三四十年代聚集起来的共产主义历史学者，如斯托弗·希尔、罗德尼·希尔顿、埃里克·霍布斯鲍姆、E.P.汤普森等；另一个是反对英国干预苏伊士运河危机的牛津大学学生，如围绕在《大学与左派评论》周围的年轻人查尔斯·泰勒、斯图亚特·霍尔等。新左派有着马克思主义的鲜明底色，但与经典马克思主义的区别在于，相比马克思对经济基础决定上层建筑的强调以及列宁通过无产阶级先锋党发动暴力革命、夺取国家政权来说，新左派更重视文化、意识形态在发达资本主义社会中的作用，这显然延续了欧陆的葛兰西、卢卡奇以及法兰克福学派等西方马克思主义者的思想（"西方马克思主义"这一概念也正是在"新左派"的梳理中确立下来的）。随后出现的文化研究就是通过重新定义和激活"文化"的概念来展开研究工作的，而"《银幕》理论"则把电影作为建构资产阶级意识形态的主战场。这些不同的研究思路在某种程度上也是为了回应英国本土的现实问题。

[①] [美]丹尼斯·德沃金：《文化马克思主义在战后英国——历史学、新左派和文化研究的起源》，李凤丹译，人民出版社2008年版，第64页。

20世纪五六十年代发达资本主义地区开始进入后工业社会,或者说是消费主义社会,而此时的英国因与美国在战后作为多重意义上的盟友,在文化上面临着美国大众文化的全面"入侵"和传播,给英国传统工人阶级文化及社区造成了极大的破坏和影响。正是在这种文化危机的背景中,雷蒙·威廉斯、理查德·霍加特、汤普森等以工人阶级文化的丧失为起点,尝试从文化的角度重建一种工人阶级文化。他们以讨论工人阶级的日常生活经验以及大众消费对于工人阶级的影响为基本问题意识(如霍加特的《识字的用途》、汤普森的《英国工人阶级的形成》)。这些研究以英国经验主义为基础,形成了文化主义的研究思路。1964年霍加特在伯明翰大学建立了"当代文化研究中心"(也称伯明翰学派),成为文化研究正式出现的重要标识。如果说早期的文化研究保持着一种对英国工人阶级文化消逝的乡愁,那么随着20世纪60年代霍尔等更年轻的新左派进入当代文化研究中心,则对媒体、流行文化、青少年亚文化更为关注(如霍尔和帕迪·霍内尔合写的《通俗艺术》)。

如果说早期伯明翰学派逐渐形成以英国文化马克思主义及民族志为方法的文化主义的研究范式,那么20世纪60年代末期,更为年轻的电影理论者开始引进欧陆的批判理论及结构主义／后结构主义理论。这些电影理论学者,与"文化研究"的创建者威廉斯、汤普森以及后来的霍尔一样,曾积极参与新左派的活动,属于更年轻的一代人(20世纪60年代参与新左派)。"《银幕》杂志由电影和电视教育团体出版,并由英国电影协会支持,20世纪70年代的《银幕》杂志试图将电影著作的实践革命化,将其从'由主观趣味支配的批判主义'转变为'系统研究路径',这种研究路径是基于来自大陆的新近马克思主义、结构主义和符号学思想"[①],主要包括彼得·沃伦、劳拉·穆尔维、保罗·魏里曼、克里斯多福·威廉斯、史蒂芬·希思、柯林·麦凯布等理论

---

① [美]丹尼斯·德沃金:《文化马克思主义在战后英国——历史学、新左派和文化研究的起源》,李凤丹译,人民出版社2008年版,第198页。

家。如果说20世纪60年代的新左派对卢卡奇、法兰克福学派等西方马克思主义的理论更感兴趣，那么这些年轻人则对列维·斯特劳斯、罗兰·巴特、阿尔都塞、拉康等结构主义、符号学、精神分析学的欧陆理论更为关注，并自觉把这些20世纪五六十年代在法国出现的建立在索绪尔语言学基础上的理论应用到对电影的研究之中，而且创造性地把马克思主义、结构主义、精神分析、女性主义与电影批评结合起来。在电影研究中形成了意识形态批评和女性主义精神分析的研究方法，完成了电影研究从古典阶段（美学、艺术、心理学、哲学、社会学式的电影批评）到现代阶段（建立在结构主义、符号学、意识形态解读、精神分析等"语言学转型"之后的理论基础上的研究）的转变，这些以《银幕》杂志为中心展开的理论研讨被称为"《银幕》理论"。

"《银幕》理论"的成果使得英国的结构主义研究并没有成为法国理论的简单翻版，反而把电影研究在世界范围内发展成为20世纪70年代文化、意识形态领域最为激进的理论先锋。简单地说，"《银幕》理论"的成果主要有三个：结构作者论、意识形态批评及女性主义精神分析学。在此仅以结构作者论为例说明"《银幕》理论"对于结构主义的出色运用。曾参与《新左派评论》的彼得·沃伦在《电影中的记号与意义》一书中对法国新浪潮导演所推崇的"作者电影"提出了批评。在罗兰·巴特宣布"作者已死"的背景中（作者与作品的关系不再是创作者与产品的关系，也就是说作者并不具有文本意义的最终阐释权），日后成为新浪潮主将的特吕弗却试图在电影工业、电影艺术中确立"导演即作者"的观念，这一迟到的、带有18世纪浪漫主义怀旧色彩的行动（作者这一概念的出现，与作者／天才作为创作源泉的想象以及一系列建立在作者／署名权基础上的法律及知识私有产权的制度有着密切关系）是为了对抗好莱坞电影工业，使电影得以进入具有个人签名、风格的"伟大艺术"（如小说家、诗人、戏剧中的导演中心制等）的谱系[①]。但特吕弗所命名的电影大师们都是好莱坞大制片厂体制下的导演，如格里菲斯、约翰·福特、

---

① [法]弗朗索瓦·特吕弗：《希区柯克与特吕弗对话录》，郑克鲁译，上海人民出版社2007年版。

霍华德·霍克斯、希区柯克等，这些好莱坞导演成为新浪潮的精神之父，这似乎与新浪潮对好莱坞制片体制的批判形成了某种悖论或错位。沃伦不认同这种命名电影作者的方法，而把这种带有怀旧气息的作者风格／签名的观念进一步"结构化"，认为"电影作者"不是指个人的风格，应该指电影的深层形式和结构，或者说是某种电影符码系统的类型。这种"结构作者论"为克服个人／天才的"作者电影"与好莱坞电影类型之间的深刻裂隙提供了理论基础。

二 伯明翰学派与"《银幕》理论"的论辩

伯明翰学派所携带的英国文化主义的传统，在20世纪70年代与使用结构主义、符号学等欧陆理论的《银幕》杂志的理论家之间发生了激烈的冲突，尤其是《银幕》理论使用阿尔都塞的意识形态国家理论的方法对文本中所表征的意识形态进行了犀利的解读，为文化研究对结构主义、后结构主义理论的接受起到了重要的作用。文化研究积极面对挑战，提出葛兰西的霸权概念，来回应意识形态批评所带来的问题。关于双方的论争有多本著作、文集出版[①]，为了叙述方便，我把这一历时近十年的论争集中到对几组概念的讨论中。一是文化主义之"文化"与结构主义马克思主义之"意识形态"；二是"阶级"议题与"性别"议题；三是借用葛兰西霸权概念形成的"接合理论"与意识形态"缝合理论"。这些论争背后是英国本土传统与外来的欧陆理论、马克思主义与女性主义、阿尔都塞与葛兰西之间的冲突。这三组对立的概念是彼此相关又纠缠在一起的，它们之间的基本分歧在于文化研究对"人"在"文化"中的能动作用保有基本的信念，而《银

[①] 如Morley, David (1978) : Text, Reader and Subject; David Morley (1992) : Television, Audiences and Cultural Studies; Graeme Turner (1999) : Film as Social Practice等。

幕》理论则认为人／主体是被意识形态所建构、制约的产物,是臣服于或缝合进主流意识形态之网的主体。这种论争背后是主体能动性与历史结构之间的冲突[①]。如果说文化主义与结构主义是二者之间最为基本的对立,那么在结构主义、精神分析学视野下展开的性别研究,则对文化研究集中于工人阶级的视野产生了影响,并在20世纪70年代末期最终引起了文化研究自身的理论内爆。而文化研究在吸收结构主义的理论洞察之后,又创造性地使用葛兰西的霸权概念提出接合理论,来面对主体被意识形态缝合所带来的主体性丧失的困境,这对陷入意识形态之网的主体提供了逃脱之路,并打破了"《银幕》理论"对于主流意识形态的铁板一块的想象。

1. 文化主义与结构主义的冲突

文化主义与结构主义的冲突在20世纪60年代《新左派评论》刚译介结构主义之始,就与历史学家汤普森发生了争论。汤普森用"理论的贫困"来回应这些欧陆理论对建立在经验主义的英国文化主义传统的冲击[②],在他看来"人类动力不是历史环境的被动受害者,而是他们自己历史的主动制造者和创造者"[③]。20世纪70年代"《银幕》理论"使用结构主义、符号学等"新锐"理论来分析电影文本,这与霍尔主持的"当代文化研究中心"所延续的

[①] 佩里·安德森在《当代西方马克思主义》这本以"历史唯物主义"为主题的书中,专门讨论了"战后法国文化从马克思主义占主导地位到结构主义乃至后结构主义占主导地位的转变"的问题,并把这种"转变"作为对"结构与主体"这一"解释人类文明发展的历史唯物主义之最重要和最基本的问题之一"的回应。(东方出版社1989年版,第38—39页。)

[②] 汤普森不同意阿尔都塞的结构马克思主义,曾经写作《理论的贫困》来批评在历史学研究中使用结构主义的方法。汤普森在《英国工人阶级的形成》一书中更多地强调了工人阶级的能动性,正如,他反对说工业革命时期的工人不是生产关系和劳动条件所加工的"原料",而是"自由的英国人","这些生而自由的英国人是由潘恩传下或由卫斯理宗铸成的"(《英国工人阶级的形成》上,译林出版社2001年版,第211—212页),在这个意义上,汤普森强调主体的"亲身经历"的重要性,或者说他要在历史中拯救那些"亲身经历"(这和威廉斯的"情感结构"有点相似)。

[③] [美]丹尼斯·德沃金:《文化马克思主义在战后英国——历史学、新左派和文化研究的起源》,李凤丹译,人民出版社2008年版,第251页。

第一代文化研究学者(威廉斯、霍加特、汤普森)的文化主义形成了尖锐的对立。

文化研究正是通过对"文化"的重新定义开始对工人阶级及青年亚文化的研究的，文化不再是精英／贵族文化的稀缺的"精神家园"，而是一种"丰裕哲学"。因此，勾画、描述人们(工人阶级、青年人)的日常生活成为文化研究的首要任务，也正是在此诉求下，民族志被作为重要的研究方法。这种对于文化的强调在某种程度上是对经典马克思主义的内在批判。20世纪50年代斯大林主义所暴露的问题，使得一些马克思主义者对马克思的经济基础决定上层建筑以及列宁式的暴力／政治革命进行了反思，文化研究选取文化的角度本身是对这种经济还原论的批判。再加上战后美国大众文化席卷英伦三岛，对于那种通过怀念工业革命以前的贵族文化的"伟大的传统"(精英文化或高雅文化)来贬低大众文化的英国利维斯主义的策略①，是文化研究学者所拒绝的立场。在这种对经济还原论与利维斯主义的双重批判中，霍加特、威廉斯和汤普森等人开启了"文化研究"的知识实践。

文化研究的开拓者们重新定义了"文化"的概念，如威廉斯曾提到了文化的三种定义，认为："文化是对一种特殊生活方式的描述，这种描述不仅表现艺术和学问中的某些价值和意义，而且也表现制度和日常行为中的某些意义和价值。从这样一种定义出发，文化分析就是阐明一种特殊生活方式、一种特殊文化隐含或外显的意义和价值。"②在他们看来，文化的主体应该是工人阶级(这基于英国社会的经验)。如霍加特在《识字的用途》中批评了战后美国大众文化对英国工人阶级文化的破坏，"恢复了工人阶级文化的活生生的特征，预示了文化研究者试图将风格和经验视为文本"③，这样就颠倒了利维斯主义对

---

① [英]F.R.利维斯：《伟大的传统》，袁伟译，生活·读书·新知三联书店2002年版。
② [英]雷蒙·威廉斯：《文化分析》，罗钢、刘象愚主编：《文化研究读本》，中国社会科学出版社2000年版，第125—126页。
③ [美]丹尼斯·德沃金：《文化马克思主义在战后英国——历史学、新左派和文化研究的起源》，李凤丹译，人民出版社2008年版，第211页。

于精英与大众的界定。文化主义的优点是有利于处理"大众的""人民的""工人阶级的"经验、情感或者说"日常生活"。在这个意义上,威廉斯用"情感结构"的概念来描述文化和经验在人们身上留下的痕迹。而汤普森则在《英国工人阶级的形成》中不仅记录下层人民的历史,而且记录失败者的历史,正因为"只有成功者(即他们的愿望预示了后来的发展的人)才被记住了;走不通的路,迷失的事业,还有那些失败了的人则统统都被忘记"①,所以汤普森一方面要把工人阶级从生产关系的结构中拯救出来(批判经济决定论以及上层建筑与经济基础的二分模式),另一方面也把他们从主流的官方的劳工史中拯救出来,从而建构了一种具有激进色彩和主观能动性的英国工人阶级的传统。但是,正如托尼·本内特所指出的,一个文化主义者的文化研究,就是去搜索"工人阶级真实的声音",这种对于工人阶级文化的"纯净"的期待,就把"工人阶级"本质化了,是一种带有本质主义色彩的文化观。

与此不同,"《银幕》理论"则主要借助阿尔都塞在《意识形态与意识形态国家机器》一文中对强制性国家机器意识形态和意识形态国家机器的区分②,把电影作为重要的意识形态国家机器。阿尔都塞强调了意识形态国家机器在生产关系再生产中的重要作用,并重新阐释了"意识形态"的含义。在"意识形态把个体询唤为主体"的过程中,"是以一种在个体中'招募'主体(它招募所有个体)或把个体'转变为'主体(它转变所有个体)的方式并运用非常准确的操作'产生效果'或'发挥功能作用'的。这种操作我称之为询唤或召唤"③,换句话说,个体是被询唤、建构为社会主体的。阿尔都塞借用

---

① [英]E.P.汤普森:《英国工人阶级的形成》(上)前言,钱乘旦等译,译林出版社2001年版,第5页。
② 这是一篇回应1968年五月风暴的论文,因此,他非常强调教育制度在确立现代资本主义社会的霸权方面所发挥着的核心作用,"其实正是学校这台机器(通过其功能的发挥),取代了古老的处于统治地位的国家意识形态机器,或者换言之,取代了教会"。
③ [法]路易·阿尔都塞:《意识形态和意识形态国家机器》,李恒基、杨远婴主编:《外国电影理论文选》,生活·读书·新知三联书店2006年版,第729页。

拉康的"镜像理论"来比喻询唤机制,询唤的过程如同镜像阶段一样是一种误认和臣服的过程。可以说,阿尔都塞的意识形态理论表现出了一种绝望的色彩,"意识形态一直就把个体询唤为主体了。这表明个体是一直就被意识形态询唤为主体的",也就是说,在阿尔都塞看来,个体是不存在的,"个体甚至在出生前一直就是主体了"①。由此,"《银幕》理论"把摄影机/放映机及其影院空间解读为一种观影者面对"银幕"/镜子完成意识形态询唤的过程。

"《银幕》理论"对于经典好莱坞电影及现实主义电影提出了激烈的批评,因为这些电影把观众固定在封闭的叙事中,而这些电影正是统治者的意识形态发挥作用的空间,所以,《银幕》理论家把先锋艺术尤其是20世纪以来的现代主义艺术作为逃离、反抗这些资本主义体制的空间。"在反对现实主义的恐怖状态时,他们拥护布莱希特的美学以及先锋派电影的经验性方法,这种美学和方法将受众置于与叙事的不同关系中,并因此抵抗文本的封闭。"②从这里可以看出,"《银幕》理论"与文化研究从大众文化、流行文化来切入文本及意识形态分析不同,"《银幕》理论"更继承法兰克福学派、巴特对20世纪以来的现代主义运动(先锋文化)保持乐观的兴趣。文化研究则反对"《银幕》理论"这种对于文本的过度崇拜,将抵抗的策略只锁定在先锋派或现代主义电影实践之中。不过,美国新批判理论学者道格拉斯·凯尔纳批评"文化研究"没能很好地处理现代主义的问题,而《银幕》理论在这方面做得更好。"法兰克福学派,特别是阿多诺,首先关注的是先锋派艺术运动革命性的、对抗性的潜力,遗憾的是,英国和北美的文化研究已经极大地忽视了对于先锋艺术形式与艺术运动的关注。事实上,有意思的是,这样一种关注是

---

① [法]路易·阿尔都塞:《意识形态和意识形态国家机器》,李恒基、杨远婴主编:《外国电影理论文选》,生活·读书·新知三联书店2006年版,第731页。
② [美]丹尼斯·德沃金:《文化马克思主义在战后英国——历史学、新左派和文化研究的起源》,李凤丹译,人民出版社2008年版,第199—200页。

《银幕》杂志计划的核心,该杂志在某种意义上说是英国20世纪70年代文化理论占统治地位的先锋代表,对全世界都有极大的影响力"[1]。

从这里,可以看出文化主义的方法更强调人在历史、文化中的作用,而结构主义则把"'意识形态'的作用看作根源性的、而不是调节性的"[2]。也就是说,"中心与《银幕》理论之间的主要区别很明显地体现在它们的人类动力观上。电影杂志将个人和集团视为被意识形态话语质询的主体,而中心则相信,在文本的主要编码意义和受众的解码意义之间没有必然的联系"[3]。这种文化主义与结构主义的对立也被霍尔总结为文化研究的"两个范式"的冲突。这种结构主义的冲击,使得文化研究学者深刻反思自身的人道主义及"天真的人文主义"的立场。

2.性别议题对阶级议题的补充

正如前面提到,早期文化研究主要关注工人阶级的议题(工人也是英国这一老牌资本主义国家"大众"的主体),这依然是对经典马克思主义所划定的工人阶级作为历史主体的延续,某种程度上也与威廉斯和霍加特的工人家庭出身有关。女性问题虽然很早就进入文化研究的视野,但没有成为重要议题,而这恰好是"《银幕》理论"的贡献。其中最为重要的是马克思主义、女性主义理论家劳拉·穆尔维(彼得·沃伦的妻子)1975年发表的《视觉快感与叙事性电影》的著名论文。这篇论文对经典好莱坞电影进行了批判性的解读,成为把精神分析引入女性主义电影研究的典范。

这篇论文可以放置在精神分析与电影研究、精神分析与女性主义的双重

---

[1] [美]道格拉斯·凯尔纳:《批评理论与文化研究:未能达成的结合》,陶东风主编:《文化研究精粹读本》,中国人民大学出版社2006年版,第138页。

[2] [英]斯图亚特·霍尔:《文化研究:两种范式》,罗钢、刘象愚主编:《文化研究读本》,中国社会科学出版社2000年版,第58页。

[3] [美]丹尼斯·德沃金:《文化马克思主义在战后英国——历史学、新左派和文化研究的起源》,李凤丹译,人民出版社2008年版,第203页。

脉络下来理解。精神分析进入电影研究，开始于法国电影理论家克里斯蒂安·麦茨(罗兰·巴特的学生)使用拉康的精神分析——尤其是其主体理论来阐释影院空间中的"电影与观众"的关系，由此，此前研究者对影片自身的语言或者说符号学的关注，被转向了研究观众如何"观看"电影的问题。在电影理论史上，这一转向被表述为由第一电影符号学进入第二电影符号学，此一转向得以发生的理论动力，则来自后结构主义对结构主义的批判。具体到电影研究来说，对电影语言的符号学探询，无法处理观众为什么会喜欢或者说认同于电影的问题，因此就需要重新打开影片的文本空间，引入对观众观影过程中的欲望动力和主体身份的讨论。在展开这一讨论之时，女性主义借重精神分析学的理论，可以呈现父权体制下两性之间的不平等的欲望关系。但是，另一方面女性主义对精神分析也提出了严厉的批判，概括来说，无论是弗洛伊德的俄狄浦斯情结还是拉康的镜像理论，所处理的都是男性获得主体身份的问题，在女性主义看来，如何阐述女性的主体位置就为精神分析所不得不面对。《视觉快感与叙事性电影》恰恰呈现了精神分析与女性主义之间的张力。

穆尔维揭示了经典好莱坞电影当中男性始终占据主动观看的位置、女性处在被动观看的位置上的基本叙事逻辑，男性视点成为影片内在的叙述动力，女性形象只能"被编码成强烈的视觉和色情感染力"。而影院观众的视觉快感来源于他们认同银幕上男性的视点，这样，银幕上的女性就处在影片叙事空间中的男性视点与影院观众的男性视点的双重观看之下。这种双重观看满足了观众的双重快感："窥淫癖"和"恋物癖"(当然，这里的理想观众应该是男性观众)。"窥淫"在弗洛伊德那里意味着主体对客体的控制以及把客体对象化和他者化，在经典好莱坞电影当中，尤其体现在对女性身体的局部特写。而在拉康看来，女性不仅是男性的欲望对象，女性还作为被阉割的形象而给男性带来恐惧和焦虑。在好莱坞的经典叙事中，穆尔维阐述了两种对作为银幕形象的女人所带来的阉割焦虑的克服路径，一是把神秘的女性非神秘化，从而使这一"作为流血的创伤的承担者"的形象"变为保险，而不是危险"，比如希区柯克的惊悚片中就经常呈现男性侦探逐步解开女性的神秘行为；第二种方式则是通过对女性身体的崇拜而"恋物"，以此而拒绝把女性身体视为"被阉割之物"，"恋物"意味着一种遮蔽和否定（女人并非绝对异己的他者）。进而，穆尔维提供的实践方式就是打破充斥着男性凝视的银幕空间，彻底拒绝这种男性的"视觉快感"，即"快感的毁灭是一激进的武器"[1]。但是，在论文开头，穆尔维就清晰而不无悲观地写道："因在父权制语言之中，我们没有办法从这苍天中造出另一种系统来。"[2]此后，穆尔维勇敢地尝试拍摄没有"视觉快感"、改写性别观看的电影，只不过这种没有快感的电影很难获得观众的认同。

"《银幕》理论"的女性主义视野给文化研究带来了重要的提示，也使得70年后伯明翰学派中的女性研究员对当代文化研究中心所表现出的父权制不满，并最终导致霍尔这个文化研究之父离开当代文化研究中心。正如研究者形象地指出女性主义是"突然闯入"文化研究领域。因此，从20世纪70年代末期开始文化研究更为关注女性、身体、欲望等精神分析、女性主义的问题，并且将身份、性别、种族等议题纳入权力、政治运作的考量之中，从而最终形成了文化研究的"三字经"：阶级、性别和种族。

3.从意识形态"缝合"到"接合理论"

如果说在性别研究中，"《银幕》理论"启发了文化研究，那么文化研究在试图解决文化主义与结构主义的冲突中，借用了葛兰西的霸权概念，这

---

[1] 正如许多女性主义理论史中所指出的，穆尔维并没能在论文中阐释女性观众的位置，这个问题很大程度上是由于精神分析自身无法阐述"女人是什么""女人在何处"造成的。这一困境也成为女性主义电影理论迫切需要面对的难题，一些女性主义理论者认为，如果说影院是一个男性（菲勒斯）中心的空间，女性观众的视觉快感只能化装为男性的观看，也就是说影院空间所提供的欲望位置只能是男性的。那么，在这里，男性和女性就不是一个绝对的性别实体，而是一种可以选择的性别身份。

[2] [英]劳拉·穆尔维：《视觉快感与叙事性电影》，李恒基、杨远婴主编：《外国电影理论文选》，生活·读书·新知三联书店2008年版，第639页。

对"《银幕》理论"产生了影响。相比文化主义者赋予"大众"更多的主体性,在意识形态国家机器的强有力的宰制面前,主体性的位置是空缺的,"《银幕》理论"对于电影文本的解读最终所揭示的问题是主体如何被缝合(Suture)、[①]被询唤(Interpellate)、被铭写(Inscribe)进主流意识形态之中。"缝合"是拉康使用的概念,被"《银幕》理论"用来说明电影如何将观众的主体位置缝合进电影文本之中,观众处在拉康所论的经历镜像阶段的婴儿的位置上。在这种意识形态缝合中渗透着一种悲观主义的气息,主体没有任何抵抗的空间,只能遭受意识形态的宰制。正是在这样一种文化主义与结构主义都陷入困境的情况下,文化研究发生了重要的"葛兰西转向"。

葛兰西给文化研究的学者们带来的启发是,占据统治地位的主流意识形态或霸权的获得,并非自上而下的体现统治阶级意志的产物(如阿尔都塞的意识形态国家机器),也不是自下而上的人民的声音(如文化主义对于经验、日常生活的"纯真"想象),而是一种协商的过程,也就是说主流意识形态的获得必然包含或纳入被压迫阶级的声音于其中,或者说霸权的建立不是铁板一块的,而是一个动态的过程,这样就引出了进行霸权游击战的概念。借用葛兰西的文化霸权理论,文化研究学者认识到,既不存在一个纯净的工人阶级文化,也不存在一个彻头彻尾的、作为"社会水泥"的、自上而下的大众文化。意识形态领域始终是一个不同阶级力量在其中斗争、角逐的空间,一个争夺霸权的永不停止的斗争过程。这样,就把文化研究带出了文化主义和结构主义的理论困境,文化研究者在面对大众文化时就不用事先选择立场,其工作就是发现文化霸权得以建构的机制,积极地参与到霸权的争夺战之中,当然,这里的参与者也就是被葛兰西赋予革命中介者的有机知识分子。

---

① "缝合"是拉康提出的概念,询唤是阿尔都塞提出的概念,铭写是《电影手册》编辑部在对《约翰·福特的〈少年林肯〉》的意识形态批判中使用的概念。

主体魅影

在霍尔的《编码，解码》这一媒介研究的重要论文中，可以看出"葛兰西转向"的痕迹，意义的传输不再是直线式的从媒介到观众，而是包含着协商与能动性。"葛兰西转向"改变了文化实践的内涵，如托尼·本内特在《大众文化与转向"葛兰西"》中所说："文化实践并不随身携带它的政治内涵，日日夜夜写在额头上面，相反，它的政治功能有赖于社会与意识形态的关系网络，其间文化被描述为一种结果，体现出它贯通连接其他实践的特定方式。"[①]雷蒙·威廉斯写于1973年的论文《马克思主义文化理论中的基础和上层建筑》，也是"葛兰西转向"的产物。威廉斯认为葛兰西的"霸权"概念可以克服"基础和上层建筑"的比喻带来对于上层建筑的轻视，因为"霸权"假定真正的完整的事物存在，它不仅仅是次等的。上层建筑性的，如微弱意义上的意识形态，它存活在一种深度中，并以如此程度渗透于社会。

"葛兰西转向"给文化研究提供了一个重要的概念，就是"接合理论"(theory of articulation)。霍尔对接合理论做了形象的说明，他把文化现象比喻为一架货车，接合就是货车头和拖车的连接处，关键问题是质问为何这部货车头与这辆拖车会"接合"在一起。可以说，接合理论打碎了同一性，纳入了差异性，这与后结构主义的一些思想有关[②]。在很大程度上，接合理论也对以工人阶级为主体的阶级还原论进行了批判，为性别、种族等不同的身份进入文化研究的议题提供了理论基础。"葛兰西转向"虽然打开了抵抗与参与的空间，但以美国

---

① [英]托尼·本内特：《大众文化与转向"葛兰西"》，陆扬、王毅编选：《大众文化研究》，上海三联书店2001年版，第66页。

② 正如霍尔所说："我所援用的接合理论是拉克劳在《马克思主义中的政治和意识形态》一书中所发展出来的。他的论述要旨是，种种意识形态要素的政治含义并无必然的归属，因此我们有必要思考不同的实践之间——在意识形态和社会势力之间、在意识形态内不同要素之间。在组成一项社会运动之不同的社会团体之间，等等，偶然的、非必然的联结。他以接合概念向夹缠于马克思主义中的必然论和化约论逻辑决裂。"（见《后现代主义、接合理论与文化研究》。）

媒体学者菲斯克为代表却夸大了大众在意识形态宰制面前的能动性[①]，在菲斯克看来，大众文化就是一个意义的超级市场，人们／主体可以任意选择、组合，以呈现一种抵抗行为，这种对主体能动性的乐观情绪是后现代主义的典型特征，在某种程度上忽视了主流意识形态的宰制力。

可以说，葛兰西的霸权概念和接合理论，是对文化主义和结构主义两个范式的双重批判或扬弃的基础上寻找的理论出路。促使发生"葛兰西转向"的外部语境是20世纪80年代初期撒切尔首相在英国推行的新自由主义政策，这些削减政府开支和公共福利的做法，严重地损害了工人阶级的利益，但是工人阶级却支持撒切尔政府。这种现实使文化研究者意识到新自由主义所倡导家庭伦理等保守主义的宣传政策，正是一种有效的纳入工人阶级议题以获得工人阶级由衷拥戴的霸权效果。

这种对主流意识形态做接合分析，比缝合理论更能看到主体的能动性以及意识形态内部的诸多裂隙。如果说伯明翰学派对"《银幕》理论"的重要批评之一是指出"《银幕》理论"所借助结构主义而带来的一种文本中心的解读策略，而应该把生产、消费等环节纳入研究之中，那么这种批评也使得"《银幕》理论"在20世纪80年代的研究更重视把电影放置到更大的政治经济背景中"作为一种社会实践"的研究思路。

从这些理论论争中可以看出，文化研究与"《银幕》理论"都采取开放的态度，互相修正各自原有的理论立场。如果没有"《银幕》理论"对阿尔都塞的意识形态国家机器的讨论，恐怕文化研究也不会更主动地从文化主义转向对意识形态的研究，并进一步激活葛兰西的霸权概念来修正意识形态对

[①] 菲斯克的思路显然受惠于法国理论家米歇尔·德赛图对于"日常生活实践"的论述。不过，需要指出的是，正如霍尔对拉克劳在《领导权与社会主义策略》一书的评价，说他犯了"向上的还原论"（如果说经济还原论是一种向下的还原论），菲斯克式的后现代主义的抵抗，尽管不能否认其存在，但是非常有限。在这个意义上，霍尔认为自己是一个"保守的唯物主义者"。

主体的绝对询唤作用。而文化研究对于马克思主义生产、消费等维度的强调，也使"《银幕》理论"走出主体陷入意识形态国家机器的藩篱，把更为能动的观众／主体引进电影受众的研究之中。更为重要的是，也正是在与"《银幕》理论"的论辩中，文化研究开始由对工人阶级的议题转向关注性别、族裔等身份权力的问题。经历了几次论战，直到20世纪80年代，文化研究开始全球性的理论旅行，电影研究在经历理论爆炸的时代之后也偃旗息鼓。伴随着那些孕育了20世纪五六十年代欧陆理论的大师们先后辞世，这些极大地改变了战后人文思想界的结构主义／后结构主义理论并没有被终结，在这个宏大理论之后进入到一个"后理论"（大卫·鲍德韦尔语）或"理论之后"（伊格尔顿语）的状态。

三 电影产业：文化研究与电影研究的"接合"

与20世纪60年代英国新左派群体对于欧陆理论的译介相似，中国大陆人文思想界曾在80年代借助对西方理论的大量翻译，完成了重要的转向，从苏联式的经典马克思主义及其三大来源（英国政治经济学、法国空想社会主义、德国古典哲学）的知识视野，转到主要以美国为中转站的20世纪西方理论上（包括马克思之后的德国近现代哲学、法国的结构主义／后结构主义等）。在这种非马克思的欧陆近代及现代哲学的嫁接中，占据20世纪80年代中国人文思想界中心位置的是，马克思之前的康德、黑格尔哲学及马克思之后的叔本华、尼采、海德格尔的现代哲学，而西方马克思主义（包括卢卡奇、葛兰西、法兰克福学派也在20世纪80年代初期被译介）、结构主义／后结构主义等"语言学转型"之后的理论则处在学术的边缘地带。

与战后英国尤其是20世纪50年代处在冷战夹缝中的新左派相似，中国的80年代也处在一个提前到来的后冷战情景之中。如同英国"《银幕》理论"成为引进欧陆结构主义、符号学思想的大本营，在中国最先译介、使用和接受这些边缘的"新潮"理论的领域恰好也是刚刚起步的电影理论领域。许多上面讨论的《银幕》理论的重要文章在电影研究的杂志上发表，并且形成了20世纪80年代先锋电影理论的批评实践（使用叙述学、符号学、精神分析及意识形态理论来分析中国的电影文本），此时文化研究作为一种学术新潮还没有传播到中国。

与英伦三岛先后出现的新左派、文化研究（伯明翰学派）、电影理论（《银幕》理论）正好相反，中国的"新左派"在20世纪90年代中期回应急剧变化的中国现实时才出现，而直到新世纪之交文化研究才真正进入中国人文学界（20世纪90年代中后期有一些学者尝试使用文化研究的方法）。伴随着对文化研究相关理论书籍的翻译，所唤起的知识记忆（如意识形态理论、精神分析学）恰好是20世纪80年代引进的诸多先锋电影理论。从这个意义上来说，中国的电影研究反而某种程度上帮助了文化研究的生根发芽。但是文化研究的方法并没有唤回曾经在20世纪80年代出现的以电影文本为中心的文化及意识形态批评实践，反而受到另外一种与文化研究相关但又有所差别的文化产业或文化创意研究更大的影响。文化创意产业在20世纪90年代中后期在英国最先受到政府的大力推动，成为重要的支柱产业，而中国则要延后十年，中国政府才把文化创意工业作为大力扶持和发展的行业。

电影产业化的研究显然与20世纪90年代中后期一直到新世纪之初中国电影市场的持续萎缩有关，这种市场下滑早在80年代初期就已经展露端倪。虽然电影体制的改革相对滞后于其他经济部门向市场化转轨的步伐，但也大致经历了20世纪80年代末期制作与发行放映的分离，90年代初期引进好莱坞大片、引入民营资本，新世纪之初电影制片厂完成现代企业制度的改造（变成影视集团）以及鼓励民营院线的建立等过程。对于如何振兴中国电影产业是在1994年好莱坞大片进入中国之时才成为学术界关注的热点的。伴随着2002年中国大片的出现以及中国电影票房度过历史最低点而逐年攀升（到2008年恢复年产四百多

主体魅影

部影片的高水平），中国电影产业也如同中国经济一样蒸蒸日上。在这种背景下，刚刚进入中国的文化研究，迅速转换为一种对文化产业的研究领域，而电影又成为文化产业得以操练的重要场所。

与英国"文化研究"与"电影研究"在战后尤其是20世纪60年代欧陆理论的影响之下，完成了各自的理论转向相比，中国并没有在80年代形成与欧陆理论对话的电影理论传统，反而把文化研究对于工业体制的批判转变为一种对于电影工业的重建之上。也许在中国电影市场生死存亡的紧急关头，任何关于电影文本的意识形态解读都显得苍白，但在中国电影市场已经回暖的背景中，关于电影产业的讨论也可以放置在更为广阔的背景之中，或者说文化研究的理论实践与电影产业之间可以产生更好的互动。借鉴文化研究对于"《银幕》理论"的文本中心的批评，如何在意识形态表述与观众接受之间寻找一种有效的"接合"，不仅仅是一个理论问题，也是中国电影能否获得观众认同的重要问题。正如2002年以来中国大片虽然带来了票房成功，但并不能获得观众的由衷认同，反而是恶评如潮，这与其说是这些电影自身叙述上的缺陷，不如说在电影与想象中的电影观众之间还没有建立一种有机的认同基础。不过，这种现象在《集结号》《风声》等叫座又叫好的大片中找到一种解决之道。借助文化霸权的概念，这些接合了"主旋律"与"商业大片"的成功模式，所讲述的革命历史故事显然是有效地纳入了主旋律叙述和商业大片的双重元素，并且具有高度的弹性，既可以让人们指认出那些关于国家、信仰、革命的故事，又可以让人们看到惊险、刺激、过瘾的情节。成功的意识形态讲述不在于把意义锁定，而在于给观众提供多重解读、进入的可能空间。当然，在我看来，文化研究不仅仅关注那些浮现在大众文化视野中的文化现象，更为重要的是，文化研究经常指出被主流意识形态所遮蔽的故事，比如在中国电影成为文化产业的重要支柱之时，作为中国电影的观众却始终被封闭在特大城市及省级一线城市，相应地中国电影的观众也聚焦于年轻的中产观众，这一方面可以呈现中国电影市场的边界，另一方面也被认为中国电影市场具有巨大的潜力，可是电影市场的开发又密切联系着这些已经获得有效讲述的电影能否也适应其他类型观众的问题。这些或许会成为当下电影产业研究的重要课题。

（写于 2010 年 11 月，发表于《影视文化》2010 年第 2 期。）

第三编　他者再现

遮蔽与突显：中国农民工在大众传媒中的修辞术

农民工是一种身份，一种耦合了农民与工人双重身份的践约者，一种中间状态，即"在工地上我就是工人，回了老家我就是农民"[①]。在这个意义上，农民工不仅仅是一个固定的位置，更是一个多重意义上流动的主体，而事实上"流动人口"也是他们最初被指认的方式，他们像候鸟一样定期在农村与城市之间迁徙。"农民工"这个称呼，既铭刻着农民、工人等社会主义话语的历史痕迹，又在阶层分化与重组中填充着某种想象性位置，他们是城里的"乡下人"，也是乡下的"城里人"。

20世纪80年代末期，农民工作为廉价劳动力源源不断地支撑着中国经济的高度增长和繁荣。据统计，1994年中国农民工数量为6000万人，2003年有1.14亿人[②]，2011年已经超过2.4亿人[③]。在城市空间中，农民工的身影经常是"不可见的"，他们或者被屏蔽在建筑工地的围墙内，或者被封闭在厂房里，或者在深夜从事着城市的环卫及其公路的维修与保养。然而，他们的身影会在每年的"春运"中浮现出来，会在因拿不到工钱而被迫自杀的新闻中出现，会在一次次矿难的深度报道中出现。"不可见的"农民工以某种"可见

---

① 马国英：《建筑业农民工状况扫描》，《人民日报》2003年1月16日。
② 隋晓明：《中国民工调查》前言，群言出版社2005年版，第2页。
③ 白天亮：《中国农民工总数已达2.42亿　收入五年增长近一倍》，《人民日报》2011年2月14日。

的"方式再现于"大众传媒"之中。农民工作为空间移动的主体，流动的基本方向是从农村到城市，这种空间的置换往往在地理学上被指认为从中西部到东部，沉淀在农村(中西部)／城市(东部)二元修辞之上的是经济上的欠发达与发达，可以说，这种流动的发生有着清晰的政治经济学动力，但是借助英国的后马克思主义者拉克劳和墨菲的观点[①]，并不存在赤裸裸的纯粹的经济关系，文化或欲望的动力学不在经济学的周围或背后，而是与经济关系交织在一起，历史建构出来的关于农村与城市的想象也形塑着人们对于农民工的认识和他们的自我想象。

这些在报纸、杂志、电视、网络等大众传媒中浮现出现的农民工表述，成为建构农民工想象的重要媒介。20世纪90年代以来，大众传媒在当下生活中发挥着越来越重要的功能，这与其说是哈贝马斯意义上的"公共空间"出现的标志，不如说是大众传媒成为建构意识形态的重要空间。在这个空间中，农民工被不同的意识形态所借重，有时甚至成为支撑彼此矛盾叙述的修辞，比如"民工潮"一方面表述为中国实现非农化／城市化／工业化的标志，另一方面也被表述为"现代奴隶""包身工"等社会苦难与底层的象征。而媒介自身的背景也影响到关于农民工的表述，比如下面我要分析的《三联生活周刊》使用"为了六十一个阶级兄弟"来指称矿难与《真理的追求》使用"包身工"来指称农民工，虽然都借用社会主义时期的经典文本，但是其不同的选择与这些刊物自身在20世纪90年代的不同意识形态背景密切相关。当然，在"大众传媒"对农民工的追认、整合和命名过程中，也存在着诸如"打工文学""打工青年艺术团"等关于农民工的自我表述。

本文基本上以时间为线索，把大众传媒中关于农民工的表述大致分为四

[①] [英]恩斯特·拉克劳、查特尔·墨菲：《领导权与社会主义的策略——走向激进民主政治》，尹树广译，黑龙江人民出版社2003年版，第83页。

个阶段：20世纪80年代末期、90年代中前期、90年代中后期和新世纪之初。第一个阶段"民工潮"刚刚浮现；第二阶段伴随着1992年南方讲话带来的商品化大潮，农民工在线性的现代化叙述中被作为历史的进步（农民转变为工人），关于农民工的表述也基本上是一种乐观主义的话语；而第三阶段尤其是1997年之后伴随着激进的市场经济改革，农民工则沦落为社会底层和苦难的象征，在官方文件中被归入"弱势群体"，在先锋艺术中成为指认"社会主义中国"的符码；第四阶段在知识分子关于"三农"问题的讨论与新一届政府的上台的多重因素之下，大众传媒中出现了某种"民工热"。农民工作为一个有效的社会修辞或者说社会命名方式，可以解读为葛兰西意义上"霸权统识"的争夺战，这些在不同时期、不同媒介中被再现为不同的身份是不同意识形态运作或协商的结果。

一 "农民／工"的知识谱系

"农民工"来自工人与农民的组合，而工人作为"阶级"与资本主义作为一种生产关系的产生有着密切的关系。尽管"农民"及其所从事的生产似乎有着更为久远的历史，但农业生产是在与工业生产相对比的结构中才获得意义的，因此，"农民"也是在与工人的关系中获得意义的，可以说，农民的命名与工人一样，是一种现代的发明，或者说农民和工人一样都是现代性叙述的衍生物[①]。而关于农民／工人以及阶级的话语是伴随着马克思主义在中

[①] 最近几年，有一种把"农民、农村、农业"即"三农问题"放置到一起来思考的研究趋势，这在很大程度上扭转了以农业经济为中心展开的农村、农民研究，这实际上是对由农业生产转化为工业生产的线性发展逻辑的批判。在"三农"问题专家温铁军看来，"农民"是三农问题的核心，而不应简单地挪用"规模化经营""效率原则""商品化""现代私有产权制度"等西方现代化的历史经验，因为中国／欠发达国家的后发状态本身就是西方现代化的产物，在这个意义上，经济制度、政治制度的安排都要以"农民"为中心，比如"不能简单地把土地定义为生产资料，而要把土地定义为社会保障资料"。

主体魅影

国的传播才逐渐确立起来的,或者说晚清以来的工业化进程创造了近代的工人阶级,随之农民也获得了新的含义,这成为讨论"农民／工"问题的历史背景。

在经典马克思主义叙述中,工人阶级是伴随着资本主义的产生而出现的,正如《共产党宣言》中,资产阶级时代的特点被描述为"整个社会日益分裂为两大敌对的阵营,分裂为两个相互直接对立的阶级:资产阶级和无产阶级"①,可以说,工人阶级在经济上代表着先进生产力（即工业化大生产）,在政治上属于革命的主体（即被压迫阶级的代表）,在进步论和目的论的历史叙述中被预设为人类历史的主体,而农民的位置则被排斥在历史主体之外。一方面,农民是工人阶级的来源,因为在资本主义发展的初始阶段农民被强制剥夺土地而变成除了出卖劳动力"自由到一无所有的地步"②,支撑这种叙述的历史经验是英国的圈地运动,而与这种叙述相伴随的是用"大工业生产"取代"农业生产",即"大工业在农业领域中引起的最有革命性的一件事,是剿灭旧社会的堡垒——'农民'——而用工资雇佣劳动者去代替他们"③,在这种现代化／工业化／资本主义化的叙述中,农民是工人阶级的前身,而工人阶级是农民转化的结果,这种叙述直到今天依然成为对"农民工"持乐观态度的依据。另一方面,农民或者准确地说是"法国农民"在马克思的《路易·波拿巴的雾月十八日》中被比喻为"一袋马铃薯",即"法国国民的广大群众,便是由一些同名数简单相加形成的,好像一袋马铃薯是由袋中的一个个马铃薯所集成的那样"④,这就决定农民如果作为单个的马铃薯,他们不是一个阶

---

① [德]马克思、恩格斯:《共产党宣言》,人民出版社1997年版,第28页。
② [德]马克思:《资本论》第一卷(上),人民出版社1953年版,第159页。
③ [德]马克思:《资本论》第一卷(下),人民出版社1953年版,第544页。
④ [德]马克思:《路易·波拿巴的雾月十八日》,人民出版社1997年版,第105页。

级,但他们被装进"袋中"又是一个阶级①,只是他们不能自己把自己装起来,或者换作马克思的说法就是"他们不能以自己的名义来保护自己的阶级利益,无论是通过议会或通过国民公会。他们不能代表自己,一定要别人来代表他们"②,这种叙述是为了解释路易·波拿巴如何获得小农支持的,但也在政治上否定了农民的自主性,当然,在马克思主义的叙述中,农民根本不可能占据历史的主体位置。

在这种以生产关系为参照标准的历史叙述中,农民由于其落后的生产关系而处于低级和需要被历史"剿灭"的命运上。如果按照经典的社会主义/共产主义革命的理论,工人阶级是革命的主体,并没有给农民预留下任何位置。在这个意义上,农民被排除在历史之外。而城市/乡村也成为工人/农民二元对立之上的空间隐喻。"对于马克思来说,城市是历史进步的象征,因此,社会主义的先决条件存在于城市之中"③,但是,自"十月革命"以来的社会主义革命,按葛兰西的说法是"反《资本论》的革命"④,也就是说发生革命的区域不仅不是资本主义高度发达的地区,而是那些以农业为主体的工业化相对落后的国家,这就使得纯粹的工人阶级领导的社会主义革命并没有被历史验证,反而是像苏联、中国这样主要以"农民"为主体的国家获得了革命成功,尤其是对于中国革命来说,城市无产阶级并非革命的主体,反

---

① 马克思的叙述是:"数百万家庭的经济生活条件使他们的生活方式、利益和教育程度与其他阶级的生活方式、利益和教育程度各不相同并互相敌对,就这一点而言,他们是一个阶级。而各个小农彼此间只存在地域的联系,他们利益的同一性并不使他们彼此间形成共同关系,形成全国性的联系,形成政治组织,就这一点而言,他们又不是一个阶级。"([德]马克思:《路易·波拿巴的雾月十八日》,人民出版社1997年版,第105页。)

② [德]马克思:《路易·波拿巴的雾月十八日》,人民出版社1997年版,第105页。

③ [美]莫里斯·迈斯纳:《马克思主义、毛泽东主义与乌托邦主义》,张宁等译,中国人民大学出版社2005年版,第36页。

④ [意]葛兰西:《反〈资本论〉的革命》,《葛兰西文选(1916—1935)》,国际共运史研究所编译,人民出版社1992年版。

而是农民成为重要的革命力量[1],"在毛泽东看来,城市不过是外国统治的舞台,而不像马克思确信的那样,是现代革命的舞台"[2],这种把农民作为工人阶级同盟军或者说把农民建构成一个"想象的阶级共同体"[3]的实践,在很大程度上是对第二国际时期卢森堡、葛兰西无法在西欧发达国家发动以工人阶级为主体的社会主义革命所带来的马克思主义的危机的克服。

进一步说,农民是被线性进步的历史观排斥在历史之外的[4],但是在后现代主义、后马克思主义等理论视野下所展开的对历史目的论、进化论、阶级还原论的批判,为反思农民在社会主义革命以及马克思主义的经典表述中的尴尬位置提供了可能。吕新雨在《〈铁西区〉:历史与阶级意识》一文中从第三世界/中国的资本主义化的历史出发,通过对资本主义发展过程中的去物化或者说符号化的分析,推论出当代工人阶级丧失历史主体性的原因是

---

[1] [美]本杰明·I·史华慈:《中国的共产主义与毛泽东的崛起》,陈玮译,中国人民大学出版社2006年版,第172—187页。

[2] [美]莫里斯·迈斯纳:《马克思主义、毛泽东主义与乌托邦主义》,张宁等译,中国人民大学出版社2005年版,第58页。

[3] 关于在把农民构建为一个想象的"阶级"的观点,是笔者2005年6月底参加华东师范大学举办的"全球化与东亚现代性——中国现代文学的视角"暑期高级研讨班,从吕新雨关于"乡村建设"的发言中获得的,吕新雨通过对比梁漱溟与毛泽东的乡村建设的异同,指出后者之所以获得了成功,很大程度上,在于把农民构建为一个"想象的阶级共同体"。

[4] 马克思以英国资本主义的发展形态为蓝本而勾画出普遍的社会演进的阶段论,被认为是西方中心主义视野的结果,或者更具体地说,马克思按照生产方式的不同,把历史/社会划分为原始的、亚细亚的、封建的和资产阶级的等四种经济结构的演变(汪晖在《是经济史,还是政治经济学?》一文中指出,这四种经济结构的划分是对"黑格尔历史哲学中的东方、希腊、罗马、欧洲的阶段性叙述与亚当·斯密从经济史角度对人类历史发展的四个阶段即狩猎、游牧、农耕和商业"的继承和综合,选自《反市场的资本主义》,中央编译出版社2001年版,第19页),在这种演变中预设着一种进步观,马克思认为"工业较发达的国家向工业较不发达的国家所显示的,只是后者未来的景象"(《马克思恩格斯选集》第二卷,人民出版社1972年版,第206页),而且,马克思把这种进步的时间观叠加到地域的分布上(这主要是黑格尔历史观的遗产,在其《历史哲学》中,就把空间的分布与绝对精神的演变重叠起来),这是一种19世纪的普遍主义的人类历史观念,带有很强的西方中心论的色彩,但是,马克思的这种把空间抽象为具体的时间的叙述,几乎被每一次社会主义实践的历史所解构。

"资本离弃了工人",而"经典马克思主义中对传统农民主体性的否决,可以被视为当代工人主体性失落的前提"①,并提出"不是马克思所期望和设想的最发达资本主义国家的工人阶级起来推翻资本主义社会,不是资本主义占统治地位条件下的反资本主义革命,而是资本主义在它所确立的过程中所激发出的旧世界的反抗,恰恰是这种革命运用了社会主义的旗帜并获得成功,人类历史上迄今为止的社会主义国家的建立,其实都不是工人阶级和工人运动的结果,而是农民革命的结果"②。这样,用农民替换工人或者说在资本主义结构中把农民与工人放置同等的历史位置上,就颠覆了经典马克思主义赋予工人阶级历史主体性的叙述。可以说,农民阶级不但没有离开历史,反而成为推动历史的动力。

从另一个角度来说,这种叙述也建立在以沃伦斯坦为代表的"现代世界体系"理论和弗兰克的依附理论对西方中心主义／普遍主义的批判之上,通过对"中心地区、半边缘地区、边缘地区"的划分,把西方／东方、中心／边缘的时间问题转化为空间问题,也就是作为共时的结构来处理,这样,东方或欠发达地区就不是滞后的结果,而是与西方或发达地区处在同一个资本主义全球体系之中,从而修正了经典马克思主义历史叙述中以西方为中心的进步观③。如果把"农民工"看作是从农民演化为工人的过渡状态,从而预设着历史的进步与进步中的代价,就掉入了经典马克思主义叙述的陷阱,尽管这种叙述包含了对资本主义原始积累时期的批判,但是这种批判背后预设着乌托邦的前景,或者说用"明天更美好"的允诺来化解今天的苦难。但是,现代化／工业化依然是当下世界或中国的宏大叙事,"现代化和工业化以对农民、农业的掠夺来完成资本的原始积累,无论是资本主义的英国还是社会主

---

① 吕新雨:《〈铁西区〉:历史与阶级意识》,《读书》2004年第1期。
② 同上。
③ 关于依附理论的论述参见陈燕谷:《从依附理论到全球体系》,公羊编:《思潮:中国"新左派"及其影响》,中国社会科学出版社2003年版。

义的中国、苏联,都是同一个历史动机的不同演绎"①,在这个意义上,"农民工"的问题也不得不放置在这样一个大的历史语境中来理解,或者说,对当下农民工的反思不可能离开近代以来对中国社会的认识,诸如社会主义革命、户籍制度等深刻影响中国当下社会生活的"历史事件",都与这个"宏大叙事"有着密切的联系。与其说这些"历史事件"阻碍或逃离了"宏大叙事",不如说它们是"宏大叙事"的一部分②,历史也远没有被终结。

二 关于"民工潮"的三种转喻

"民工潮"第一次出现在1989年春天,"引起了全社会的震动,也成了全社会关注的焦点"③,当时的媒体普遍使用"盲流"来指称农民工。"盲流"是"盲目流动"的简称,这来自1952年中央劳动就业委员会提出要"克服农民盲目地流向城市"的政策,到1995年8月10日公安部发布《公安部关于加强盲流人员管理工作的通知》还依然使用这个名称。当时之所以能够引起社会的震动,是因为改革开放前,农民是不能进城打工的。乡下人／城里人作为一种不仅仅是区域分隔更是等级或阶级分化的身份标识,使农民户口／城市户口成为众多社会身份中分外重要的一个。这种户籍制度或者说严格的城乡二元结构是为了社会主义工业化初期更好地从农业生产中积累原始资金而不得不采取的制度安排。

---

① 吕新雨:《〈铁西区〉:历史与阶级意识》,《读书》2004年第1期。
② 20世纪90年代中后期浮出水面的"新左派"与"新自由主义"的争论中,暂且不对彼此观点做二元对立式的表述。简单地说,"新左派"的主要工作就是重新评价了新中国成立以来计划经济体制下的社会主义实践的历史遗产,批评了把毛泽东时代的历史简单地"清算"为封建主义／传统的遗毒或历史的倒退的叙述(尤其是那种通过对"文革"的"全面否定"来反身为新时期的意识形态进行辩护的策略),而借用"现代性"的理论视野来把毛泽东时代的历史尤其是社会主义遗产作为中国近代以来的现代性过程中的另类现代化尝试或选择,进而在知识上打开了反思历史的空间。(参见公羊编:《思潮:中国"新左派"及其影响》,中国社会科学出版社2003年版。)
③ 郑念:《潮落·潮涨——民工潮透视》,中国人民大学出版社1993年版,第17页。

改革开放以后，首先启动的是在农村实行家庭联产承包责任制，而后是城市双轨制的改革。但1984年出现卖粮难以后，乡镇企业的"异军突起"调整了农业生产的结构，当时的政策是农民"离土不离乡，进厂不进城"，这种就地解决农业人口非农化的方案没有形成民工流动。随着"允许农民自理口粮进城务工经商"（1986年农业一号文件），农民开始离开乡土，这样就出现了由西部向东部、乡村向城市、欠发达向发达、内陆向沿海的内部移民。当然，许多农民工不仅流向城市或大城市，也流向东部乡村经济发达的地区，或者流向劳动力缺乏的宁夏、新疆等西北地区。这究竟是新出现的现象，还是历史中不断"重演的故事"呢？

从历史上看，"民工进城"并不是20世纪80年代末期才出现的现象，工业化／现代化的进程必然造成农民向工人的转化，自晚清"洋务运动"以来的工业化运动，"民工潮"就已经出现了，在这个意义上，"民工潮"是一个重演的故事。但是，这种历史追溯固然能够把"民工潮"的问题引向对现代化／工业化的讨论，但却忽略了20世纪80年代末期出现的民工潮有着更为复杂的历史动力，这种微妙的变化可以从"民工"与"农民工"的不同称呼上呈现出来。与新中国成立前出现的"民工"不同的是，在社会主义国家中，工人阶级是领导阶级，或者说作为既得利益的"工人阶级"是受到社会／国家保障的，在这个意义上，"农民工"才与晚清以来形成的"民工"具有不同的含义，如果说后者的"民工"基本上与"工人"是同义词的话，那么这里的"农民工"却不是社会主义意义上衣食无忧的"工人阶级"。

"民工潮"最初引起了一些新闻记者的关注，于是，出现了一些关于"民工潮"的报告文学。报告文学在20世纪80年代文学、文化地形图中占据着特别突出的位置，在某种程度上，报告文学充当了披露真相、呈现真实的功能（在电视、网络等媒体空前发达的时代，2004年1月出版的《中国农村调查》这部报告文学形式的书却成为畅销书）。葛象贤、屈维英在对1989年春节后出现的民工潮进行三个多月的追踪寻访的基础上，于1990年出版了《中国民工潮——"盲流"真相录》（简称《真相》）的报告文学，把刚刚出现的"民工潮"比喻为"中国古老的黄土竟然流动起来了——那像黄土一样固定的中国农民开始像潮水一样流动起来，而且势头很猛"，"那黄土啊，是多么的长久，多么的厚重，多么的闷寂，多么的慵懒，多么的灰面土脸，黄了吧唧。我们亲身经历了那里'学大寨'、战天斗地、改土造田，然而黄土依然是那样的黄土，黄土地上的农民依然像黄土那样沉郁、冷漠、恋乡、僵化……依然是那样的穷困潦倒，不追求如何目标，生下来时老天安排他们怎样生活就一直照样生活下去，直到死了归葬黄土，而下一代也是如此。"①这里的"黄土"是20世纪80年代特有的对传统中国的隐喻，包括陈凯歌的电影《黄土地》、流行歌曲《黄土高坡》都把静止而荒凉的"黄土"作为停滞的、循环往复的古老中国的象征，成为把中国历史描述为"超稳定结构"的具象版。而黄河等流动的形象，则成为救赎的力量，如作家张承志的小说《北方的河》把在游过北方／河作为"我"获得新生的精神之旅，这是在寻根（掘根）文学、文化热中所形成的一套特定的人文地理学。在这种静止的、去历史化的叙述中，中国／黄土／农民变成了循环往复的、没有生机的存在，正是这种静止的状态赋予"民工潮"以流动的形象，正如作者手记所写"当脚下的黄土也流动起来的时候，中国就会真正、彻底地变"。

在《真相》一书中，作者把"民工潮"比喻为"倒插队"，把"工仔楼""工妹楼"命名为"知青点"，认为民工青年到城市打工是与20世纪60年代城镇知识青年"上山下乡"正好相反的历史运动，"这是因为历史虽不会重演，但有时却十分相似，甚至细节"②。"上山下乡"与"民工潮"确实是新中国成立后发生的两次比较大的人口流动，如果说前者是为了解决城市劳动力过剩，那么后者则是为了解决农村中的人口剩余问题。暂且不谈背后的政

---

① 葛象贤、屈维英：《中国民工潮——"盲流"真相录》卷首语，中国国际广播出版社1990年版，第1页。

② 葛象贤、屈维英：《中国民工潮——"盲流"真相录》，中国国际广播出版社1990年版，第127页。

治经济学动力,这种"相似的历史"的叙述已经抹去历史自身丰富的差异性,"接受贫下中农再教育""我们也有两只手,不在城里吃闲饭"的叙述与农民工背井离乡是不同意识形态下的结果。在某种意义上,重提"上山下乡"的历史记忆是为了建立历史的相似性,以便在这种类比中,把"民工潮"镶嵌到已经断裂的历史之中。

在《真相》中,还把"民工潮"类比于美国19世纪的"西进运动"。"19世纪席卷美利坚合众国的'西部浪潮'——生气勃勃的美国人疯狂般地向西部移民,吸引他们的是土地、草原、财富和机会"[1],而在杨湛被收入"珠江三角洲启示录丛书"的《汹涌民工潮》的结语中则提到"在美国,200年来第一次出现了迁往农村的人口远远超过迁往城市的人口的现象"[2]。这种把从乡村迁往城市的"民工潮"与从东部城市向西部开拓的美国人放置在一起的叙述,无非为"民工潮"预设了一个美好的前景,而这个美好的前景更有可能被进一步表述为"美国的资本主义制度",因为美国西进农民"那吱吱作响的大车,把资本主义制度从大西洋岸一直推进到了太平洋岸"[3],从而作为"民工潮"具有历史进步性的证明,但是美国"西进运动"与中国"民工潮"之间的历史差异在于前者不仅仅是与农民有关的运动,还是包括大地产商在内的以土地换金钱的"开发西部",可以说,"西进运动"在土地市场化基础上形成的金融资本成为美国完成资本主义原始积累的重要过程。[4]

第三种关于"民工潮"的修辞方式是把"民工潮"比喻为"出国潮"。在《真相》中"从民工潮我们联想到了这几年另一股波及全国的潮水——

---

[1] 葛象贤、屈维英:《中国民工潮——"盲流"真相录》,中国国际广播出版社1990年版,第40页。
[2] 杨湛:《汹涌民工潮》,广州出版社1993年版,第142页。
[3] 秦晖:《田园诗与狂想曲——关中模式与前近代社会的再认识》,中央编译出版社1996年版,第330页。
[4] 吕新雨:《农业资本主义与民族国家的现代化道路——驳秦晖先生对"美国式道路"和"普鲁士道路"的阐述》,《视界》第13辑,河北教育出版社2004年版。

出国潮。出国潮的弄潮儿多是青年学生和中青年知识分子"①。把"出国潮"的群体指认为"知识分子",并建立一种关于知识分子从中国的"士"阶层以来都是"在流动中谋生"的叙述,用这种叙述来参照"中国的农民,亘古以来就像胶着的黄土。现在他们竟也流动了起来"的历史意义。这种农民／知识分子的叙述依然延续了社会主义话语中对农民／知识分子的划分方式,在某种程度上保留了一种"人民,只有人民才是推动历史动力"的观念。在农民／知识分子的对立中,就遮蔽了另外两种移民:一种是通过教育体制由农村转入城市的少数精英,另一种则是或合法或非法(偷渡)的跨国打工的事实。而在《汹涌民工潮》一书中描述"民工潮"现象时也把国内移民比喻为跨国移民,比如把聚集在珠江三角洲的操着各种方言的农民工比喻为"联合国",把农民工没有正式户口的处境比喻为没有"绿卡","因为她们没有一张长期留居城市的'绿卡'——也许移居美国所需的那一张'绿卡',也没有在中国之内从农村移居城市的长住户口那样难搞到吧"②,这无疑暗示着农民工由于户籍制度的存在而无法享有合法"身份"的处境,而没有"绿卡"的非法身份却成为充当廉价劳动力的保证。"民工潮"与"出国潮"之所以能够构成转喻关系是因为在"打工／出国"的背后是"黄金海岸"的诱惑,正如《汹涌民工潮》的内容提要中所说:"20世纪80年代以来,乡土观念最强的中国农民再也抵不住南国商品经济繁荣的诱惑和吸引,纷纷背离祖先眷恋了数千年的故乡本土,从全国不同省区向珠江三角洲滚滚流动,5000万民工蜂拥南下,投奔'黄金海岸'",资本／金钱成为解释"民工潮"的历史动力,诸如商品经济、竞争意识、"炒鱿鱼"、"跳槽"等新词语作为取代"铁饭碗"的标志,而"'物

---

① 葛象贤、屈维英:《中国民工潮——"盲流"真相录》卷首语,中国国际广播出版社1990年版,第2页。

② 葛象贤、屈维英:《中国民工潮——"盲流"真相录》,中国国际广播出版社1990年版,第166页。

竞天择，适者生存'，人只有能自救，上帝才会拯救你——'打工仔'们，你别无选择"①的逻辑，也成为对新的游戏规则进行辩护或论证的话语方式，一种新的意识形态或者说常识系统正在建构之中。

从这些最初讨论"农民工"的报告文学中可以看出，关于"民工潮"的叙述是在一系列转喻性的修辞中完成的，"民工潮"被比喻为"倒插队""西进运动""出国潮"，在这些"高难度"的历史对接中，所要实现的是对"民工潮"的乐观主义叙述，诸如"在对民工潮三个月、上万里的追踪中，我们看到的并非是一股股到处横流的盲目的祸水，而是一幅离开农村、离开家乡的农民走向新的生活，追求现代文明的气壮山河的进军图"②，或者"民工潮的出现，是历史的进步，是社会的进步"③。而这种历史对接的实现不仅把放弃以农业生产为代表的农耕文明作为"历史的进步"，而且"民工潮"之前的中国历史被以静止化、去历史化的方式彻底否定掉，这种在分享由农业到工业的线性现代化逻辑下虚构了一个创世纪开端式的进步叙述，成为重新建立一种新的意识形态逻辑的一部分。

三 外来妹、打工文学与流浪之歌

20世纪90年代以来，电视作为强势媒体的地位凸现出来，并且从覆盖地区上说，电视成为名副其实的"大众传媒"。《外来妹》(1991年) 是最早反映广东地区外来打工者生活的电视剧，1991年播出后获得极大的成功，讲述了一群来自偏远山区的姑娘到广州打工的经历。这种把农民工/女性的身份叠加在一起的表述，不仅仅遮蔽了男性农民工的存在，而且也是把阶级问题转移为性别问题的重要策略。从《外来妹》主题曲是《我不想说》

---

① 杨湛：《汹涌民工潮》，广州出版社1993年版，第102页。
② 葛象贤、屈维英：《中国民工潮——"盲流"真相录》，中国国际广播出版社1990年版，第35—36页。
③ 郑念：《潮落·潮涨——民工潮透视》，中国人民大学出版社1993年版，第103页。

中可以很清楚看出，这首由杨钰莹演唱的情歌传达的是"我不能拒绝心中的感觉""我不能没有你的世界""我不能忘记你的笑脸"，而"你"与其说是某个具体的情人，不如说是"城市""城市的天空"。这首歌表达了乡村姑娘对"城市"的向往，"不管明天什么季节"都会"擦擦脚下的鞋"，走上通往城市的"长长的路"，乡村／城市的欲望逻辑就建立在女性／男性的性别关系之上。

正如描述"民工潮"的重要修辞是类比为"出国潮"，如果把《外来妹》与20世纪90年代初期热播的另一部电视连续剧《北京人在纽约》(1993年) 相比较，就可以看到在"外来妹／女性"的"城市想象"与"北京人／男性"的"美国梦"之间有着更为微妙而复杂的性别逻辑和欲望逻辑。在刘欢演唱的《北京人在纽约》的主题歌《千万次的问》中，这种男性爱恋的独白表达的是"我／中国"对"你／美国"的一往情深，但"你却并不在意"。在"问自己是否离得开你""问自己你到底好在哪里？好在哪里？"的苦苦"追问"中，表达了一种"中国"暗恋"美国"的苦涩。在这里，北京／纽约、中国／美国的欲望关系也是放置在男性／女性的性别关系之中来完成的。这种由乡村／城市到中国城市／美国城市的等级分明的想象中，共享了同一个逻辑，就是资本力量强弱下的欠发达地区／发达地区的欲望关系，在这种中心／边缘的逻辑中，"北京"既是中国乡村的"城市"，又是美国纽约的"乡村"，而正是这样一种国际的落差、城乡的落差，还有性别的差距，使资本增值获得了可能，或者说寻找差异是资本内在的逻辑。从另一个角度来说，"外来妹"作为农民工的指称本身，是用一种突显性别的方式来实现一种阶级话语的转移，或者说把阶层的流动具象化为性别场景，从而消解农民工自身所携带的阶级想象。

随着20世纪90年代市场化／商品化的发展，纯文学期刊普遍面临被边缘化的命运，但是以刊登打工文学为主的《佛山文艺》及其半月刊《打工族》

却获得了市场上的成功,它们成为"打工仔放在裤兜里的杂志"[1]。《佛山文艺》原是一份普普通通的地市级文艺刊物,20世纪80年代末期,开始把读者定位在外来工,以发表打工青年写作的文学作品为主,发行量增加到四五十万册,号称"中国发行量最大的文学期刊之一"和"中国首家文学半月刊"[2]。1993年《外来工》从《佛山文艺》中分离出来,成为专门针对"农民工"的综合刊物,2000年11月《外来工》正式改名为《打工族》,原因是"外"字带有歧视性。

《佛山文艺》最早是因为刊登"打工文学"而获得成功的。20世纪80年代末期张伟民在《大鹏湾》发表了反映打工生活的小说《我是打工仔》,90年代初期,安子的《青春驿站——深圳打工妹写实》出版并畅销,"打工文学"也开始成为人们关注的对象。在这个时候,以《佛山文艺》为代表的打工刊物成为首发打工文学原创作品的杂志。关于"打工文学"的讨论竟也与"民工潮"使用了相似的修辞方式,把"打工文学"类比为"知青文学"或者是美国在西部开发中所涌现出来的"西部文学"(即美国的"打工文学"),比如谭运长在《打工文学与文学史》一文中,借用农民工与知青类比的修辞方式,认为"二者都是在某种偶然事件下产生的偶然的文学景观,二者都源于一段特殊的历史及与之相关联的特殊的社会群体"[3]。文易在《来自〈外来妹〉的报告》中提到"诚如一位评论家所言,一百多年前,美国在西部开发中涌现的西部文学——美国'打工文学',曾产生过以杰克·伦敦为代表人物的伟大的作家作品"[4],这种叙述依然是在"知青下乡带来都市文化对乡村文化的辐

---

[1] 《像爱上一个人那样爱一份杂志——杂志的拥趸》,《新周刊》2003年9月2日。
[2] 陈佳:《文学期刊:转型生死路,有人死去也有人欢歌》,《新京报》2003年12月5日。在《佛山文艺》的征稿广告中也有:"《佛山文艺》是中国发行量最大的文学期刊之一,也是中国首家文学半月刊,期发行量达40万,并被评为第二届百种全国重点社科期刊,也被文学期刊界称为'另类'。"
[3] 谭运长:《打工文学与文学史》,《羊城晚报》1998年12月1日。
[4] 文易:《来自〈外来妹〉的报告》,《羊城晚报》1992年3月29日。

射,而打工者进城则标志着农业文明接受工业文明的洗礼"①的都市／乡村、工业／农业的二元对立的结构之中。如果从文学风格上来说,"打工文学"几乎都是现实主义作品,因为这种再现方式使生活／文学变得更"透明",也更容易把自我投射到文学语言中。简单地说,"打工文学"大致包含三个主题:复杂的城市想象、作为外来人／都市人／边缘人的身份认同问题和打工者与老板的矛盾斗争②,其中老板与打工者的压迫关系往往放置到老板(男性)／打工者(女性)的性别修辞中来完成。

相比《佛山文艺》,《打工族》的定位是"一份讲述打工一族自己故事的综合文化期刊",其栏目安排多为"成功高速路""打工警世录""心灵之约""打工奇情""打工众生""打工呐喊""为自己喝彩""情感流水线""丑陋的打工人""打工e人类"等与"打工生活"相关的话题来展开,文章几乎都是打工者写作的,也有一些编辑与打工者之间的对话或互动,使《打工族》这一"全国首家面向打工者的畅销期刊"营造一种"同是天涯打工人,相逢何必曾相识"(宣传语)的氛围,以获得打工者们的认同。在刊登的一封读者来信中,"我想,打工族(包括我在内)都想把自己在打工过程中所遇到的困难、挫折等倾吐出来,都渴望有自己诉说心声和得到指点的空间"③,这不仅仅是读者／打工族的心声,更是编者所试图创造的"空间",但是,填充这个空间的却是赚人眼泪的亲情故事、离奇的情爱写真或根据社会法制新闻写成的报告文学,"诉说心声"已经变成了善恶分明的伦理剧或道德剧。打工者在正义与邪恶的叙述中确立"善有善报、恶有恶报"的道德信念;在"许多用金钱买不来的幸福"④和"'万能'的金钱在无价的真情面前,是那么

---

① 杨宏海整理:《"打工文学"纵横谈》,《深圳作家报》1991年第2期。
② 这三个主题是杨宏海在《打工世界:青春的涌动》一书的前言中提到的,花城出版社2000年版,第16—18页。
③ 张志华参与讨论"外来工"改名问题时写给《打工族》的信,《打工族》2000年8月(上)。
④ 《破产后的千万富翁做起了"破烂王"》,《打工族》2002年3月(上)。

渺小"①的温情中获得精神上的优越感；在"我们被人群抛弃了，但是我们不能抛弃我们自己"②的自我励志中完成对现实遭遇的"想象中的解决"。在这个意义上，《打工族》等打工杂志与其说为农民工提供了通过"文学"来再现生活的空间，不如说更提供了一份抹去现实苦难的精神与道德的抚慰。

"打工文学"的出现是一种市场意义上的成功，也充分说明了打工者的消费能力。与此相似的是，20世纪90年代中期，也出现了一些打工歌曲，比较成功的是陈星演唱的《流浪歌》。"流浪"曾经在20世纪80年代中后期因为台湾作家三毛的作品而成为人们关于行走在异国他乡的浪漫想象，而这种想象在20世纪90年代又叠加于旅游工业之中，尤其是成为小资旅行文化不可或缺的佐料。这些生活在都市中的小资们对于"流浪"、旅行或在路上的渴望，与同样生活在大城市的民工关于漂泊、思乡的情绪不同，如果说前者通过对自然风光、名胜古迹、浪迹天涯的旅行／消费来实现一种"生活在别处"的文化想象，那么后者已然身处"他乡""异乡"的境遇在"没有那好衣裳，也没有好烟""心里头淌着泪，脸上流着汗"（《离家的孩子》）的辛酸中更需要一种对故乡、母亲、家的抚慰（"想起了远方的爹娘泪流满面"）。尽管这种廉价的乡愁和被称为"小资"的流浪想象都是大众文化的产物，但是他们各自的阶层地位使其很难彼此分享那份漂泊在外的情感。

可以说，20世纪90年代中前期大众传媒中出现了电视剧《外来妹》、"打工文学"和流行歌曲《流浪歌》等与农民工直接相关的表述，尤其是在南方打工群体聚集的地区，这些专门的打工期刊和流行歌曲的存在，充分说明农民工作为一个消费群体在大众文化地形图中浮现出来。从《外来妹》的热播可以看出农民工借助"女性"性别弱势的外衣首先登临大众传媒的"舞台"，这种被观看的位置正好吻合于城里人对于农民工的指认。打工文学虽然有许

---

① 《京城富姐：赢了钞票输了爱情》，《打工族》2002年2月（下）。
② 余新春：《我不是一个病人》，《佛山文艺》2001年11月（上）。

多是打工者的自我创作，但也不能忽视《佛山文艺》《打工族》在刊物定位和栏目设计上对打工文学的规范，使关于打工生活的描述呈现诸多定型化的想象。而《流浪歌》《你在他乡还好吗？》等流行歌曲，成为思乡或乡愁的载体，在并不如意的城市生活中建构了一个美好的、纯洁的乡村，以满足工业化过程中背井离乡的流浪无产阶级的怀旧情绪。

四 弱势群体与底层想象

在官方媒体中，农民工一般在农村或农业问题中来论述，把"农民外出打工"作为提高农民收入的重要方式。直到2002年，在国务院前总理朱镕基的《政府工作报告》中，农民工被放置在"弱势群体"中，要求"对弱势群体给予特殊的就业援助"。"弱势群体"一般指身体有残疾或智力有障碍的群体，在已故知名作家王小波的一篇流传广泛的杂文《艺术与关怀弱势群体》的文章中，"弱势群体"就指非正常智商的人群①。而《政府工作报告》中所提到的"弱势群体"具体包括下岗职工、"体制外"人员、进城农民工、较早退休的"体制内"人员这四类群体，之所以把他们规划为弱势群体，是因为"目前的城市最低生活保障还覆盖不了他们，需要政府单独立项拿出钱来援助"②。

与农民工相比，下岗职工、较早退休的"体制内"人员原来都在单位制的庇护之下，而现在他们成了体制外的人群，"弱势群体"似乎成为对"体制外"的保护。因为"'单位制'是改革前中国城市社会中的一项重要制度安排"，"是以追求效用的最大化为目标的，只不过，它所追求的不是经济效用

---

① 王小波：《沉默的大多数：王小波杂文随笔全编》，中国青年出版社1997年版。
② 记者何磊对劳动和社会保障部社会保险研究所所长何平的采访，见《朱镕基报告中新名词，弱势群体包括哪些人》，《中国青年报》2002年3月7日。

的最大化，而是社会效用的最大化"[①]，所以进入单位制，就意味"生老病死有依靠"。但是随着20世纪90年代中后期住房、医疗、教育等改革举措的实施，社会主义体制下的种种制度安排已"今非昔比"。在这个背景下，"弱势群体"与其说处在"体制"之外，不如说他们处在"社会就业"之外，或者说他们被社会所淘汰。但问题在于，农民工并不像下岗职工、"体制外"人员、较早退休的"体制内"人员一样被社会所放逐，农民工作为廉价劳动力已经成为是社会建设的主力军。据全国总工会和国家统计局历时一年展开的新中国成立以来最大规模的第五次全国职工队伍状况调查显示，到2003年年底，中国的就业人数达到74423万人，其中三个产业的构成分别为49.1%、21.6%和29.3%，第二、三产业吸纳的劳动力达37886万人，其中国有和集体单位的职工已分别下降为6621万人和950万人，这意味着农民工正在成为工人阶级的主要力量，农民工主要集中在第二产业，其比例高达82.7%，其中制造业、建筑业和采矿业分别占到66.2%、13.0%和3.5%[②]。"弱势群体"与其说承认了农民工的弱势地位，不如说依然没有给农民工作为工人或劳动者的身份，而被放逐到"社会"之外。

2000年前后，"民工"的形象不断地出现在中国先锋艺术家的作品中，农民工作为社会苦难和底层的指称，成为艺术再现和借重的对象。早在1996年，行为艺术家罗子丹在其"都市行为艺术"系列中，就有一部是《一半白领，一半民工》(1996年12月)的作品，具体"行为"是罗子丹把自身装束分成了两半边——一半是穿高级白领服饰，一半是粗旧的补丁衣服和露出脚趾黏着干泥的布胶鞋，显然这种对于民工的再现来自农民，而白领／民工的符码借重于对城里人／乡下人的想象，不过，在突显这种不协调和对立的同时，艺

[①] 孙立平：《"单位制"及其变迁》，选自《转型与断裂：改革以来中国社会结构的变迁》，清华大学出版社2004年版，第221页。

[②] 舒迪：《农民工正成为中国工人阶级的主要力量》，《人民政协报》2004年7月8日。

主体魅影

术家似乎忽视了白领和民工都是城市的"打工族",他们耦合在一起是同一个历史进程的产物。

2001年8月,舞蹈家文慧在北京未建成的远洋艺术中心中排演了《与民工一起舞蹈》的现代舞,演员由十几名专业舞者与30名民工组成,舞台是正在向着艺术中心改建、四壁裸露着水泥的旧纺织车间(远洋艺术中心是远洋房地产公司出资改建的,由先锋建筑师张永和设计),道具是20台缝纫机和汽油桶,用来再现20世纪70年代纺织厂的场景。演出时并没有固定的舞台,观众和演员混在一起,民工们则赤裸着上身,唱着山歌,在黑暗中打亮手电,用不太标准的普通话"喊话"等。策划人之一吴文光的解释是"这是一个旧工厂,即将被变成一个所谓的艺术中心,这几乎是中国目前时代转变中的典型的一个例子,旧的工厂被淘汰,新的所谓的艺术中心即将进入,但中间充满了一种过程的东西,这个过程就使我们想到了民工,民工是这种改变的身体力行的改变者"[①]。这种把旧工厂转变为"艺术中心"的行为(与"远洋艺术中心"类似,在北京大山子地区原国营798联合厂也被改建为闻名遐迩的艺术区),似乎成为当下城市中国的隐喻,昔日作为"生产性"的布满工厂的社会主义城市,在经历了近20年的转轨、改制之后,许多工厂被废弃或者搬迁郊外,其厂房和土地不得不被出卖[②]。这可以从纪录片导演王兵的作品《铁西区》(2001年)中看出,曾经作为社会主义化工生产基地的沈阳铁西区在国企改制中破产,只留下空空荡荡的厂房。当艺术家把"民工"邀请到"破旧的厂房"的时候,曾经作为社会主义主人翁的工人阶级杳无踪影,而暂时填充这个位置的是"民工",这又在某种程度上展示了工人下岗与民工进城是以"市场经济"改革为主导的同一个历史进程的两个面向,而在这个"工人阶级失去历史主体地位"的时代里,农民工有没有可能在理

[①] 中央电视台时空资讯栏目:《与民工一起舞蹈》。
[②] 汪晖:《改制与中国工人阶级的历史命运——江苏通裕集团公司改制的调查报告》,《天涯》2006年第1期。

论与现实的双重实践中占据这个缺失的位置呢？由"纺织厂"到"艺术中心"的变迁是否预示着以工厂作为单位的物质生产形式的衰落、"非物质性生产方式"①的到来呢？

曾经参与策划《与民工一起舞蹈》的先锋艺术家宋冬2003年11月在今日美术馆进行了《与民工在一起》的展览，作为联合国教科文组织和中国社会科学院共同主办的《我们在一起——"民工同志"当代艺术展》②的开幕式。这个艺术展包括行为艺术、装置、多媒体、雕塑等艺术形式，分三大主题及展区：第一展区提供了近年来有关民工的数据资料和相关记录；第二展区的主题是民工纪念碑，以巨大的雕塑和摄影图片，体现出民工的工作环境和状态；第三展区的作品描述出民工的社会地位和生存状态。而宋冬的作品是此次展览的核心部分，具体行为是：他与200多个赤膊民工合作，穿插在参观人群中，让人们时刻感受到民工的存在，其中在一个长廊中安排几十个民工并肩站立"注视"着走过的人群，似乎把日常生活中农民工被"注视"的关系颠倒过来。按照宋冬的解释"美术馆是一个房地产开发商办的，而房地产开发是使民工大量进城的一个原因，这种关联本身就是作品的一个元素。在美术馆与民工近距离接触的体验，也是作品的一个元素。而我找的民工都要付费，付费本身也是作品中的元素"③，这似乎延续了《与民工一起舞蹈》的主题。在这些强调"现场感"的行为艺术中，艺术家把"民工"放置到"舞台"主角的原因解释为搭建"舞台"自身的恰恰是"民工"，而这些艺术行为的目的是为了让很难在城市空间中显影的城市建设者"民工"以"艺术"的名义占据舞台的中心。这在某种程度上，延续了民工／大多数／人民作为历史动力的想象，或者说他们的艺术工作似乎暂时恢复了"民工"的主体位

---

① [美]麦克尔·哈特、安东尼奥·奈格里：《帝国与后现代主义政治》，《天涯》2004年第5期。
② 联合国教科文组织和中国社会科学院社会学研究所从2002年到2005年联合进行一项扶贫计划的研究，其中有一个内容就是中国民工现象，通过这两个机构对中国7个城市的民工现象进行研究。
③ 高文宁：《关注民工 明天千名民工上演行为艺术》，《北京晨报》2003年11月21日。

置,但是,如果说"房地产开发是使民工大量进城的一个原因",那么使"民工"走进美术馆的又是谁呢?是艺术家及其支持艺术家的联合国教科文组织。在这样两种"再现"中,究竟是后者颠覆了前者,还是两者具有共谋的关系呢?不过,至少这种"再现的再现"使前者的逻辑暴露出来,这也许是后现代主义的解构策略吧。

与此相关的是,在2000年前后出现的一些"地下电影"或"地下纪录片"中,农民工也成为被关注的主题,这包括《北京弹匠》(朱传明导演,1999年)、《铁路沿线》(杜海滨导演,2000年)、《希望之旅》(宁瀛导演,2001年)等"地下纪录片",《安阳婴儿》(王超导演,2001年)、《陈墨与美婷》(刘浩导演,2002年)、《盲井》(李杨导演,2002年)等"地下电影"。"地下电影"和"地下纪录片"是指采用"体制外制作"的方式完成拍摄、"私自"送往国际电影节参赛、不能在国内公映的影片。这些影片一方面在国内因为是"体制外制作",所以被指称为"独立制片",或者"民间影像"(尤其是对一些独立纪录片),这在某种程度上,延续了20世纪90年代中国文化空间中对于"官方/民间"的话语表述方式;另一方面这些影片在国际电影节/西方视野中往往被读解为"持不同政见者电影",或者说是"后冷战时代的冷战式情境"下的产物[1]。这种"体制外制作"加参加"国际电影节"的模式,成为20世纪90年代以来第六代导演不约而同地选择的"浮出历史地表"的方式。

早期的"地下电影"/第六代往往更多地讲述"长大成人"的故事,比如经常以摇滚人的生活作为自画像,而20世纪90年代末期则出现了诸如上面提到的这些表现城市打工者、下岗工人、妓女等社会底层人物生活的影片。这几部电影的导演都是第一次拍电影,而且影片受到了国际电影节的欢迎和褒奖。这种由对社会边缘人群的关注转向一种底层视野在某种程度上内在于"第六代"的影像策略之中。他们一方面关注于内心/个人,另一方面也强

---

[1] 戴锦华:《隐形书写——90年代中国文化研究》,江苏人民出版社1999年版,第32页。

调对"当下"/现实进行"记录",这种诉求建立在对"第五代"讲述历史寓言的美学反动之上,正如第六代的代表性人物张元所说:"寓言故事是第五代的主体,他们能把历史写成寓言很不简单,而且那么精彩地去叙述。然而对我来说,我只有客观,客观对我太重要了,我每天都在注意身边的事,稍远一点我就看不到了。"①这种对"客观"的美学追求,既使他们转向自恋式的青春书写,又使他们把"我"/摄影机作为时代的见证人,因此,纪实的风格成了他们影像的内在要求。在这个意义上,这些世纪末出现的"地下电影"依然在讲述他们看到的故事,或者说自己的故事。在人性/人道主义的叙述中,摄影机所拍摄/记录的底层与他们自己联系在了一起,但是,这种转向底层的视野又不期而然地应和着国际电影节对这类影像的渴求。在一篇《地下电影拍摄指南》的网络文章中,提到男主角应该是"处在失业或者某种不正常的状态",女主角则是"性产业从业人员或失业的纺织女工",影像风格要多用"长镜头和昏暗场景",而且"一定需要一个很好的英文翻译,因为你的这个片子将会面对非常多的国外观众"②,这篇带有某种嘲讽色彩的文章,却道出了游戏其间的某种心照不宣的规则,"地下电影"与国际电影节的权力关系依然制约着这些影像的表达。

新世纪之交,农民工不仅在政府文件中被显影为"弱势群体",而且被先锋艺术家再现为"舞台的主角",在官方/民间或主流/边缘的视野中,农民工不期而然地占据了或者说享受了"中心"位置,暂且不讨论作为"官方说法"和被小资消费的先锋艺术都无法与真正的"大众文化"相媲美,但可以说明关于农民工的修辞已经脱离了早期在现代化逻辑下所建立的乐观主义叙

---

① 郑向虹:《张元访谈录》,《电影故事》1994年第5期。
② 网友xzfd在《地下电影拍摄指南》一文中用"不管怎么说,完整地把两个人吃完一碗面条的过程用胶片拍摄下来"来暗指《安阳婴儿》,用"尽可能地避开在公共场合拍摄以及尽可能地少用群众演员,最好就是两个男女主角在一个小房子里聊天就行"来暗指贾樟柯的《小武》等,2002年8月5日。

主体魅影

述，而成为一种社会苦难的象征。

五 "为了六十一个阶级兄弟"与"包身工"

在20世纪90年代中期创刊的《三联生活周刊》等以都市中产阶级为期待读者的杂志中，关于农民工的论述并不多，除了那些讨论新富阶层的专题中涉及贫富分化的问题时农民工往往作为"贫困"的标志之一而出现外，农民工只出现在特大安全事故的新闻里，尤其是关于矿难、矿工的报道。仅2001年和2002年就有《煤坑怎样变成墓穴？——矿工和矿主用生命赌博》(2001年第32期)、《南丹矿的死亡"阴谋"》(2001年第33期)、《为了六十一个阶级兄弟》(2001年第49期"封面故事")、《鸡西矿工活着的代价——"生产必须违章，不违章不能生产"》(2002年第27期)、《繁峙矿难调查：黄金打破平衡——丰富的黄金与国家级贫困县》(2002年第28期)等五篇重点文章。

煤矿工人是工业文明的典型代表，现在农民工成为非国营煤矿的主力军，在这些中小型煤矿中，安全生产存在着严重的隐患，使得煤矿事故频频发生，关于"矿难"的新闻，也成为"大众传媒"报道最多的生产事故。其中2001年第49期《三联生活周刊》把山西吕梁矿难的新闻作为"封面故事"，使用了《为了六十一个阶级兄弟》作为标题，其封面是从漆黑的矿井中埋头奋力往外爬的矿工。之所以使用这个名称，文中并没有过多的论述，似乎是因为"吕梁一个星期两起特大事故，那是六十一条人命啊"[1]，但是从读者的角度，使用"为了六十一个阶级兄弟"依然可以唤起其作为中学语文经典课文的记忆。

《为了六十一个阶级兄弟》是一篇写作于20世纪60年代的报告文学，被收入中学语文课本。讲述的是1960年山西省平陆县修路民工不幸发生中毒，

---

[1] 高昱：《为了六十一个阶级兄弟》，《三联生活周刊》2001年第49期。

遮蔽与突显：中国农民工在大众传媒中的修辞术

为了抢救六十一个阶级兄弟，从卫生部、空军领导机关及指战员、北京的特药商店、平陆县委会、邮电局、交通局到广大群众都投入了救援，终于把急需的药品"二巯丙醇"及时送到、抢救成功的故事，反映了"一方有难，八方支援"的"社会主义制度的无比优越"(课文结尾句)。"阶级兄弟"指的是"农民阶级"，即山西省为支援三门峡工程而修建的一条从芮城风陵渡到平陆南沟的省级公路的民工，他们在农民作为工人阶级同盟军的意识形态叙述中被建构为"阶级兄弟"。在一篇关于《〈为了六十一个阶级兄弟〉真相》(2003年7月3日)的文章中指出"当年作为反革命分子而被枪毙的投毒犯张德才，投毒的真正动机，原来不是破坏社会主义事业，而是出于报复的目的"，而"在家喻户晓的'六十一个阶级兄弟'中，其实有不少是地主富农子弟，还有个别是反革命家属……但为了突出'阶级兄弟'的概念，这些出身不好的人的家庭成分均被填作下中农或中农，暂时享受了'阶级兄弟'的待遇"[①]。暂且不管这篇"解密"文章的真实性，文章本身所要解构的恰恰是"为了六十一个阶级兄弟"的"阶级情谊"，这也从反面可以看出"阶级情谊"不过是一种特定意识形态话语的产物。与此相关的是在《六十一个阶级兄弟近况如何？》(2004年8月17日)中的报道："创维集团发起了以'为了六十一个阶级兄弟的共同富裕'为主题的找寻活动……该活动将对六十一个阶级兄弟中健在的农民兄弟进行资助，使已经富裕的兄弟锦上添花，同时与生活拮据的农民兄弟建立长期的帮扶关系，帮助他们掌握致富的本领，为他们的创业提供资助，以达到共同富裕的目的。"[②]这种把"阶级兄弟"的历史记忆与"共同富裕"的官方政策耦合在一起的是企业进行商业宣传的动机，在革命/阶级话语成功地转化为商业/商品的意识形态的过程中，也成功地宣告了作为建立革命合法性的阶级话语的失效或死亡。

---

① 马斗全：《〈为了六十一个阶级兄弟〉真相》，《南方周末》2003年7月3日。
② 《六十一个阶级兄弟近况如何？》，《山西晚报》2004年8月17日。

而《三联生活周刊》借用"为了六十一个阶级兄弟"这个名称也没有突显"阶级兄弟"的含义,或者说,正好讲述了一个相反的故事。该报道从"过去的一个月里,死亡在山西不再是什么重大事件"的司空见惯的"矿难"入手,反思的是政府对煤炭业的管理制度。20世纪80年代国家为了缓解能源紧缺而鼓励发展小煤窑,煤炭也成为贫困地区发家致富的依靠,但2001年6月份,国务院又下达了《关于关闭国有煤矿矿办小井和乡镇煤矿的紧急通知》,而政府对煤矿并没有给予任何补偿,于是,这篇深度报道就建立了这样一种叙述:"20多年前,依靠行政手段保证着煤矿安全领导的权威性,然后对产量的刻意要求和大量开发,使得安全规章制度退居到最次要的位置,现在哪怕安全管理机构制定出再完备的制度,也已经不被管理对象包括制定者发自内心地尊重和遵守,因为这种安全管理实质是'人治的法规'",尽管"人治的权威性,在经历了市场经济的导入后,已经被现实生活中多元化的利益取向所消解。然而,对领导权威的路径依赖仍在持续并进一步强化",因此,"为了六十一个已经死去了的阶级兄弟,我们必须用尽可能快的速度和尽可能少的代价,找到那么一个好的制度的权威。对于一个社会来说,制度的权威的缺失也许是比腐败更严重的问题"[1]。

这种叙述一方面把矿难事故归结为"比腐败更危险的"人治的管理制度造成的,另一方面把"市场经济"作为消解"人治"的良方,但作者认为"使得安全规章制度退居到最次要的位置"的原因是"对产量的刻意要求和大量开发",而并没有解释"对产量的刻意要求和大量开发"的动力又是什么。这种对政府/官方的制度批判,似乎非常符合《三联生活周刊》所代表的民间立场或市民社会的声音,但是却忽略了矿难事件背后的发展主义/现代化逻辑。与其说是政府/人治的制度使"市场经济"发育不完善造成了今日矿工的历史悲剧,不如说是"市场至上"的发展主义逻辑造成了"生产必须

---

[1] 高昱:《为了六十一个阶级兄弟》,《三联生活周刊》2001年第49期。

违章，不违章不能生产"的原始资本主义初期的残酷。

对这种现实残酷的表述在诸如《真理的追求》《中流》等1989年以后出版的"老左派"杂志中表现得更为充分。在这些基本上延续了经典社会主义立场的论述中，"不能丢弃阶级和阶级分析的观点和方法"（《真理的追求》2000年第8期）和"站在最大多数劳动人民的一面"（《中流》1998年第3期）的立场使他们对于"私营企业主是不是资产阶级""私营企业主是不是社会主义劳动者""资本家能不能当劳模""资产阶级能不能入党""私有化""股份制"等问题保持高度的政治敏感，这些讨论从20世纪90年代初期杂志创刊开始，一直延续到2001年7月1日中共建党八十周年被停刊为止。除此之外，诸如《"拉美模式"给我们的警示——谈21世纪的中国可持续发展》（《真理的追求》2001年第12期）、《质疑新自由主义规则下的全球化》（《中流》2001年第4期）、《知识经济的底蕴和中间阶级的政治内涵》（《中流》2001年第7期）等问题也成为他们讨论的话题。

与《三联生活周刊》借用"为了六十一个阶级兄弟"的修辞不同，针对非法劳务、打工妹等问题，"老左派"们借用《包身工》来指称这些"原始的资本主义"下的苦难。和《为了六十一个阶级兄弟》一样，《包身工》也一篇中学语文的经典课文，是左翼作家夏衍写的报告文学，讲述的是生活在旧上海／旧社会的东洋纱厂的"包身工"的故事，呈现了帝国主义／资本家对工人的残酷剥削和压榨，从而论证中国社会主义革命的合法性。早在1994年《真理的追求》就转载了《妇女生活》（1993年6期）上的一篇《今日的包身工——三十一个中原打工妹在石狮的遭遇》的文章[1]，这篇文章记述了20世纪90年代初期河南打工妹去石狮的"三资企业"打工却遭受"无休止的高强度劳作"的故事，作者把"这种对雇佣工人疯狂剥削和残酷虐待的丑恶现象

---

[1] 《今日的包身工——三十一个中原打工妹在石狮的遭遇》原载于《妇女生活》1993年第6期，《真理的追求》1994年第1期转载，而在2001年9月10日《工人日报》中也出现了《警惕"包身工"问题重现》的文章。

竟又死灰复燃"的现象类比于《包身工》的历史语境，这似乎暗示"三资企业"如同当年日本在上海的纺织工业。《请看今日中国"原始的资本主义企业"》(《真理的追求》2001年第2期)和《私企外企工人境遇堪忧》(《中流》2001年第6期)等文章也使用经典马克思主义的"批判理论"来指责私营企业中存在的阶级压迫和剥削。

用这些"耳熟能详"的中学课文或者说20世纪50年代到70年代的经典文本来指认当下的社会现象，首先说明这些文本依然有可能被作为社会常识的一部分，而随着《包身工》等文章从中学语文课本中删除，它们作为"基本教养"的功能将不复存在。如果说《三联生活周刊》借用《为了六十一个阶级兄弟》来批判当下的"人治的规则"，那么《包身工》则不加反思地重新使用阶级批判的话语以批评市场化的改革路线。这样两种对于农民工问题的不同表述，一个虽然借用"阶级兄弟"的修辞却不谈阶级问题，而另一个虽然继续使用"阶级""剥削"等"批判武器"却很难产生有效性，因为在不反思这些带有阶级还原论色彩的词语及其带来的历史暴力的前提下很难启用这份遗产。再加上阶级在"去革命"或"去政治化"的时代里，几乎成为一种"禁忌"，如何批判地继承旧有的批判资源来描述现实问题，依然是一个需要面对的问题。

六 新世纪初"民工剧"热与被拯救者的故事

自从2003年温家宝总理公开为民工讨工钱的行为成为政府关注"三农"问题的众多举措之一，拖欠农民工工资的事实以这种政府救助的形式在大众传媒中公开报道[①]，在这个过程当中，民工是唯一的受害者，黑心／贪婪的老

---

① "工资矛盾"在20世纪90年代中期经常转化为外国老板与中国工人之间的冲突，成为转移阶级斗争的特定修辞，参见戴锦华的《隐形书写——90年代中国文化研究》。

板成为需要被铲除的恶魔，政府成为拯救者（不仅仅因为大量的拖欠款是政府工程）。这种做法成功地把劳资矛盾／阶级矛盾转移为某个特定阶层的特殊行为，一种可以通过某种手术（以政府为主治医师，以法律为手术刀）治愈的社会疾病。

管虎导演的《生存之民工》和张纪中制作的《民工》就是在这种社会语境下生产出来的两部民工题材的电视剧，这两部电视剧距离同题材的电视剧《外来妹》有14年之久。从名字中可以看出，对农民工的想象出现了新的变化，由"外来妹"替换为"民工"。"外来妹"是站在"城市"／男性的角度来定义"外来"的"农村姑娘"，其工作场地为工厂／车间，突现了个人奋斗和闯天下的豪迈，而"民工"／男性则突现了打工者的农民身份，工作也改在了建筑工地，内容不再是个人成功的故事，而是最基本的"生存"问题。这种不同语境下产生的不同农民工的形象策略，既呈现了一种性别逻辑的变迁，又表明了民工已经成为或作为一个群体形象显影出来，而关于农民工的表述，也从一种乐观主义的叙述转变为带有悲情色彩的苦情戏。

《生存之民工》2005年上半年首先在山东电视台播出，而后在许多省市电视台联网播出，而《民工》首先在中央一台黄金时间播放，这与其说是两部电视剧制作公司的差异造成了它们在播出频道上的"地方"与"中央"的距离，不如说各自的发行渠道不同。因为《民工》这部电视剧是在"央视电视剧制作中心下海"这一中央电视台中国电视剧制作中心公司化的体制改革的背景下制作的，所以"他们把正在筹备的《民工》交付给张纪中，就是希望张纪中的市场理念和观众号召力能够为一个敏感、沉重的题材带来新的拍摄思路，由此也鲜明地体现出电视剧制作中心走市场的决心"[①]，这种"迟到"的下海行为不是为了扭转亏损，而是为了与非公有制的民营公司"公平"竞争，以获得更大的市场份额。

《生存之民工》主要以民工讨工钱作为主线，来结构长达32集的连续

---

① 《央视电视剧制作中心下海，媒体反应热烈，业界波澜不惊》，《中国电影报》2004年第19期。

主体魅影

剧，影像采取高度纪实的风格。片头序幕是新闻简报的形式，由中央电视台新闻联播主持人的声音"各位观众"开启，然后画面被切割为工地场景、报纸关于拖欠民工工资的报道、对民工的街头采访三个同时并置的影像（其中也把几个电视剧中的画面插入其中），末尾则播放温家宝总理的讲话"拖欠农民工工资拒不支付的企业和经营者要坚决依法查处"，最后画面定格在由无数个民工（男性）的头像组成的一个模糊的戴着安全帽的大头像，"民工"占据了整个画面空间，标题之后又打上了鲁迅的话"人必生活着，爱才有所附丽"作为题记①，片尾段落是"拍摄现场"。这种新闻简报的样式，既突现了该剧所追求的纪实效果和现实针对性，又确定了整个叙述的框架，从提出问题（"拖欠工资"）到解决问题（"政府政策"）。

导演把这种纪实的影像风格与对"典型人物"的塑造结合起来。该剧以谢老大、老陆、王家才、杨至刚、薛五、薛六等作为民工的典型代表，他们具有善良、机智、狡诈、小心眼、软弱等各种品质。故事从他们拿不到工钱开始，围绕着讨工钱的主线，也展现了王家才的妹妹王家慧做二奶后被抛弃、杨至刚与地痞董飞争夺二人转演员宋娟娟以及老陆的妻子在大款家做保姆后发展为情人等多个线索，他们在松江市等待工钱的过程中，也是他们经受侮辱和歧视的过程。这些民工因为是受害者所以具有正义性，坏蛋则是拖欠工程款的老板及其帮凶。作为管虎电视剧的特点之一（如《黑洞》《冬至》等）就是成功地塑造了坏人的形象，而在这部电视剧中，坏人也并非阴险狡诈，反而每个人背后都有难言之隐（比如婚姻或家庭的不幸），使他们更加"人性化"。在双方斗争当中，民工的帮手是雪村扮演的下岗工人李海平，由于他喜欢摄影，经常拍摄民工的照片，并给《松江日报》投稿，而报社此时正好落实党中央重视"三农"问题的精神，就把李海平提拔为报社通讯员，正是凭借着这点微弱的象征资本，李海平和省城

---

① "甘为孺子牛"的鲁迅也成为可以借重的历史／传统资源，尽管鲁迅作为批判资源早已内在于20世纪50年代到70年代的社会主义文化之中。

律师试图通过法律的手段来帮助民工要回工钱。

这是一部由民营公司投资拍摄的电视剧,显然是在温家宝总理为民工讨工钱的官方政策指导之下拍摄的,或者说投资方期许于"民工"剧会受到官方的支持,但该剧又不仅仅是对官方说法的图解。具有反讽意味的是,虽然片头有温家宝总理的讲话,但在32集的延宕当中,救赎的力量始终不曾到达,即使到了大结局,也就是众人涌进法庭,故事结束在法院的开庭之中,或者说,在叙述语境中,讨工钱的过程是无法讨到工钱的过程,除非最终"神话"性的因素到来。这在某种程度上可以说,官方意识形态并不能完全有效地掌控故事的讲述。

网友对这部电视剧高度称赞(与张纪中的《民工》相比),认为拍得很"真实"[①],尤其是那些展现民工受到残酷欺压和侮辱的影像,在这个意义上,关于民工个人成功的故事或者说对民工的浪漫化表述都可能受到网友/观众的抵制。电视剧似乎正面处理了劳资矛盾这样一个非常尖锐的问题,并且展现了在松散的民工与隐藏在背后的老板之间极不平等的地位,李海平也没有能力组织起这些民工,或者说,在某种意义上,民工与老板的斗争只能诉诸媒体和去政府部门"闹事"。如果说法律作为一种合法的手段成为唯一合法的拯救性的力量,那么对于民工来说,"干活就得给钱,这是天经地义的事"的亘古不变的常理与"合同"、法庭、律师们等现代法律体系之间形成了对话,后来与其说是救赎的力量,不如说是另一套需要借助神话性因素的道理,而法律、法治也越来越成为一种全能拯救的力量。把法律或法治作为全能拯救的力量,还不仅仅来自"依法治国""建立社会主义法制/法治社会"等共产党/执政党的官方说法,更重要的是在大众传媒(包括法制节目、新闻)的表述中扮

---

① 新浪网上关于这两部电视剧的留言条目,《民工》为170多条,《生存之民工》为1300多条,只能算是一个中等的收视水平,不过,也有报道说《民工》前10集取得了6.84%的收视成绩,收视率已经超过了《汉武大帝》,仅次于《任长霞》,参见《张纪中收视飘红 超央视开年作》。

演着拯救性角色。在2005年12月4日第五个"全国法制宣传日"举办的"2005年度十大法治人物颁奖晚会"中，获奖的十个人并非都是国家法律系统的职员，还有艾滋病的资助者、揭发"车匪路霸"的人大代表、调查地下六合彩的中学生等，由于救助对象大部分是弱势群体（艾滋病、矿工、民工、青少年、囚犯），所以这台晚会以苦情为主调，在宣传片中展现了十大人物对于这些弱势群体的救助，而奖杯则由这些被救助者的代表来颁发给这些"好人"。从某种意义上说，这些"法治人物"充当着昔日的"劳动模范"的角色，而这种再现方式，观众获得的是对弱势群体苦难的同情和对拯救性力量的由衷认同，而官方／媒体所需要做的就是选择其中的一小部分进行命名。这又是一次葛兰西意义上的霸权建构的过程，弱势群体的显影固然与新一届领导人的亲民政策有关，但这种显影的目的是为了看到／感受到获救的希望。

关于民工讨薪的故事也出现在成熟的类型化都市警察剧《重案六组Ⅱ》中，其中一集讲述了北京的警察解救因拖欠工资而被民工绑架到乡下的老板的故事。故事的戏剧性在于北京警察需要求助于地方警察，地方警察需要当地知情人的帮助才能安全进入村里解救人质，他们的行动被发现后，引起了黑压压的乡民的追赶（因为他们许多都在老板手下打工），当北京警察与人质逃回了"安全"的城市，警察对老板的斥责是"凭良心也该把钱给老乡们"，于是老板醒悟了。在这里，不是依靠法律的力量，而是依靠传统伦理道德化解了矛盾，但在这一情节中，基本的叙述策略是把乡村展现为愚昧、闭塞的空间，把村民作为了群氓／非理性的乌合之众，而警察／政府则需要借助习俗或"地方性知识"的帮助才能完成使命，这似乎说明国家权力在乡村的弱化[①]。从这个角度可以说，在城市、乡村的差异性中，乡村既可以被再现为善良的净土，也可以充当愚昧的空间，以衬托城市的世俗和法治。因此，法律／理性属于

[①] 国家权力对农村的渗透，经常通过"下乡"的方式，参见朱苏力：《送法下乡》，中国政法大学出版社2010年版。

城市，非理性的是农村。

与此相关的社会事件是2005年5月发生在甘肃省的民工王余斌因讨工钱未果而连杀四人的案件，当他一审被判处死刑之后，新华网上展开了"农民工杀人，严惩还是轻判？"的讨论，导致在网络空间中对于此事件的强烈关注，大部分帖子同情王余斌，还有一些法学家也参与讨论，但基本上在"法外施恩"和"法不容情"两套说法中进行争论（在中国传统的法律文化中这二者并不矛盾）。不久之后，北京市建委出台了要严厉制裁"恶意讨薪"的行为的规定。这些事件和讨论为电视剧《生存之民工》的接受提供了充裕的现实语境。如果说把劳资矛盾转移为一个法律问题，是一种把其他的方式宣判为非理性／"恶意"的修辞，那么是不是讨回了工钱，就意味着万事大吉、天下太平了呢？也就是说，无论是官方政策，还是电视剧，在突现或暴露民工工资长期被拖欠的非正义的时候，也就预设了如果讨回工钱也就获得正义的解决方案，这在很大程度上，依然无法改变民工受到残酷剥削的事实，只是使现实的矛盾不再那么赤裸裸罢了。

另外一部20集连续剧《民工》(原名《葵花朵朵》)于2005年4月在中央电视台第一频道黄金时间播出，其制作班底来自《激情燃烧的岁月》(制片人张纪中、导演康红雷和编剧陈枰都是一样的)。按照《民工》出售光盘的广告词是"《激情燃烧的岁月》的原班人马精心打造的另一部力作"，尽管《民工》远远没有获得《激情燃烧的岁月》的成功，但从创造的动力来说无疑参照着后者，比如都突现家庭伦理的亲情剧，基本上是小成本制作。

电视剧《民工》改编自孙惠芬的两部中短篇小说《民工》和《歇马山庄的两个女人》，但是从小说到剧本，变动非常大。两部小说处理的基本上是农村题材的故事，比如前者讲述了民工父子回家给偷情的妻子办丧事，后者则讲述了一个城市打工妹回到农村结婚，与村里的另一个向往城市生活的新媳妇之间因不同的经历而产生的两种不同的生活态度。小说《民工》的全部情节几乎都集中在了电视剧的最后一集上，因此，电视剧基本上就成为小说《民工》的前史。这就造成这部电视剧与其说展现了民工在城市打工的故事，不如说更像一部农村剧。张纪中表示电视剧是拍给全国人民看的，而不是仅仅拍给民工看的，反映的不仅仅是民工问题，还有农民问题，而导演康红雷也认为："民工代表的人群非常广泛。我拍这部电视剧的意义，是希望每个人都能从民工的身上看到自己的影子，我们去求学、创业、成功，其实都与民工进城有着相同的漂泊共性。我想要表达的实质是'代价'，每个人都在向着一个方向出发，这个过程中我们要付出各种代价。"这种说法固然有一定的事实依据，但是这种共同"代价"的叙述实际上是对"民工"这一特殊代价的普遍化或者说消解。

如果说管虎的《生存之民工》突显了"民工"作为一种受侮辱的、受歧视的身份所遭遇的经济上的盘剥（政治经济学），那么张纪中的《民工》则呈现了民工的情感生活（文化），这包括父子之情、爱情、乡情等。电视剧的片头段落突现了农村（金灿灿的向日葵）与城市（高楼大厦）的对立，农村的戏在山西平陆县的一个古城拍摄（可能是旅游地或度假村），而省城／城市的戏则跑到了广州，这种把山西作为"农村"与把广州作为"城市"的表述，很符合人们对于内陆与沿海（尤其是珠江三角洲）的想象。该剧尤为突出地把农村作为封闭的按照古老的规矩生活的空间，在农村中唯一的管理者是村长（在小说中，村长是一个欺男霸女的劣绅），他不仅是人们巴结的权威者，还是传统价值的维护者，比如他认为"谁垄地垄得直谁就是好汉"，而用头垄地的行为也成为鞠广大是一个好样的庄稼汉的身份标志。这种封闭性体现在鞠广大的媳妇李艳梅因偷情、不堪忍受压力而死亡和儿媳妇李平因结婚前已经堕胎的行为而被赶出家门（按照李平丈夫鞠双元的说法是"你在城里的那些烂事，就该烂在心里，就不该带到山庄来"）的情节上，在这里，山庄／乡村是一种禁欲的封闭的存在。相比之下，城里的戏很简单，就几个固定性的场景，不是工地就是李平出租的房子，因为城市戏主要是鞠双元与李平的爱情故事。

这种建立在农村与城市的对立逻辑上的叙述还具象为祖孙三代对于城市的不同态度上。爷爷认为土地是农村人的命根子，耕种土地是农村人的天命和最高生活法则，天命不可违，背离了土地是不会有什么出息和出路的；对于父亲鞠广大来说，城里既是挣钱的地方，也是受苦受罪的地方，同时还是回乡后炫耀的资本；对儿子鞠双元来说，城里则是逃离乡村的乌托邦，他在城市中逃离了父亲的权威，获得了自由的恋爱。显然，爷爷代表着传统，孙子代表着现代，前者属于守旧的农村，后者属于开放的城市。而对于"城里人"的欲望，更多地通过两个女人来呈现。一个是从没有离开过农村的潘桃，充满了对城里人生活的向往，这种向往为她建构了一个"异邦"，凭借着这个"他者"，她把自己作为农村女人的生活他者化：她的行为逻辑是只要农村妇女做的事情，她都不做，比如不举行婚礼而旅行结婚，从不干任何家务和农活。另一个是到城里打工的李平，李平渴望成为一个城里人，但她先后被大学教员和"北漂"所抛弃（小说中是酒店经理，似乎更符合现实的逻辑），这种把对城里的向往固化为对知识的崇拜，无疑认同于因知识的占有而获得改变的阶层身份的逻辑，后来，她选择了同是农村出身的鞠双元，并且嫁到了"农村"，这种似乎有点不合逻辑的转折建立在李平由追求"城里人"变为做一个幸福的"女人"，这种婚姻上的归宿，已然宣告了她与鞠双元所具有的相同的阶级身份。对于李平来说，城市是使她受到伤害的地方，同时也使她获得了某种意义上的独立和自主，因为剧中为了突显她要成为城里人的欲望，使她始终处在有钱的位置上，甚至有包养男人的能力，而回到农村成了"双元媳妇"，她就失去了任何行动的能力，只能安心做农村／家庭妇女，但是她把对城市的想象转化为把家居生活布置成城里人的样子。被赶出家门的李平没有回到娘家而是又回到了城市（小说中，李平又回到了丈夫家），这种由乡村到城市、再到乡村、再回到城市的流动过程，是一个女人不断寻找"幸福生活"而又不断挫败的过程，也是被城市和农村双重放逐的过程。如果联系到该剧的结尾：鞠广大父子背着行李踏上了新的打工之路，画外传来父亲的声音："人这一辈子会遇到些麻烦，这没什么，跌倒了爬起来，好好掂量一下自己的对错，那我们的路就会越走越宽，眼下国家很关心我们，好日子还长着呢。"这种"幸福之路"的主体依然是男性／父子秩序，而李平／女人被排斥在画面之外。从这个角度可以反观《生存之民工》，当一种阶级压迫的事实被表述的时候，以男性为主体的"民工"身份作为了不言自明的前提条件，或者说"打工者"／劳动者固然是"空洞的能指"，但这个被突显和询唤的能指依然保留了男性主体的性别逻辑，在这个意义上，"民工剧"是一次意识形态的突显，也是一次有效的性别遮蔽。

从网络和报纸的反馈中可以看出观众对《民工》的最大的意见是认为拍得不"真实"，因为太时尚、太像青春偶像剧，而制作方的反驳是说农村青年"他们也上网，也上QQ，也和网友聊天，也染发，也谈论最时尚的电影和明星"①等，与城市青年没有什么两样。从某种程度上来说，"真不真实"与社会事实关系不大，而与观众对"民工"的接受和期待有关，所谓"真实"也不过是在特定社会／文化语境下形成的一种想象。当观众把《生存之民工》看作"真实"，把《民工》指认为"非真实"，与其说前者反映了真实情况，不如说前者成功地整合、召唤了一种被观众接受的"民工"想象。而问题在于，为什么《生存之民工》的"民工"形象会被观众认可呢？在很大程度上，观众认为这种"残酷性"更符合"民工"所处的社会位置，曾经被遮蔽的底层的苦难成为"民工"表述的主流。而这种作为苦难的民工，成为世纪之交的社会共识或者说霸权统识。

七 "发出了我们自己的声音"

在上面讨论的种种关于农民工的修辞，几乎都是被表述、被再现的农民工，尽管"打工文学"有许多是打工者的自我创作，但也必须借助媒介的"过滤"和审查，而成立于2002年5月的"打工青年艺术团"则是由一些在北京打工的青年人自发组成，他们在工地、场区等民工居住地进行义务演出，

---

① 《央视〈民工〉太时尚？主演陈思成出面释疑》，《北京娱乐信报》2005年5月10日。

似乎更能彰显农民工的主体性。

"打工青年艺术团"成立不久，其行为很快就被中央电视台的《实话实说》《社会记录》等电视节目以及《人民日报》《中国青年报》等各大媒体报道，引起了社会的广泛关注，并受到香港乐施会、美新陆基金会的资金支持，其演出的歌曲也被北京京文唱片有限公司相中，于2004年10月灌录了第一张《天下打工是一家》的CD。在短短的两年时间里，"打工青年艺术团"已经扩充为一个名为"北京农友之家文化发展中心"的NGO组织。"打工青年艺术团"成为民工的代言人，正如在《天下打工是一家》的CD宣传语中说的："这是一个沉默的群体，他们不能表达自己。而'打工青年艺术团'却能通过文艺发出我们自己的声音。"前句采用第三人称"他们"来叙述，后句就转变为了第一人称"我们"，从语法的角度看，这是一个在叙述上前后矛盾的表述。前句在陈述一个马克思的命题"他们无法表述自己，他们必须被别人表述"，而后句则呈现"打工青年艺术团""发出我们自己的声音"。这种不和谐的表述似乎是为了传达"打工青年艺术团"的功能或合法性就建立在由"他们不能表达自己"到"发出我们自己的声音"之上。为什么"打工青年艺术团"可以实现这种身份的转换而占据民工代言人的象征性位置呢？这种代表性又来自哪里呢？

在"打工青年艺术团"的发起人、团长兼乐队主唱孙恒的访谈中[1]，他回忆了来北京一年后的1999年"背着吉他，开始流浪，想去追求人生的理想、自由"的经历（很像一名浪迹天涯的"流浪歌手"）。通过这种"经历"或者说历险记，孙恒"看到了"被大众传媒遮蔽的另一面，即"在这个过程中我看到了真实生活的残酷性"。这种在追忆中形成的"民谣之旅"是孙恒"成长"的第一个

---

[1] 宗波：《我们为劳动者歌唱——打工青年艺术团团长孙恒访谈》，《文艺理论与批评》2005年第2期。

阶段,第二个阶段是通过在北京师范大学听讲座而后到明圆打工子弟学校执教完成的,"事实上这个过程,更深刻地让我了解到打工者这个群体。让我意识到其实自己也是一个打工者",孙恒格外强调了第二阶段对于自己人生的意义,或者说这个阶段使其与以前的生活发生了某种断裂,"以前我对自己的身份不能确定,别人问我是做什么的,我都很难回答。之前我只考虑到自己,没有看一下这个时代……而我也不过是在这样一个时代发展背景下成为打工这个群体的一个。我是这个群体中的一分子。我自己的命运、生存地位是属于打工者",但孙恒在"民谣之旅"之前已经做过打工子弟学校的音乐老师,如果说那时的他还主要"只考虑到自己",那么经过这两个阶段,他不仅练就了穿透"大众传媒"的"火眼金睛",而且获得了"打工者"的自我指认,把"自己"归属于"从农村来城市打工的人"。

事实上孙恒1998年来北京打工之前的身份是开封一所中学的音乐教师(中学教师也是"打工青年艺术团"多个成员的职业),之所以要离开这种被他称之为"铁饭碗"的"体制内的生活"是"对自由的渴望,对全新生活的向往","逃离"之路则是来到在多重意义上处于中心位置的"北京"打工,而当他最终找到自己的位置/身份还需要经历由北京到全国各地再到北京的"流浪",这既是空间的移动,也是心灵的历练。在这份简单的自述中,孙恒已经由一个反叛体制的怀有梦想的青年人成长、顿悟为或者说自我意识为一名"打工者"。这很像曾经熟悉的青年人/知识分子/小资产阶级通过对社会/历史的"洞察"而或者背叛原有的阶级或者自然就加入到历史主体的无产阶级的革命道路之中,如果说"代表"的资格来自对一种"打工"身份的认同,但这里的"打工者"却无法获得无产阶级作为目的论支撑下的历史动力学的崇高位置,或者说,正是这种目的论在理论叙述和历史实践中的双重失败和陷入困境,使"打工者"这个称呼成为一种历史的幽灵性浮现。

"打工青年艺术团"发出"我们自己的声音",还因为"我们认为,唯有从我们自身的处境当中找到应对策略,才能避免把解决困难的希望寄托于社会力量、权威部门出面'做主'的被动局面"(《天下打工是一家》CD的宣传页)。这种主动的姿态体现在他们创作和演唱的歌曲中,比如《打工、打工,最光荣!》这首歌里有"高楼大厦是我建,光明大道是我建""我们是新时代的劳动者,我们是新天地的开拓者"等歌词。"劳动者"在经典马克思主义及其社会主义实践中具有积极的价值,是因为"劳动者"/"生产者"有一个具体的所指"工人阶级",而这种对"劳动者"的借用,却无法指向工人阶级,这就使获得"劳动者"身份的"打工者"完全无法分享或占据某种历史主体的位置,但是这种"挪用"却复活了"劳动"的正面价值,他们借用"劳动者"来使"打工"去污名化,赋予"打工者"一种主体性的身份,因为我们是"劳动者",所以我们最光荣。在这个"工人阶级失去历史主体位置"的时代里,孙恒等创作者重新赋予"打工者"以"劳动者"的身份,可以看成是一种对社会主义遗产的继承。下面以2005年打工青年艺术团的一次特殊的演出呈现其在文化语境中的位置。

2005年夏天在北京举办的第五届中国大学生戏剧节的落幕演出(8月25日)中,"打工青年艺术团"也参加了演出,还有另外一个刚成立不久的民工演出团体"劳动号子"。在"北剧场"(北兵马司剧场的简称)中,这些几乎没有经过艺术或表演训练的"演员"们登上了小剧场的舞台。"劳动号子"是刚成立一年多的业余演出队,他们是修车匠、装修工、"群众演员"[①]等,他们组建"劳动号子"在很大程度上是丰富自己的业余生活,很少进行公开的演出,与已经获得一定社会影响的带有专业或职业特色的"打工艺术团"不同。戏剧节的组织者之所以把这些民工艺术团请到小剧场的舞台上,是为了让来自全国

[①] 朱传明2001年拍摄了纪录片《群众演员》,该片记录了一群在北京电影制片厂前当群众演员的"北漂"们的生活。

各高校的戏剧爱好者们意识到自己的社会责任。这次大学生戏剧节的标志是"工农兵"的雕塑形象,这个经典的社会主义时期的符号对于这些大多数出生在20世纪80年代的大学生来说,唤起的与其说是对社会主义记忆的怀旧,不如说是如同2000年因小剧场戏剧《切·格瓦拉》的成功而形成的对革命的想象性消费,而这种对社会主义表象的挪用早已在广告业中出现。对于这些表演者来说,登上小剧场的舞台并不意味着获得一种奖赏、承认、成功或某种象征资本,反而造成了多重错位。对于打工者来说,20世纪90年代以来指称着精英、先锋艺术的"小剧场"并不是他们表演的舞台(民工聚集地),而小剧场的观众也不是他们诉求的观众,可以说,他们不属于这种"演员—观众"所形成的剧场空间中。如果凭借小剧场特定的艺术趣味,民工艺术团也很难进入这个空间,但是在"大学生戏剧节"的特定语境中,演员变成了民工,观众变成了大学生(大学生在某种意义上是小剧场的观众之一)。这种"特殊的语境"在于"大学生戏剧节"是由中国唯一的民营剧场"北剧场"的总经理(艺术青年或"北漂")袁鸿创办的,这种民营剧场相比其他剧场来说最大的不同在于没有国家资金的扶植,完全自负盈亏。自2002年成立以来,"北剧场"试图走低票价、扶植青年戏剧、原创戏剧的策略来经营"小剧场",被认为是"民间戏剧"的大本营,这种民营/民间戏剧的尝试以2005年9月18日宣布北剧场的倒闭而失败。正是在这种民营、偏重于原创戏剧(主要是校园戏剧)的多重耦合关系中,"民工艺术团"借机登上具有特定艺术趣味的小剧场的舞台,这似乎说明"民工"的形象已经从一种被遮蔽的边缘位置开始进入某种主流/精英的空间。正如"他们"演出后面的"工农兵"标志,如同上面对"打工青年艺术团"的分析,这种借助昔日社会主义形态的表述而显影的方式,也许恰恰暗示着那个时代的逝去,而"民工"只能借助历史的外衣浮现出来。

如果说"打工青年艺术团"最初是一个"来自打工者群体,服务于打工者群体"的民间自发组织,但是他们一旦获得"打工代言人"的身份,也就成为官方、媒体、资本纷纷借重的符号空间，或者说正是这种"介入"参与建构了他们作为"代理人"的资格。比如"打工青年艺术团"会在政府庆祝"五一劳动节"的舞台上出现，孙恒也被授予"维护司法公正形象使者"称号、"首都来京务工人员文明之星"称号、"北京市十大志愿者"，并荣获"创业青年首都贡献奖"金奖①，《天下打工是一家》的唱片在很大程度上也是京文唱片公司的一种投资，尽管不像陈星那么成功。"打工青年艺术团"已经不仅仅在工地演出，而是出现在不同的空间或舞台上，他们无疑成为"民工"这个所指物的流动符号。2007年前后，打工青年艺术团改名为新工人艺术团，从"打工"到"新工人"的转变呈现了他们对于"工人阶级"身份的认同，这也密切联系着新一代80后农民工根本不想也无法回到农村的现实，相比打工之后回到农村养老的父辈，他们更是"赤裸裸"的工人阶级。

从20世纪80年代末期民工潮出现以来，对农民工的称呼大致经历了这样一种变化，从"盲流"到"外来工／外来妹"，从"打工族"到"弱势群体"，直到"农民工成为中国工人阶级主要力量"或"新职工"。尽管这些称呼并非如此明晰地依次排列，但至少可以看出农民工由一种暧昧的阶级身份变成"工人阶级主要力量"的演变过程，尽管这种"工人阶级"的身份或者说迟到的命名在市场经济／财富作为比户籍更严格的区隔面前不意味着有更为实际的利益，但是农民工作为特定时期的一种社会修辞，其本身既不是农民也不是工人的暧昧性，使这种混合的表征成为对工人阶级及其同盟军农民的耦合，或者说是农民、工人阶级等旧有身份话语的再整合和再命名。因此，农

---

① 《共同的荣誉——孙恒事迹简历》中指出：2004年9月15日，孙恒被国家司法部、四川省政府授予"维护司法公正形象使者"称号；2004年12月23日，孙恒荣获北京市"创业青年首都贡献奖"金奖；2005年1月，孙恒荣获"首都来京务工人员文明之星"称号；2005年2月，孙恒被评为"盛世相约时代新闻人物"；2005年3月，孙恒被评为"北京市十大志愿者"。这篇文章来自名为"天下打工是一家"的网站。

民工与"小资""中产阶级""新富阶层"等一种新的阶级／阶层命名法逐渐取代了工人、农民、资产阶级等指认方式。

[初稿写于 2004—2005 年，修改于 2007 年。部分内容发表于《乡土中国与文化研究》（上海书店出版社 2008 年版）和《中国现代文学》（韩国）2012 年第 61 期。]

他者的再现与整体性的历史视野

这些年，随着西方金融经济危机的蔓延，中国经济崛起日益成为一种可见、可感的事实。可是，总有一些影影绰绰的身影经常打断人们分享大国崛起的心情，这些身影就是20世纪90年代以来市场化改革及经济高速起飞过程中的农民、农民工、下岗工人等三大弱势群体。他们被作为社会主流景观的他者形象，经常出现在社会新闻、影视剧等大众媒体中。更为重要的是，他们彼此之间又处在"视而不见"的位置上，如何整体性地思考弱势群体的问题成为反思中国崛起和中国模式的重要组成部分。

一 他者的"魅影"

20世纪90年代以来，随着都市消费主义文化的兴起，大众文化成为主流文化形态。这种主要依靠市场逻辑形成的文化景观，不仅把都市白领、小资、中产建构为文化消费的主体，而且把不同的、异质的文化变成可展览的风景。集购物、娱乐、餐饮于一体的大型消费广场、步行街使得后工业时代的城市空间变成消费主义的主题乐园，就连废弃的厂房都可以被"创意"为当代艺术的工厂和大卖场，穿行于这些都市空间的消费者基本上是时尚、年轻的都市人。下岗工人、农民工、农民等弱势群体很难在大众文化的景观中浮现，这与消费主义时代对生产者的屏蔽和放逐有关。不过，这些弱势群体并没有在大众文化的视野中完全"不可见"，而是在特定的"情节"中扮演特定的角色。

新世纪以来有一位特殊的演员及其所扮演的相对固定的形象屡创收视和票房奇迹，这就是群众演员出身的王宝强和他所扮演的"又傻又天真"的角色。从"独立电影"《盲井》(2002年)中的年轻矿工凤鸣，到冯氏贺岁剧《天下无贼》(2004年)中的农民工傻根，到热播反特片《暗算》(2006年)里的瞎子阿炳，再到引起极大反响的军旅剧《士兵突击》(2008年)中的普通士兵许三多，再到热播革命历史剧《我的兄弟叫顺溜》(2009年)中的狙击手顺溜，以及2012年年底创造国产电影最高票房(13亿元)的喜剧片《泰囧》中的煎饼商贩阿宝。可以说，无论是小众的独立电影，还是贺岁剧以及当代军事题材和革命历史题材电视剧，王宝强所扮演的普通农民工或农村兵的形象都获得了成功。如果说《盲井》把王宝强处理为一个不谙世事的、对于背后的算计和死亡陷阱完全没有感知的、纯洁天真的农民工，那么在《天下无贼》中王宝强扮演的返乡农民工傻根则是一个让贼公贼婆幡然醒悟、金盆洗手的净化剂，是一个需要被保护和呵护的纯洁客体。如果把这列火车作为某种中国社会的隐喻，那么傻根作为底层在这出"浪子回头金不换"的故事中所充当的角色就是一种中产阶级道德自律的他者，傻根所代表的乡村／广阔的西部／西藏则是一处纯净的、无污染的"精神家园"。

《盲井》的成功，也使得谍战剧《暗算》剧组相中王宝强，让其在第一部中扮演具有听力特长的瞎子阿炳。阿炳是一个弱智、偏执、善良、癫狂的瞎子，凭借着其出奇的听力才能帮助安保部门破译了敌人隐藏的所有电台。这样一个具有特异或特殊能力的天才，同样是一个长不大的孩子，却非常恰当地完成了一种意识形态询唤，即个人天才与国家利益之间的有效结合，从而改写了20世纪80年代以来关于国家／政党政治与个人自由关系的叙述。与此同时，从农民工傻根到无名英雄阿炳，一种被作为中产阶级他者的形象同样适用于呈现20世纪50年代到70年代的社会主义新人，那种大公无私、无怨无悔地为无产阶级／劳苦大众奉献终身的精神被改写为一个智障的奇人阿炳的故事，而阿炳式的人物也成为当下大众文化对于20世纪50年代到70年代的一种特定想象。诸如《求求你，表扬我》(2005年)、《铁人》(2009年)等影片中，这些背负着20世纪50年代到70年代父辈精神的人物往往呈现一种与当下的时代格格不入或病人的状态。这种病态正好满足了当下主流意识形态对于20世纪50年代到70年代双重想象：既是病态的、非正常的（"那个时代的人真傻"），又是善良的、单纯的（"那个时代的人真单纯"）。

　　王宝强的神话并没有就此止步，当代军事励志片《士兵突击》让他不仅成为男一号，而且其"不抛弃，不放弃"的精神更成为青年人的人生格言。《士兵突击》作为一部小制作，最先在网络上流行，然后获得热播。与傻根、阿炳相似，许三多也是一个有点傻、有点木的农民孩子，但正是凭着对"好好活就是干有意义的事，有意义的事就是好好活"（一种无意义的循环论证）的信念，在经历了新兵连、场站训练场、钢七连、特种大队等一系列考验后最终获得了胜利，成为"兵工"特种兵，这种胜利被归结为一种"不抛弃理想，不放弃战友"的精神。与傻根、阿炳作为被动的客体和他者不同，许三多是坚持理想，并奋斗成功的榜样。这部电视剧就如同电视台中的PK节目一样充当着相似的意识形态功能（自从超级女声开启PK比赛，各种PK赛式的电视栏目成为电视台最热播的栏目），就是在比赛或游戏中，明白胜利与失败的道理，而不去质疑比赛或游戏本身的合法性。这些一次又一次的晋级比赛，就如同《杜拉拉升职记》中的职务晋级，让许三多成为在市场经济中奋斗拼搏的都市白领的职场楷模。在革命历史题材电视剧《我的兄弟叫顺溜》(2009年)和《我的父亲是板凳》(2011年)中同样扮演小人物，前者是和阿炳相似的具有特殊才能的新四军战士，后者则是借杂耍艺人"板凳"的视角来讲述共产党人面对国民党反动派迫害而临危不惧的故事。王宝强在喜剧片《人在囧途》(2010年)和《泰囧》中都扮演一个乐于助人、单纯善良的社会底层人，最终拯救了一位陷入家庭和事业危机的中产阶级。除此之外，走出影视剧的王宝强还在春节晚会上"扮演"了事业有成的农民工代表。可以说，这样一个幸运的群众演员，在主流文化的舞台中成为农民工、农民等弱势群体的指称。

　　与大众传媒中通常把弱势群体讲述为被救助者或讨薪者的形象不同，王宝强式的底层／草根具有更为积极的文化功能，一方面如傻根、阿炳、阿宝，充当着中产阶级所不具备的纯洁、善良的前现代品质，另一方面如许三多，是从笨小孩奋斗成功的故事。不仅如此，剧外的王宝强同样被作为从底层成长为大明星／成功者的故事，成为现实版的许三多。而裂隙正好在于，王宝强式的成功至今"后继无人"，现实生活中几乎没有复制的可能。但是，这并不影响网友分享许三多从底层到成为兵王的故事，这也正是草根故事的魅力所在。这样一个小人物、普通人、草根的"成功"演绎着比"没有奋斗的《奋斗》"更具有霸权效应的故事。而王宝强的符号意义在于，作为底层的农民、农民工、普通士兵等弱势群体，在主流意识形态建构并非缺席的在场，而是一种在场的缺席，或者说在主流意识形态景观中，草根／底层／弱势群体并非看不见，而是被中产阶级派定为特定的主体位置和定型化想象中。

  如果说王宝强在主流文化中充当没有污染的、"绿色"人生的形象，那么农民工"闯进"大众文化视野的方式经常是在法律案件及法制节目中。2012年12月22日中央电视台新闻频道《新闻调查》栏目播出《陈店的伤痛》，这期节目聚焦于2012年12月4日刚刚发生在汕头市陈店镇的一起小型文胸加工厂的纵火案，这起火灾造成14名工人死亡、1名重伤的惨剧，属于国家规定的生产安全事故中的"重大事故"。纵火者就是在该工厂打工的湖南籍农民工刘双云，年仅26岁，纵火动机主要是刘双云与工厂老板关于500元的工资纠纷。值得关注的是，这期节目没有从防火设施不完备、工厂无照经营、使用童工、主管部门监管不力等制度层面反思火灾背后的隐情，而是把纵火嫌疑人刘双云的作案动机作为节目的主题。《新闻调查》是一档开播于1996年的新闻调查类栏目，试图通过记者的亲身调查呈现新闻事件背后的真相，其主创团队来自《东方时空》的创办者，是20世纪90年代中央电视台市场化改革的产物。

  陈店镇位于汕头市西部，是远近闻名的文胸生产基地，也是20世纪90年代以来东部沿海地区作为世界加工厂的缩影。根据记者调查，规模大的工厂都在工业区，而像刘双云所在的规模小（只有几十名工人）的家庭作坊式的工厂就直接分布在村子里。这些加工厂不仅没有营业执照,也不会和工人签订用工合同,采用计件工资的方式,这也是弹性生产的"后福特模式"。由于没能采访到羁押在看守所的刘双云和加工厂老板,中央电视台记者只能从工友、老乡、村干部、邻居口中了解到刘双云纵火前后的"心路历程"。刘双云开始由一个纵火嫌疑人变成了身材矮小、经济拮据、木讷老实的打工者,他从16岁小学辍学之后就在陈店镇打工,已有十年之久。这期节目中,让人印象深刻的不是刘双云究竟为何如此光明正大地去纵火,而是节目中重复播放的两段刘双云的影像:一个是工厂门口监控器所记录下的刘双云纵火的镜头,瘦小的身躯、模糊的影像和匆匆逃离的背影;第二就是当天被抓捕归案的刘双云面对警察的询问,不仅对犯罪事实供认不讳,而且声音洪亮地说出"男子汉做事就要敢作敢为",这与记者走访中所了解到的那个沉默寡言、老实木讷的年轻人判若两人。于是记者陈述:"采访中,我们一直试图走近这个年轻人,我们不敢说已经找到了答案,或许在刘双云身上,在这个城市的背后,还隐藏着某种被我们忽略的东西,我们看清了灾难,但是却没有看清他和他们。"

在这种如此清晰而自觉的"我们"(中央电视台记者、电视机观众、城里人)与"他和他们"(生活在城市阴暗角落的刘双云、工友及14名遇害者)的二元视角中,刘双云这个曾经"被我们忽略的东西"以这种方式"硬硬地"闯入"我们"的生活和荧屏之中,在这里,这期节目的追问从探寻刘双云的作案动机变成了"我们"忽视"他和他们"的存在。而节目就在这种"我们"观看、揭秘"他们"生活的驱动下来完成,这种把刘双云讲述为他者的故事已经成为一种媒体的叙述惯例。只是与王宝强作为"又傻又天真"的他者不同,刘双云是一个破坏者和威胁者。因此,记者不无善意地提醒"我们":"500块钱的纠纷,14条年轻的生命,这两组数字让人心情无比沉重。他为什么会走上这条极端的道路,他的仇恨从哪里来,他的报复心为什么那么强?"也许只有城市的/中产阶级的现实生活被破坏之时,人们才会暂时"围观"那些早就"隐身"于"我们"身边的闯入者,即便如此,那个匆匆逃离的身影依然模糊。

二 视而不见的主体

如果说在大众文化／主流文化的景观中，这些弱势群体以他者的身份登场，扮演着中产阶级／城市价值观的补给站和潜在的危险分子的角色，那么还有一些特殊的文本以他们为主体来讲述故事，尤其是20世纪90年代的下岗冲击波所造成的社会危机在新世纪以来逐渐变成历史完成时之后，出现了一种对于20世纪50年代到70年代和当下工人阶级的怀旧叙述，这特别体现在电视剧《大工匠》(2007年)和电影《钢的琴》(2011年)上。这些影视剧如此真切地处理了当代中国工人经历冰火两重天的境遇，呈现了不同于80年代主流逻辑中关于工人作为没有文化、懒散、吃大锅饭的想象。

20世纪80年代中后期开启的城市改革主要以打破大锅饭、中小国有企业破产、大型国企兼并重组为主调，曾经作为社会主义主体的工人阶级的下岗／失业则成为90年代以来最为严重的社会问题。新世纪以来硕果仅存的大型国有企业在中国经济崛起和全球金融危机的双重背景下成长为资产优厚的垄断集团，而国企的"华丽转身"则是以甩掉工人阶级／劳动力的包袱为代价（即使需要一线劳动力也采用外包给农民工的方式）。这种工人阶级境遇的变化——50年代到70年代是"工人阶级老大哥"，改革开放以后则是"弱势群体"，使得80年代以来建立在发展主义之上的现代化叙述充满了裂隙。因此，即使在20世纪90年代国企改制攻坚战之时，"说"出来的故事依然是"社会阵痛／代价""分享艰难"和"从头再来"，或者说主流论述只能讲述如何救助、关心弱势群体，而拒绝讲述"主人翁"变成"被救助对象"的故事。这种关于"工人阶级"的负面想象与80年代对于单位制、大锅饭、消极怠工以及臃肿、低效率的"社会主义体制"的书写相关，以至于工人下岗要么被书写为"主动"离开体制下海的故事（创业再成功），要么被书写为个人原因造成的"落伍"（如没有文化和技术来跟上时代发展）。

《钢的琴》显然改写了这种关于下岗工人／工人阶级作为劣质、落后劳动力必然被淘汰的主流叙述。电影中的下岗工人都是深藏不露的、隐匿民间的武林高手／能工巧匠，只是时运不济或"天下太平"，他们只能化装成街头卖唱者、屠夫、包工头、修锁匠、歌厅混混或退休工人，而陈桂林的"造琴大业"给他们提供了施展身手的舞台，在空旷的厂房中，他们摇身一变成了分工明确、各司其职的技术大拿，废弃的空间中顿时火花四溅、车声隆隆，甚至一种插科打诨、争风吃醋式的车间氛围也瞬间恢复。在这个临时的空间中，他们不再是散兵游勇的个体，而是各工种密切协作的现代化工厂的集体／组织化劳动。在这种戏仿、怀旧与荒诞中，他们找回了作为技术工人／生产者／劳动者的身份。正如导演张猛在阐述创作初衷时，不管是父亲提到的"文革"中制造的木质钢琴还是下岗工人自发形成的生产钢铁配件的市场，所凸显的都是工人的技术／工匠的身份。下岗工人并非一无是处的懒汉，而是身怀绝技的高手。

这种重新肯定工人阶级作为技术工人的身份，在2007年热播的电视剧《大工匠》中就已经出现过。剧中的华彩段落是20世纪50年代钢铁工人在工厂中进行技术大比武的场景，工人的尊严和身份认同也建立在对工业技术的追求和占有之上。这种对工人阶级作为劳动者、技术者的书写方式，一方面呈现了20世纪50年代到70年代工人阶级处于大工业生产的主体位置，也与90年代中后期以来逐渐承认毛泽东时代完成了国家工业化相关（与七八十年代之交把毛泽东时代想象为需要重新现代化的前现代不同），另一方面这种书写也有意识地遮蔽掉了20世纪50年代到70年代社会主义实践的内在张力，即"抓革命，促生产"是一体两面，也就是说工人不仅是生产者，也是革命者，是工厂空间的政治主体，这尤为体现在"文革"中对于唯生产力论的批判以及"鞍钢宪法"中对于工人如何参与工厂管理的政治实践上。不过，社会转型或者消费主义时代的秘密恰好在于对生产者的放逐和匿名化上。

如果说《大工匠》《钢的琴》多少唤起了人们对于消逝的工人阶级生活的怀旧和惋惜，那么这些与工人阶级有关的叙述没有说出或无法说出的故事是，另外一个与工人阶级衰落密切相关但又在这种叙述中完全"不可见"的群体就是农民工。在这个转折的时代里，农民工进城（劳动力过剩）是与国有企业改制工人下岗（减员增效）几乎同时期发生的事情，都是国家强力推进市场化进程的产物。于是，在城市空间中就出现了怪诞的场景，一方面是昔日国有企业在改制、转产过程中的凋敝（废弃的工厂成为许多城市的日常景观，尤其是20世纪50年代到70年代的重工业区，如东北、西南地区），另一方面是生产中国制造的"世界工厂"的蓬勃发展（以深圳为代表的东部沿海地区），但是，当20世纪50年代至70年代的工人阶级老大哥与改革开放以来的农民工出现在同一个城市空间之中的时候，彼此之间却又是"视而不见"的。

在2007年热播的电视剧《大工匠》的结尾部分：退休后的八级大工匠肖长功一觉醒来听见二儿子德虎吆喝卖馄饨的声音，他非常高兴，走到大街上。他停下来，背后是某建筑工地外围的地产广告，他望向马路对面，德虎正在一个建筑工地门口摆摊，来吃馄饨的都是附近的建筑工人。显然，肖长功隔着马路凝视的是独自经营馄饨的傻儿子，而不是这些建筑工人。画面中这些戴着安全帽的民工身着蓝色工服，德虎穿着蓝色的工装裤，肖长功也穿着蓝色的坎肩，在这一片蓝色中，两种具有不同历史主体的工人"相遇"了，但是，肖长功对这些工人似乎视而不见。而在《大工匠》的小说版中，有一段肖长功在馄饨摊上与年轻工人的对话，只是这些工人都是钢厂的工人，肖长功一一认出了他们的工种，比如"干机械动力"或"钳工"。而在电视版中，这群工人被明确地呈现为民工形象，肖长功却与这些建筑工人没有任何语言和目光的交流。正如肖长功曾经向自己的妹妹抱怨："这些日子我就在街头上转，没看见有工人骑着车子上班啊，自行车车把上也不挂饭盒了，你说这是怎么回事儿啊？"肖玉芳的回答是："交通发达了，自行车就少了，工人就是上班呢，也都是坐班车，现在没人拎着饭盒上班了，厂里公司里都有自助餐了。"肖长功大摇其头道："没味儿了，没味儿了，没工人味儿了。"而所谓"工人味"就是上面提到的"我光闻味儿就知道你是不是工人，什么手艺，几级工"。在这位老工人眼里，这些进城打工的民工并不是工人，或者说肖长功根本无法"看见"这些工人。

一个或许并非偶然的细节，在《大工匠》的宣传中，导演、编剧、制片人都纷纷叙述自己的"工人情结",比如制片人赵宝刚称自己曾经作为首钢的工人,拍《大工匠》就是拍自传,各省市电视台也往往把开播的发布会放置在工厂里或邀请钢铁工人参加,而另一位主演陈小艺似乎并没有多少可以挖掘的"工人缘",不过,恰恰是陈小艺在1990年主演了第一部农民工题材的电视剧《外来妹》,扮演一位外资纱厂的女工,并且最终成了工厂部门经理。从这个细节中也可以看出,在"钢铁工人"与"外来妹"之间产生阻隔的是性别上的双重错位,一方面是工人尤其是钢铁等重工业工人的男性修辞压抑了女工人,另一方面是外来妹的性别身份遮蔽了千千万万的打工仔,按照前一种修辞,陈小艺有可能被排除在这部以"产业工人"为主角的宣传之外(在一篇报道中,陈小艺扮演的不是钢厂的青工,而是"头回演工人的老婆"),而更重要的是"工人"与"农民工"很难成为彼此的前世和今生。所以,当两种身份在同一个历史场域中遭遇时,肖长功看见的要么是自己,要么视而不见。如果这些下岗或退休的工人看不见农民工,那么在关于农民工的诸多叙述中,似乎也很难勾连起"工人阶级"的历史,正如在一则公益广告中,作为奥运工程的建筑工人是作为社会主义新农村的新一代农民的身份发言的,也就是说"农民"是他们的第一身份,而在打工青年艺术团的创作实践中,重新赋予打工者以"劳动者"的身份,但这种身份也很难与历史上的工人阶级或现实中的下岗工人发生"耦合"。

　　这种相互"视而不见"并不意味着这两种身份就相隔遥远。其实,当工人阶级失去了"主人翁"的政治和社会身份之时,正是"农民工"作为廉价劳动力成为城市工人阶级的过程。可以说,工人下岗与民工进城恰恰是同一个以"市场经济"改革为主导的历史进程的产物。与肖长功这样拥有美好历史记忆的工人不同,这些进城的农民工甚至连这份记忆都无法继承。在这样一份关于"美好的岁月"的怀旧之中,《大工匠》被誉为"工人版《激情燃烧的岁月》",那些当代的工人(民工)又在什么意义上能够分享这段幸福时光呢?或者说,应该如何连接这样两种工人主体的历史呢?他们在什么意义上可以互相"看见"呢?如果说在工人阶级哀叹今不如昔的两重天式的怀旧叙述与对农民工的叙述中并不存在着历史及其逻辑的结合点，那么我们如何来处理这种近乎前世今生关系的工人阶级与农民工的主体位置呢？20世纪50年代至70年代的工人阶级能否成为农民工的前世，或者说农民工能否获得工人阶级的今生呢？

三 整体性的视野

在"可见"的都市景观中有一个空间总是不可见的，这就是被绿色帷幔所覆盖、遮挡的建筑工地，这一在城市大规模拆迁重建过程中随处可遇的场所如同穿着"隐身衣"般视而不见，与其说消费主义逻辑拒绝把建筑工地景观化，不如说生产性的场景及其建筑工人的在场会戳破都市消费者的幻想。这种消费者登上历史舞台、生产者被放逐在舞台背后的再现法则，就是后工业消费社会的秘密所在，以至于曾经作为历史主体的工人阶级在大都市中难以容身。这种不可见体现在对生产者的双重放逐之上，一方面就是原有的产业工人通过下岗、搬迁的方式离开城市，另一方面就是从事工业生产的新生代农民工成为都市隐身人。这种消费者与生产者的分裂是二战之后产业格局以及20世纪90年代以来中国复制这种结构的产物。

作为消费者的中产阶级、都市白领成为美国及发达国家的社会主体，基本上是二战后在福利国家和产业转移的背景下出现的新现象。按照英国马克思主义历史学家霍布斯鲍姆在《极端的年代》中的描述，20世纪50年代至70年代是资本主义的"黄金时代"，这是一个蓝领工人白领化、知识精英成为职业经理人、制造业工人开始从事第三产业的时代。随着中产阶级的崛起，原有的劳动力密集型的第二产业并没有消失，先是转移到日本（20世纪五六十年代），随后是韩国以及中国台湾、香港等（20世纪六七十年代），最后转移到中国最先对外开放的沿海地区（20世纪80年代开始）。这种新的全球产业分工在冷战终结之后以全球化／新自由主义的名义下被再次强化，直到新世纪之交中国成为名副其实的世界加工厂，中国过度生产、欧美过度消费的全球资本主义空间地理学形成。2012年有一部好莱坞科幻重拍片《全面回忆》(Total Recall)，这部影片把未来世界呈现为由两个空间组成：一个是机器保安、戒备森严的后现代大都市空间欧美国 (Euromerica)，一个是人声嘈杂、拥挤不堪的唐人街式空间新上海 (New Shanghai)，技术工人居住在新上海，每天乘坐穿越地心的高速地铁到欧美国工作。这样两个空间不仅是金融危机时代美国与中国的隐喻，而且也代表着消费与生产空间的分裂。

如果说欧美社会通过不断的产业转移逐步进入去工业化的消费社会／后工业社会／晚期资本主义社会（从实体经济升级为去实体化的金融经济），那么中国则在产业转移中完成新一轮的工业化，换句话说欧美世界的去工业化与中国20世纪80年代以来依靠外资和廉价劳动力所完成的工业化是一体两面。这种新的资本主义图景，中产阶级取代了19世纪资产阶级／无产阶级的二分法成为社会的主体，尤其是以消费者的身份成为大众文化景观中可见的主体。随着产业转移而制造出来的以中国为代表的新型产业工人大军则成为不可见的他者。那些基于西方消费社会的批判理论也由建立在以生产者／无产阶级为核心的经典马克思主义变成对消费社会、符号经济的批判，这种以消费者为中心的批评视野同样看不见全球化时代里的双重生产者，分别是产业转移到第三世界所制造出来的新劳动力大军以及隐匿在第一世界内部的多由非法劳工组成的体力劳动者。这种欧美消费者与第三世界生产者的主体分裂，一方面使得都市中产阶级所从事的旅游经济、文化产业、高新技术、信息产业、金融产业等第三产业成为后工业社会的主体产业类型，另一方面工业化时代的无产阶级、工业厂房在消费空间主导的都市景观中变成消失的主体和废墟化的空间。这种全球产业的"乾坤大挪移"造成欧美发达国家的产业中空化和以中国为代表的发展中国家的工业化，与发达国家的中产阶级化相伴随的是如中国等新兴经济体的无产阶级化。

类似的产业及社会结构在中国社会内部被复制再生产。20世纪90年代中后期随着中国城市化加速以及新世纪以来的经济崛起，在中国沿海地区成为对外出口的世界加工厂的同时，中国都市尤其是大都市开始向后工业社会转型，消费社会及其消费主义的逻辑成为20世纪90年代以来大众文化的主旋律。与此同时，20世纪90年代以来市场化改革所催生的脱离体制的弄潮儿、民营企业家又被想象为公民社会／民间社会／以美国为样板的后工业社会的主体与中坚。这种20世纪八九十年代以来持续的工业化与新世纪以来实体经济向虚拟经济转型的去工业化，就是弱势群体和都市新消费阶层在当下中国登场的历史缘由。与后工业社会的文化再现逻辑相似，在中国的文化景观中，能够出场的依然是形形色色的消费者，农民工／生产者隐匿在消费主义景观背后。这种消费者／生产者的身份断裂，不仅使得从事工业劳动的生产者在消费空间中被屏蔽，更重要的是这些流连／留恋于购物广场的消费者自身作为生产者的身份也被遗忘了。比如在"社区支持农业"的运动中，只有消费者／城里人来到田间地头从事农业劳动之时，生产者才能被看见，农业生产以这种方式变成可体验的消费方式。

这些彼此"视而不见"的三大弱势群体又被讲述为三种不同的中国故事。下岗工人是国有企业破产重组、计划经济体制瓦解的产物，是计划经济如何转型为市场经济的问题，是"旧包袱"；农民工则是改革开放以来农民工离开土地进城打工的故事，是现代化、工业化、城市化的产物，是新现象；农民则是农业、农村问题，是现代化之外的空间如何获得发展的问题。不仅在上面提到的文艺作品中，他们无法分享彼此的历史经验，就是在社会学研究中，他们也被分别处理为不同的议题和故事。比如下岗工人是下岗再就业、城市社会保障问题，农民工则是保护农民工合法权益的法律问题，农民则是农村建设的问题。这样三类群体和三个彼此分离的故事本身是有道理的，他们确实是不同的历史社会制度下的产物。不过，这样三个群体和不同故事却是同一个历史进程和社会转型的产物。下岗工人、农民工进城和乡村的凋敝是同时发生的、互相因果的。比如新工人的问题与工人下岗以及阶级政治的失败有着密切关系，而使用更加廉价的劳动力，又使得这种"生老病死有保障"的福利制度被市场化的逻辑所打破。农民进城是因为打工者离开乡村，乡村变成老人、妇女和留守儿童的居住地，这种乡村被掏空又是因为城市改革进一步拉大了城乡差别，农民无法在农村满足求学、就医等基本的生存权益。

在这个意义上，用一种相对整体性的眼光和视野来理解这样三类群体的历史显得尤为重要。比如讨论新工人的问题离不开对工人政治以及对乡村伦理的讨论；工人所代表的劳动政治在消费主义时代有没有其他的出路；乡村在主流文化中为何会被想象为现代化之外的地方、不适合人类居住的地方，中国能否出现一种返乡运动，乡村能不能回去，这不仅涉及农民，也关乎新工人的命运。

（写于 2013 年 6 月，发表于《天涯》2015 年第 1 期。）

"熟练地掀开记忆"：工人诗歌的文化位置与意义

2015年6月，上海国际电影节上有一部讲述工人诗歌的纪录片《我的诗篇》获得最佳纪录片金爵奖，这部片子讲述了六位工人诗人的生活、工作和创作，用影像来呈现他们的诗歌写作与工业生产之间的密切关系。据调查，中国目前有3.6亿"新工人"(不同于计划经济时代国有企业的老工人)[①]，这些新工人成为支撑中国制造加工业和城市低端服务业(餐厅服务员、保姆、保安等)的主力军。这个群体尽管人数众多，但在主流文化中却基本处于匿声、匿名的状态，经常以底层、弱势群体等中性的身份出场。在《我的诗篇》中有一位2014年国庆节自杀的富士康工人许立志，曾在微信上引发关注。这位年轻的诗人在短短三四年的时间里创造了大量的诗歌，从他的作品中不仅可以读到全球制造业加工厂的工人所承受的煎熬和苦难，而且也能感受到这种重复、高强度的工作背后个人的孤单感和绝望感。这些萃取于生命经验的诗句具有双重功能：一是让人们看到现代化大工厂并没有多少"进步"，新工人依然如螺丝钉般锚定在永不停歇的流水线上；二是诗歌成为这些绝望、无助的人们所能使用的最为便捷的表达方式，创作诗歌是暂时逃离异化劳动的替代品。这些工人诗歌像匕首一样戳破中国经济崛起的另一面，让人们重新反思现代性和工业化的历史。借用打工女诗人寂之水在长诗《审判》中的一句话"熟练地掀开记

[①] 吕途：《中国新工人：迷失与崛起》，法律出版社2013年版。

忆",工人诗歌的文化意义正在于把隐藏的、被压抑的、不可见的工人经验和记忆掀开。

一 工人诗歌的"当代性"与三种工业经验

在70后诗人秦晓宇选编的《我的诗篇:当代工人诗典》一书中,既有顾城、舒婷等朦胧派诗人写的工厂诗歌,也有陈年喜、许立志等打工诗人的诗歌。这使得这部"当代工人诗典"的"当代性"不只是当下的打工诗人,也包括像舒婷、梁小斌等有工人经历的诗人,从他们的诗歌中恰好延续了毛泽东时代关于工人、工业的想象[①]。也就是说,这部诗集包括老工人、改制后的国企工人和新工人三个群体,分别对应着三种工业经验,即专业诗人所呈现的对社会主义工厂的记忆、生活在国有企业中的工人所讲述的带有社会主义印痕的工业经验和农民工、打工者的工厂经验。这也是这本书与其他打工诗歌选集最大的不同。

1. 带有"节奏感"的流水线

第一种是以舒婷、梁小斌、于坚、顾城等为代表的当过工人的诗歌作品。他们大多是知青,返城后进入工厂,后来又通过高考成为大学生,工人是他们在毛泽东时代后期的一份人生阅历,他们用诗歌来追忆曾经的工厂生活。20世纪80年代,这些诗人成为吹响新时期号角的朦胧派诗人,此时,他们作为专业诗人与工人身份已经完全脱离,这种知识分子(脑力劳动)与工人(体力劳动)的阶级分化也是80年代新启蒙时代的产物之一。在一般的文学史论述中,很少谈及这些著名诗人的工人身份,他们的工人经验也很少被作为解读他们作品的维度。现在把这些大名鼎鼎的诗人与其他工人诗人放在一起,确

---

① 在《我的诗篇:当代工人诗典》中,秦晓宇在附录里收录了"1949年至1976年工人诗歌小辑",以呈现毛泽东时代工人诗歌的面貌。

实感觉有点奇怪，不过，也正是借助"工人诗歌"的名义，让我们看到这些当年开风气之先的朦胧派诗人与工人、工业的隐秘关系。

舒婷在《流水线》（1980年）中写道："在时间的流水线里／夜晚和夜晚紧紧相挨／我们从工厂的流水线撤下／又以流水线的队伍回家来／在我们头顶／星星的流水线拉过天穹／在我们身旁／小树在流水线上发呆"[①]。"流水线"不仅不是现代主义叙述以及后来的打工诗歌中所呈现的压抑、重复的异化劳动，而是和时间的流逝、夜晚、星星、小树等有关的意向，很美，也很有诗意，这是一份关于"我们"的故事。随后，诗歌中呈现了"我"对这种流水线生活的感受，这种工厂式的集体生活是一种"单调"的、"失去了线条和色彩"的生活，这种"共同的节拍"让"星星"都感觉"疲倦"了，因为"它们的旅行从不更改"，没有任何变化。于是，这首诗的最后"我"出现了，"我"从这种"共同的节拍"中感受不到"我自己的存在"，这也是20世纪80年代之初用个人主义的话语来解构、批评一种"丛树与星群"式的集体化的单调生活。不过，从这首诗中依然能够读出这种"时间的流水线"中流淌着的关于流水线生活的"美感"，这是一份"共同的节拍"。这种"美感"来自社会主义时代关于工厂所有制、"工人当家做主"的一系列制度性的安排，这种有"节奏感"的工厂经验在梁小斌的诗歌中表现得更加淋漓尽致。

梁小斌在《节奏感》（1979年）中写道："清晨上班，骑上新型小永久／太阳帽底下展现我现代青年含蓄的笑容／闯过了红灯／我拼命把前面的姑娘追逐。"[②]这是一种非常明亮的、美好的城市生活，一个刚刚进入工厂的"现代青年"，早晨骑着崭新的自行车穿过城市去上班。这幅带有运动感的画面是一种以自行车、红绿灯、警察所组成的城市的"节奏"，城市就像一架美妙的机器，让"我们"享受"自由的音符"和甜蜜的爱情。这种从上班前所填充的

---

① 秦晓宇选编：《我的诗篇：当代工人诗典》，作家出版社2015年版，第4页。
② 同上，第6页。

"自由的音符""含蓄的笑容",一直延续到上班后"悠闲的腿""富有弹性和力度"的汽锤声和"圆舞曲的小舞步",这种"节奏感"成为青年工人对于工厂、对于城市的真切感受,是一种充满个人幸福感的令人向往的现代城市生活。从这种生活中可以看出工业、城市、机器和"我"组成了一首有节奏感的交响乐。这种"节奏感"也使得青年工人把意外的工伤变成一次美丽的事件。如在《前额上的玫瑰》(1981年)中,受伤的"我"对于工伤根本不在意,反而把自己想象为一名战壕里的战士,不管是"小齿轮",还是"子弹",对于喜欢"欣赏美丽的星星"的"我"来说,都是"她的印迹打在我的前额上",这是一种爱情的印迹、一种幸福的印迹。而在《一颗螺丝钉的故事》(1982年)中,"我"听到了螺丝钉的心跳:"用冰冷的扳手／把一颗生锈的螺丝钉拧下／它躺在师傅那宽厚的手上。"①一颗生锈的螺丝钉像"我的心脏"会"微微跳荡",而"我"与螺丝钉完全融为了一体。生锈的螺丝钉并非象征着工人的年龄或者工人的退休、伤残,而是来自毛泽东时代的经典隐喻"革命的螺丝钉"。螺丝钉会生锈,就像青工的思想会受到"腐蚀",所以螺丝钉的锈迹是一种"胡思乱想",而不是工业的衰败。这时师傅就变成了导师和革命的引导者,生锈的"我"并没有被抛弃,完成思想改造的"我"就像"擦洗后"的螺丝钉一样"重新拧到原来的地方"。螺丝钉不代表一种机器时代无差别异化,而是革命、工业、社会这台大机器的建设者。

这种有节奏感的工业、城市生活在于坚的早期诗歌中同样可以读到。于坚作为20世纪80年代的口语诗人,也写出了一种有主体感的工人形象。在《在烟囱下》(1983年)这首诗中用清风云淡的语言描述一种城市的剪影,诗的前半段写烟囱,它虽然"抽着又黑又浓的烟",但它不是污染的象征,而是一个城市的注视者,"它和那些穿劳动布的人们站在一起"。诗的后半段写工人与烟囱的关系,"工厂的孩子们／在烟囱下／长成了大人／当了锻工／当了天

---

① 秦晓宇选编:《我的诗篇:当代工人诗典》,作家出版社2015年版,第8页。

车工／烟囱冒烟了／大家去上工"①,从这里可以读出一种工人、工人的孩子作为城市主人的感受。还有一首《赞美劳动》(1989年),这首诗从劳动写到劳动者,从劳动者"抡动着锤子"到"浇注一批铁链",劳动就是一种创造的过程。不过,从"他肯定用不着这些链子""他也不想 它们将有什么用途"可以看出,诗人认为劳动者不是思考者,或者说劳动被诗人描述为一种机械的劳动。尽管"这些随着工具的运动而起伏的线条"带有美感,但"他只是一组被劳动牵引的肌肉",这些肌肉"没有任何与心情有关的暗示"②。就像舒婷的《流水线》要从"共同的节拍"中寻找"我自己的存在"一样,于坚也想从体力劳动之外寻找"与心情有关的暗示"。

这些诗歌中对于"流水线""劳动"的描写依然流露出一种工业生活的旋律感和线条美,这些都离不开社会主义时代的工厂作为一种工人当家做主、工人成为城市主人的制度基础。就连不像顾城风格的那首《车间与库房》(1977年)也写出了生产的故事,"从不会像车间般生产创造,只会没完没了地积压堆放"③。当这些让诗人们感觉厌倦、单调的社会主义流水线被解体之后,这种关于工厂的节奏感成为一个特殊时代终结之前的绝唱。

2. 国企工人的"蛙鸣"

第二种是20世纪80年代以来在国营、国有工厂工作的诗人。与舒婷、顾城等专业诗人不同,这些工人诗人没有因为写诗而"晋升"为职业诗人,他们身兼两职,既是从事工厂劳动的工人,又是从事精神生产的诗歌创作者。他们的诗歌写作与国有工厂自身的工会、文学小组以及同系统内部(如石油、煤炭等系统)体制化的文艺组织有关,相当多的诗人成为工厂系统或宣传部门的干部,这也是社会主义时代国有工厂延续下来的制度遗产。对于毛泽东时代

---

① 秦晓宇选编:《我的诗篇:当代工人诗典》,作家出版社2015年版,第12页。
② 同上,第20页。
③ 同上,第28页。

的工人来说，文艺生活是工业生产之外业余文化活动的有机组成部分，每个工厂都有业余文艺小组，工会、团委等各级组织会"组织"各种群众文艺活动。文艺生活不仅是作为国家主人的工人能够分享的文化权利，也鼓励工人成为文艺创作的主体。这一方面要求专业的文艺工作者"下基层"、与工农相结合，另一方面也通过各种方式把工人、农民培养为文艺家。

这些国企工人的诗歌主要有这样几个主题：一是对工业、工厂、城市的正面表现，把工业、工厂叙述为一种美丽田园。如老井的诗歌《地心的蛙鸣》是一首非常美的诗，这首诗把挖煤式的工业劳动想象为一种美好的田间劳作。"煤层中　像是发出了几声蛙鸣／放下镐　仔细听　却没有任何动静／我捡起一块矸石　扔过去／一如扔向童年的柳塘／却在乌黑的煤壁上弹了回来／并没有溅起一地的月光"。"几声蛙鸣""童年的柳塘"和"一地的月光"都是很美的田园风光，这些意向很少出现在工业诗歌中，因为很难想象这是在煤坑中从事挖煤工作的工人的心声。诗人进一步把这种地心深处的蛙鸣追认为是"亿万年前的生灵"，使得冷冰冰的煤层也拥有了生命的气息。最后，诗人写道："漆黑的地心　我一直在挖煤／远处有时会发出几声　深绿的鸣叫／几小时过后　我手中的硬镐／变成了柔软的柳条"[①]。诗人仿佛听到了地心的蛙鸣，当"硬镐"变成"柔软的柳条"时，工业劳动的工人也就变成了从事田间劳动的农夫。如果说后工业的文化想象中经常出现绿色有机的美丽田园，那么老井用一种农业劳作来比喻工业劳动是非常罕见的。这种诗意也许正来自国企工人的主体感。

与这种"工业田园"相似的是杏黄天用长诗的形式对工业城市的赞美。在《工业城市》(1996年)和《在工业的森林里》(1999年)中，工业与自然景色融为一体、工人与机器生产彼此融洽。如《工业城市》的题记："在天狮星座骑的呼唤中／孩子出走家园／寻找天空的城市／靠近金属结构的阳光"。这四句诗就像创世神话一样，在神的"呼唤"下，人类走出家园，是为了"寻找天

[①] 秦晓宇选编：《我的诗篇：当代工人诗典》，作家出版社2015年版，第65—66页。

空的城市",而这样的未来城市"靠近金属结构的阳光"这种工业化的自然景观。工业不仅没有破坏自然、与自然格格不入,反而成为一种美丽的风景。这与舒婷、于坚等离开工厂的诗人回忆单调的流水线完全不同,杏黄天笔下的工厂抒情诗更像是社会主义时代对于工业、工厂的浪漫化想象。诗的最后是:"我可爱而又可怕的儿子/你被命名为铝/是城市的眼睛/要告诉你的是/你的父亲剥去了你的衣着/你赤裸着/在城市的天空是羊群的白云"。[①]诗人用儿子来比喻工业产品,可谓实现了人与工业的"物我两忘",而且"城市的天空是羊群的白云",这种工业城市与农业田园也实现了完美的结合,从而完成了"工业田园"的叙述。

二种是有一种集体意识和集体感,比如会描述工友、兄弟的情感,这与打工诗歌中强烈的个人化倾向是不同的。比如来自胜利油田的诗人马行的诗基本上不写"个人的""我"的故事,大都是写工友、写别人。铁路工人魏国松的《这群人》也是写一种工作中形成的群体感。这首诗的第一句就写"我"在"这群人"中间,工业劳动是一种集体的、群体的劳动,正如他们要"举着一个铁路物件""需要很多双手",这种集体感来自共同劳动的经验。接着,诗人写道:"影子们无痛无痒/可它们却有很多张嘴,咬疼了我/和我的感觉"[②]。工友们的影子"咬疼了我",这种"疼"并不是我自己的,而是一种同病相怜,"它也有了跟我一样的疼"。这种共同的"疼"感来自五年、十年在一起的工作。如果像打工诗人那样处在频繁换工作的"常态"中,恐怕很难形成"我"与"这群人"的感受。

三是对老工厂的怀念。来自鞍山炼钢厂的诗人田力写了一首《二月二十五日,下班途中》:"我多想像建国初期的/劳动模范们那样/从职工浴池出来穿着人民装骑上'国防'牌的脚闸自行车/脑袋里想着齿轮或者模具

[①] 秦晓宇选编:《我的诗篇:当代工人诗典》,作家出版社2015年版,第139—140页。
[②] 同上,第47页。

的革新难题／春风迎面吹来了／明天天亮我要第一个站在机器前／精力旺盛／等待着工友们的到来／等待着劳动竞赛中产生的爱情"[①]，这是一个依然在岗的国企工人，对老工人、老工厂的怀念。第一段写了新中国成立初期工人的意气风发和主人翁意识，"明天天亮我要第一个站在机器前"。第二段是"我"看到两个退休工人或下岗工人，虽然"他们的工厂已经消失了"，但是他们的心里依然装着原来的工人，这反映了工人对工厂的深厚情感。有意思的是，这种对于历史的追忆来自一个国企工人，而不是打工诗人，也就是说只有依然生活在国企工厂的工人，才有可能唤回历史的记忆，或者说才有可能"见到两个耄耋老人"。对于后来的农民工来说，这是一段不可见的，不可知的、也无从怀念的历史。

在这些国企工人的诗歌中基本上没有反映20世纪90年代工人下岗和下岗工人的诗歌，仿佛那段历史从来没有发生过一样，因为对于这些依然生活在国企的工人来说，工人的历史和命运并不是断裂的。当然，对于下岗工人来说，恐怕再也没有可能从事文艺创作了。

3. 新工人的绝望

第三种是20世纪80年代以来农民工、打工诗人写作的工业经验。相比拥有国企身份的工人，新工人是改革开放、中国走向以对外出口加工业为主的发展道路的产物。从这些打工诗歌中读到的更多是工厂之痛和个体工人的绝望感，尽管新工人也生活在工业大生产的工厂中，但他们无法拥有集体、群体、兄弟的感受，每个人都像高度流动的、原子化的个人。压抑的工厂、冷冰冰的机器与他们的柔弱之躯形成了鲜明对比，工伤、伤残的身体成为一种对工业生产的抗议，用有生命的以己之躯来对抗无人性的工业流水线。工业经验再次变成现代性中最经常出现的意向，这是无差别的、重复的异化劳动。这种负面的工业经验大致有这样几个主题。

[①] 秦晓宇选编：《我的诗篇：当代工人诗典》，作家出版社2015年版，第39页。

一是对流水线工厂生活的激烈批判和反思。与舒婷笔下轻快的《流水线》不同，在著名打工女诗人郑小琼的《流水线》中，流水线抹去了工人的名字："在流水线的流动中，是流动的人／他们来自河东或者河西，她站着坐着，编号，蓝色的工衣／白色的工帽，手指头上工位，姓名是A234、A967、Q36……／或者是插中制的，装弹弓的，打螺丝的……"①工人在流水线上变成了"流动的人"，这些"流动的人"像犯人一样只有一个工位号码，他们从活生生的人变成了分工明确的专业工人。更重要的是，工人被工人制造的产品所淹没。这些流动的工人像鱼一样，只能在"老板的订单""利润"等固定好的河道中被动地流动，他们"彼此陌生"，他们被工业流水线所污染，变成"咳嗽的肺""染上职业病"。这种流动的命运不是自由、自主的乐府，而是被"流水线不断拧紧城市与命运的阀门"，工人的命运与他们生产的产品一样。

许立志的《流水线上的兵马俑》（2013年）写出了另一种流水线的场景，一种被高度军事化管理的流水线工人的威严："沿线站着／夏丘／张子凤／肖朋／李孝定／唐秀猛／雷兰娇／许立志／朱正武／潘霞／苒雪梅／这些不分昼夜的打工者／穿戴好／静电衣／静电帽／静电鞋／静电手套／静电环／整装待发／静候军令／只一响铃工夫／悉数回到秦朝"②。这种跨越历史的想象在打工诗歌中是不多见的，把新工人比喻为秦始皇的帝国士兵，让工人成为秦帝国的继承人，隐含着一种巨大的历史主体的力量，那些埋藏在地下的严阵以待的兵马俑仿佛正在等待着强大祖国（新的君主）的召唤。这种重复的流水线、重复的工业经验，让打工诗人丝毫无法对工业、工人产生任何正面的价值，反而认为工人的身份是一种耻辱，就像打工诗人唐以洪要"把那件工衣藏起来"。与国企工人"赞美劳动"以及拥有"劳动最光荣"的价值观不同，这首诗聚焦于那件跟随了"我"二十年的灰色工衣，"灰色里的泪痕，和汗水／那

---

① 秦晓宇选编：《我的诗篇：当代工人诗典》，作家出版社2015年版，第272页。
② 同上，第359页。

些胶水味,机油味,酸楚味／线缝里的乡愁"①,这件工衣承载着"我"打工的历史和记忆。在工衣里面包裹着"一只发不出声的蝉子"和一个"闷头干活"的"哑巴",这份"噤若寒蝉"的屈辱使得"我"要把灰色的工衣"藏到最深处／藏到谁也找不到的地方",因为"我担心从记忆的深处／又把它们揪出来／再一次受到磨难／和伤害"。这首诗一方面表现了工衣所代表的工业劳动对打工者造成的耻辱感,另一方面又呈现了工人发不出声音的社会困境。

第二主题是打工诗歌中的工伤和死亡。如郭金牛的《纸上还乡》用一种"还乡"的乡愁来书写富士康工人的13跳。第一节是写新生代农民工的自杀,这种自杀被叙述为一种少年的飞翔,鸟的飞翔是一种自由解放的象征,而新工人只能以死亡来获得这种"不可模仿"的自由。诗中的动词"数到""划出""击到""速度"等就像工人工作时的动作,工人的自杀成为他最后的一件工业产品。第二节是写母亲淹没工人的尸体。不是工友来送别"兄弟",而是母亲这一血缘上的亲人来为新工人送行,新工人从工人变成了儿子。这也反映出对于新工人来说,血缘家庭所联系的亲人、姐妹是他们唯一温暖的依靠。母亲也象征着土地、农业之母,显示出新工人作为农民之子的身份,这也就是为何要"还乡",因为城市、工厂不是新工人的归宿,也不是新工人的家,农村、故乡才是新工人的宿命,即便死亡也要"遭返"回农村。第三节写了诗人"我"与死去的工友的关系,这种关系不是通过工人与工人的群体感以及阶级认同来联系,而是一种工作关系,"防跳网正在封装,这是我的工作"。或者说,我取代了死去的新工人,变成了另一个"为拿到一天的工钱"而"用力"干活的工人。随后又写到死去的新工人没有留下任何痕迹,除了他的未婚妻,没有人会提及"你在这栋楼的701／占过一个床

---

① 秦晓宇选编:《我的诗篇:当代工人诗典》,作家出版社2015年版,第187页。

位"。①从这里可以看出,这首《纸上还乡》用诗意的语言写出了新工人轻贱的生命,有一种力透纸背的力量。

工伤事故经常出现在打工诗歌中,不再是梁小斌笔下《前额上的玫瑰》,而是血淋淋的"断腿"和"断指"。在唐以洪的《寻找那条陪我回乡的腿》中书写了"我把我的腿也弄丢了","我"四处寻找,"那条能够陪我回家的腿"。这种机器对身体的伤害已经成为新工人的家常便饭,而身体也成为工人反抗工业生活的最后的防线,比如许立志的《我咽下一枚铁做的月亮……》(2013年)。这首诗写出了"我"对于"铁""工业的废水""水锈"等所代表的工业生活的厌倦。"一枚铁做的月亮"本来很美,也许只有工人才能想象出这样的意向。可是,这些"工厂的废水"让"我"难以下咽、如鲠在喉,"我"不愿意再咽、再忍气吞声,"我"要把"曾经咽下的现在都从喉咙汹涌而出"②,这种21世纪"世界工厂"里的中国工人所遭受的生存境遇成为祖国的耻辱。许立志跳楼十个小时之后,他的新浪微博定时更新,时间是10月1日凌晨零点零分,内容只有四个字"新的一天",这一天正是中华人民共和国成立65周年的日子,他用这种新媒体的方式表达对此生的绝望和对来世的祝福。

第三是工厂生活对青春的消磨。如湖北青蛙的《喜鹊》中有"工厂已经老了,而生产线上的工人/似乎永远只有二十几岁"③的诗句,世界工厂只吞噬年轻的生命,因为青春是人生的黄金时代,而作为未成年的留守岁月和年长的衰老的身体则被工业生产所排斥。在郑小琼的《女工:被固定在卡座上的青春》中,她用女工的时间、女性的身体来批判无情的流水线。这首诗前半部分写女工固定在卡座上,她们的时间"不跟随季节涨落"。工业的时间是

---

① 秦晓宇选编:《我的诗篇:当代工人诗典》,作家出版社2015年版,第170—172页。
② 同上,第360页。
③ 同上,第176页。

一种没有白天、黑夜的机械时间，这种机械时间把女工规训为重复拧螺丝钉的"摩登工人"。后半段提到了女工的青春被禁锢在从内陆乡村到沿海工厂再到美国货架的全球产业链中，这种被工业摧残的身体就像"绿色荔枝树被砍伐"，[①]个人的身体与绿色植物代表着生命的价值。

这些对于工业生活的批判本身，是因为打工者在工厂中找不到"主体""主人"的感觉，因为他们确实不是工厂的主人，他们无法像国有企业工人那样在所有制的意义上占有生产资料，就像唐以洪在《搅拌机》所写的："它无法拥有自己／它属于工地，工厂，流水线"[②]，工人也像搅拌机一样，他们"无法拥有自己"。

二 工业与现代性经验

近代以来，现代社会建立在工业社会的基础上，工业时代是现代文明、城市文明的地基，工业也成为区分前现代与现代的标识。对于现代工业文明来说，一方面指一系列发明创造，从纺织机革命、蒸汽时代、电气时代到电子时代、信息时代，资本主义工业文明被描述为科技进步的历史，另一方面指一种以机器生产为组织原则的工业化大生产，工厂把城市变成现代化大都市。工厂的诞生也为工人阶级、无产阶级的形成提供了历史条件，而工业化水平、工人的数量成为现代化、城市化的指标。从这个角度来看，工业、工厂、机器应该成为现代性经验的内核，但现代性对于工业的表述却非常暧昧。

首先，现代性关于工业的呈现非常匮乏，这体现在工厂空间基本上成为现代性经验中不可见的空间。比如广场、咖啡馆等都是资本主义文化的公共

---

① 秦晓宇选编：《我的诗篇：当代工人诗典》，作家出版社2015年版，第276—277页。
② 同上，第188页。

空间，甚至连资产阶级的客厅也成为自由讨论的沙龙。作为工业生产、工业文明的工厂空间反而变成无法再现的黑洞。这一方面是现代社会（后工业社会）中的消费空间、消费主体压抑和遮蔽了生产空间、生产者，另一方面工业生产、工人阶级成为高歌猛进的资本主义无法表述的隐秘。比如关于工厂的电影似乎只有卓别林的《摩登时代》（1936年），这种流水线上的重复劳动也成为一种最典型的工业生产的代表，至今从打工诗歌中看到的也是这种流水线式的生产经验，工业生产总是单调、贫乏和异化的。

其次，工业生产在现代性中经常被作为负面的、反现代性的经验，反工业成为反思现代文明的主流论述。就像浪漫主义者最早发起了对现代社会、工业社会和机械时代的批判，甚至不惜用前现代的乡愁来批判现代社会的异化。比如英国是世界上最早实现工业化的国家，而英国的主流文化却是一种乡村、乡绅文化，带有浓郁的乡愁气息。在现代性经验中，不仅关于工业的空间很少被呈现，而且正面讲述工业化、现代化的文本更少，除了未来主义等少数先锋作品外，大部分现代性的经典作品都是批判工业化，反思现代文明，讲述机器与人的对抗、工厂劳动的异化等。因此，工业、工人成为现代文明的阴暗角落，意味着肮脏和贫困。正如在很多现代主义的文本中，工业变成了废墟，工厂变成了无人区，是人类末日的景观，这些工业的废墟在人类死亡之后依然坚硬地矗立着，霓虹灯依旧闪烁，广告屏幕循环播放，这成了人类的现代梦魇。

第三，后工业时代的文化更是一种去工业化和反工业化的文化，这体现在两类故事上。一个是把工业讲述为过去时代的故事。后工业社会最大的特点就是既能享受到高度发达的现代文明，又能去除掉工业社会的污迹，因为工业生产已经成功转移到第三世界尤其是东亚地区，这也是二战后日本、亚洲四小龙和中国沿海地区依次经济崛起的关键。正因为20世纪90年代以来世界工厂转移到中国内地，欧美才得以出现一尘不染的后工业社会，而中国也在这轮工业化中成为世界第二大经济体以及产生几亿新工人。工业及工厂成为后工业社会或城市景观中消逝的景观，或者变废为宝，把废弃的工厂转化为文化艺术中心,如法国巴黎的蓬皮杜艺术中心就模仿工厂的造型,而北京的798工厂也成功转型为后工业时代的支柱产业文化创意园。第二个故事是工业在后工业社会彻底变成了污染源,绿色生态有机成为正面价值,以至于有机农业、绿色农业变成后工业时代的美丽田园。就像科幻片《星际穿越》(2014年)的开头是工业化带来粮食危机,地球不再适宜人类生存,而结尾处则是未来的人类生活在一个鸟语花香的后工业社会。

与这种从工业时代到后工业时代关于工业的匮乏、负面和批判论述相参照,恰好是社会主义国家、社会主义运动中出现了大量对于工业和现代性的正面描述和赞美,出现了一种"工业田园""现代化田园"的意向。工业不仅不是污染源,而是社会主义现代化的标识。比如有很多诗歌歌颂工业城市、现代化城市,赋予工业化、现代化一种先进的、乐观的想象。在社会主义文化中,城市一般具有双重功能,一方面黑暗城市、城市的黑夜是腐朽堕落的资本主义文明的象征,另一方面阳光下的城市、喧闹的城市、工人的城市又是现代化、现代文明的代表。这种对工业的正面表述,既与马克思对于共产主义的设想建立在高度发达的资本主义文明有关,又与作为第三世界的社会主义国家渴望进行现代化和工业化建设有关,更重要的是,这种论述得以出现的前提是把从事工业生产的工人放置在历史的主体位置上。于是,在社会主义国家,工厂成为现代化城市的标识,工厂工人也成为城市的主人。

当然,这些社会主义实践中常见的工业、工厂、工人、生产、劳动等概念之所以如此重要,是因为建立在马克思对资本主义工业化大生产的批判之上,把劳动作为价值的唯一来源,把工人阶级的生产劳动与掌握资本的资产阶级的对抗作为资本主义社会的主要矛盾。与这种社会主义工业文化相匹配的是一种以生产为中心的文化,强调集体性、组织性、节约伦理等。不过,经典的社会主义理论和实践中确实缺少环保和生态的维度,从环保、自然等角度来反思资本主义的过度生产、过度发展、过度消费也是20世纪六七十年代西方反资本主义文化的产物。在这些背景之下,不管是社会主义时代国有工厂老工人对工业、工厂经验的正面描写，还是全球资本主义产业链最低端的新工人对工厂异化劳动的批判，对当下中国和后工业世界来说都是格外重要的现代性经验，也是重新理解以工业文明为基础的现代资本主义世界的关键。

三 工人诗歌的文化意义

如果说工人诗歌表述了我们当下的生活，但我们又处在日常生活中看不见也感受不到工厂存在的时代，只有读这些工人诗歌才意识到原来我们和这些工人生活在同一个时代。这些异化的工人生活特别像19世纪的作品中所展现的状态，也就是说，21世纪的我们遭遇到了19世纪的工人。这个时代和19世纪有什么不同呢？现在我们很多人确实不用去做工人了，我们只要在城里从事文化等服务业就可以了，而把工人和工厂集中在特定的区域，比如说城市的建筑工地或珠三角的工业园，工人只管生产各种消费品，而基本上不参与城市生活。所以，我们在城市里基本看不到工人的身影。可是中国目前大概有3.6亿工人，虽然技术已经取得了很大的进步，但是依然需要如此之众的工人从事工业劳动。相比19世纪城市景观中随处可见的工厂和工人，21世纪的现代社会只是通过产业转移的方式，实现了城市空间的去工业化，就假装以为克服了工业化的弊端，这实际上是一种掩耳盗铃的行为。工人一点都没有减少，反而为了供养欧洲和中国的中产阶级，需要生产出更多廉价的消费品，这些都建立在对工人劳动的剥夺之上。只要不改变资本主义这种文明的形态，从事工业生产的工人就不会消失，其生存境遇也不会获得根本性的改变。

诗歌写作确实是一种有创造性的劳动，不管发不发表，都可以暂时逃离这种繁重的螺丝钉般的工作状态。马克思曾经描述过共产主义社会，人们白天上班工作，晚上可以唱歌、跳舞、写诗，这是劳动者身心解放的标志。工人不仅是文艺的消费者，也是文艺创作的主体。不过，在现代社会，诗人或

"熟练地掀开记忆"：工人诗歌的文化位置与意义

艺术家有一种特殊的功能，就是示范了一种个人化的生存方式，一方面进行有创造性的文化艺术劳动，另一方面又用文化艺术产品来挣钱养活自己，这是一种最理想的工作状态，既避免了从事异化劳动，又能够有较高的收入。所以艺术家有可能成为一种有尊严的劳动者。20世纪八九十年代以来，不要说工人、农民从事文艺创作了，就连消费文化都变得很困难，因为市场化的文化产业先在地把工人、农村从消费者中排除在外了。虽然底层人民也能使用网络、收看电视，但是里面很少有工人、农民的节目，即使出现也是一种猎奇式的消费，大多数文化娱乐产品所对应的消费者都是城市里的年轻小资，就像电影产业已经从毛泽东时代的全民、城乡共享的艺术，变成了现在的以90后为消费主体的艺术样式。在这个意义上，文艺创作本身就涉及文化权利和文化民主化的问题。

讨论工人诗歌往往涉及是工人自己写的，还是别人写工人的问题。在讨论女性诗歌时也会追问究竟是女人写的，还是写女人的，讨论农民诗歌也是如此。为什么一说到工人、女人、农民等特殊身份就涉及代言的问题，好像有一些身份是不言自明、无须代言的，"我"能自主地发出自己的声音，而像工人、农民等弱势群体则只能被代言，他们无法自主地发出自己的声音。这当然与工人、农民处在社会底层的位置有关，他们需要争夺更多的话语空间。不过，在讨论工人、农民能不能发出自己的声音之前，应该追问为何在30年社会改革的过程中，人数最多的工人、农民会变成社会底层、会再次成为社会苦难的象征。就像根据路遥的小说改编的电视剧《平凡的世界》，讲述的是20世纪70年代末农村青年寻找人生出路的故事，那个时候，农民、工人不是社会底层，而是社会改革的主体，最终路遥让孙少平进城当煤矿工人，也被认为是一种"平凡的世界"里不平凡的劳动者。如果现在拍农民和工人的故事，肯定就是底层和苦难。正如女诗人寂之水的长诗《审判》开头就把打工者描述为一个"携着叮当作响的刑具"的受刑人。

这种工人代言以及作为底层的工人能否发出自己的声音，也是后殖民理论家斯皮瓦克所追问的"底层能否说话"的问题。这可以从另一个角度来思考。与女人、农民等身份不同，工人比较特殊。工人是现代社会、现代资本主义文明的产物，工人诗歌里清晰地表达了人对机器、对工厂的态度，这种人与机器的关系以及人在工厂里劳动的方式是现代社会以来人的普遍状态，工人恰好不需要被代言，工人是现代人类的代言者。在马克思的阶级论述中，工人不只是"工"人，而且是一种普遍意义上的"人"和"人类"。工人阶级的普遍性在于工人的解放是人类社会解放的前提。因此，我们需要重新思考工人的这种普遍性，而不只是在差异政治、身份政治中理解工人的问题。马克思认为，工人用劳动创造了整个现代社会，只是不占有生产资料，所以工人的劳动是一种异化劳动，也是一种被奴役的劳动。这种雇佣劳动是当下大多数劳动者的普遍形态，即使更多从事脑力劳动的白领也是如此。

具体到工人诗歌来说，最突出的主题就是写工人在工业流水线上的异化生活，写他们的疲惫、劳累和厌倦。还有一个主题也在诗歌中反复出现，就是工业生产中出现的工伤事故，机器总是张着"血盆大口"，随时随地可能吞噬工人的身体，这对工人来说是最恐怖的创伤记忆。这种脆弱的身体与冷漠的机器之间的强烈对比，表现了机器对身体的压榨和压迫。工人在工厂空间和工业生产中没有任何尊严，完全处在异化和物化的状态。这些正是现代主义艺术的核心命题，工人才是现代主义诗歌最合适的主人。换一个角度来说，工人题材的诗歌中所呈现的工人与机器、工人与劳动的主题，也是具有普遍性意义的命题，并没有过时。即使在信息时代，人与机器也是密切相关的，尤其是以智能手机、智能网络为代表，人已经被机器化。而关于工人与劳动的论述中所引发的劳动与资本的对抗，最终是人与资本的对抗。如果考虑到劳动又可以区分为脑力劳动和体力劳动，那么工业劳动与资本的关系也成为非工业劳动、非物质劳动与资本关系的隐喻。所以说，工人的议题确实不是只关于工人的，而是关于作为普遍意义的现代人、现代人类、现代文明的问题。在这个意义上，工人问题是工业时代的核心问题，人类的解放、现代文明的出路与工人的命运是紧密相连的。

（写于2015年3月，部分内容收入秦晓宇选编：《我的诗篇：当代工人诗典》，作家出版社2015年版；发表于《滇池》2017年第5期。）

后工业社会的基本形态与文化逻辑

2012年第65届戛纳电影节上有两部中国中央电视台制作的纪录片同时推出，一部是讲述中华悠久饮食文化的《舌尖上的中国》，一部是讲述近些年中国重大工业项目的《超级工程》，传统美食和工业化也是当下中国最重要的两副面孔，但两部纪录片的播映效果却大相径庭。《舌尖上的中国》迅速成为热点话题，不仅掀起人们对家乡美食、传统文化的重新认识，而且出口海外传播文化软实力，而《超级工程》却无人问津，没有引起任何反响，尽管《港珠澳大桥》《上海中心大厦》《北京地铁网络》等都代表着当下中国工程业的最高水平。继《超级工程》之后，2013年11月中央电视台再度推出呈现中国重装备制造业的纪录片《大国重器》，同样无法与2014年春季播出的《舌尖上的中国2》所引发的轰动效应相比。这两种纪录片的文化遭遇，正好反映了后工业社会的文化逻辑。在后工业的视野中，一方面认为工业是污染的、落后的、异化的空间，是已经被后工业所超越的时代，这就使得《超级工程》《大国重器》等工业故事很难被接受，另一方面去工业化的浪漫想象又推崇一种无污染、绿色、有机的文化田园，《舌尖上的中国》恰好营造了这样一种前现代的美丽乡愁。重新反思后工业社会的文化逻辑，可以更清晰地理解当下中国的社会结构和文化形态。

一 后工业社会的出现

二战后，西方发达国家进入经济高速发展时代，按照英国马克思主义历史学家霍布斯鲍姆在《极端的年代》中的描述，20世纪50年代到70年代是资本主义的"黄金时代"。在苏联等社会主义阵营的压力以及30年代经济大萧条的阴影下，以美欧为代表的发达国家普遍实行福利国家制度，中产阶级成为发达国家的社会主体。70年代随着电子技术、信息革命的萌芽，一批美国学者认为资本主义进入到一个新的历史阶段，如美国战略学家布热津斯基的《两个时代之间——美国在电子技术时代的任务》(1970年)、社会学家丹尼尔·贝尔的《后工业社会的来临——社会预测的一项探索》(1973年)和未来学家阿尔温·托夫勒的《第三次浪潮》(1980年)等作品，都认为未来将出现建立在电子技术、信息技术基础的后工业社会，这是一个比工业社会更高级、更进步、更文明的社会形态。

从工业社会向后工业社会转型有三个基本特点：一是蓝领工人消失，白领和中产阶级成为社会主体，也就是体力劳动被脑力劳动取代；二是专家和技术精英占据领导地位，资产阶级退出历史舞台；三是以工业为主导的第二产业在国家经济规模中的地位下降，以服务业为主的第三产业成为支柱产业，包括文化产业、旅游产业、金融产业、高新技术、绿色产业、有机农业等。正是因为产业结构的调整使得工业时代的社会结构发生了巨大变化，曾经在19世纪作为资本主义工业社会基础的工人和资本家都转变为中产阶级和高级管理精英。只是这种产业升级的秘密在于，发达国家向第三世界国家(主要是东亚地区)转移低端制造业。原有的劳动力密集型产业并没有消亡，先是五六十年代转移到日本，随后六七十年代转移到韩国、中国台湾、中国香港等亚洲"四小龙"地区，最后随着中国改革开放，这些工业制造业又悉数转移到大陆沿海地区。这种产业转移的后果就使得以美国为代表的发达国家迅速完成去工业化，而产业承接地则借此"千载难逢"之机完成工业化。

这种去工业化、去实体经济化的后工业社会也被称为消费主义社会、晚期资本主义社会，这种社会形态造成新的全球产业分工，使得西方发达国家既可以摆脱工业社会的环境压力及以阶级对抗为主的社会矛盾，又可以凭借着金融资本和军事实力享受来自第三世界的廉价工业产品。在这种光鲜亮丽的后工业社会里，中产阶级取代了19世纪资产阶级、无产阶级的二分法成为社会的主体，尤其是以消费者的身份成为大众文化景观中可见的主体，而随着产业转移而制造出来的以中国为代表的新型产业工人大军则成为全球化时代不可见的他者。那些基于西方消费社会的批判理论也由建立在以生产者／无产阶级为核心的经典马克思主义变成对消费社会、符号经济的批判，这种以消费者为中心的批评视野同样看不见全球化时代里的双重生产者，分别是产业转移到第三世界所制造出来的新劳动力大军和隐匿在第一世界内部的多由非法劳工组成的体力劳动者。这种全球产业的"乾坤大挪移"造成欧美发达国家的产业中空化和以中国为代表的发展中国家的工业化，与发达国家的中产阶级化相伴随的是如中国等新兴经济体的无产阶级化。

  这种后工业和工业化的双重结构在中国社会内部也被复制再生产。20世纪90年代中后期随着中国城市化加速以及新世纪以来的经济崛起，在中国沿海地区成为对外出口的世界加工厂的同时，中国都市尤其是大都市开始向后工业社会转型，消费社会及其消费主义的逻辑成为90年代以来大众文化的主旋律。与此同时，新中产的命名方式出现于新世纪之交，这既呼应着90年代以来市场化改革所催生的脱离体制的弄潮儿、民营企业家，又被想象为公民社会／民间社会／以美国为样板的后工业社会的主体与中坚。这种20世纪八九十年代以来持续的工业化与新世纪以来实体经济向虚拟经济转型的去工业化，就是农民工和新中产阶级在当下中国登场的历史缘由。如果说新中产阶级与农民工是中国改革开放尤其是90年代激进市场化、新世纪加入WTO以来新出现的社会群体，那么相比从事第三产业的新中产阶级被作为主流价值观及样板人生，从事第二产业的农民工则处在匿名、失声的状态。与后工业社会的文化再现逻辑相似，在中国的文化景观中，能够出场的依然是形形色色的消费者，农民工／生产者隐匿在消费主义景观背后。这种消费者／生产者的身份断裂，不仅使得从事工业劳动的生产者在消费空间中被屏蔽，正如城市建筑工地被绿色帷幔所包裹，更重要的是这些流连／留恋于购物广场的消费者自身作为生产者的身份也被遗忘了。

二 工人阶级的衰落与工业废墟的故事

如果说新中产阶级与新工人在中国社会的登场是去工业化和再工业化两种并行不悖的历史转型的产物，那么这种去工业化和再工业化的前提是中国社会主义计划经济体制的瓦解及其曾经作为社会主体的工人阶级的消逝。就在新工人作为廉价劳动力进城、新中产阶级游荡在都市购物广场的消费空间之时，中国社会从20世纪80年代末期持续到新世纪之初经历着国有企业破产重组和体制内工人大面积下岗的历史进程。这种工人阶级的衰落以及阶级政治在"后冷战"时代的失效，成为新中产阶级、新工人等市场经济条件下的雇佣劳动者得以浮现的历史条件。对于国有企业的改革（从国营到国有的命名变更本身是一种所有权从"人民"到"国家"的转移），和80年代以来反思计划经济、单位制、大锅饭、铁饭碗、低效率等社会主义计划经济体制有着密切关系。

与20世纪80年代采取增加企业自主权等放权让利的内部改革不同，90年代为了缓解80年代引进外资带来的通货膨胀，国家采取了抓大放小的"甩包袱"的做法，只保留资产优良的大国企，主要充当就业功能的中小国企则被大量变卖。在20世纪90年代的社会表述中，以工人阶级带头分享国家的艰难以及下岗职工创业成功的故事来缓解几千万工人下岗所造成的社会冲击波，其社会代价在于曾经作为社会中坚和城市准中产阶级的工人群体沦为社会底层和边缘人群。正如新世纪之初主旋律话剧《父亲》（后拍摄为同名电影）讲述作为工人劳模的父亲一开始对子女离开工厂不理解，最终欣喜地看到下岗子女再就业成功的故事，其子女就业的方式多是成为自食其力的、与进城农民工一样的底层打工者。

与工人下岗、消亡相伴随的则是昔日的厂区变成空荡荡的废墟、遗迹或者"变废为宝"为文化创意工厂。正如中国经历了90年代国有企业的破产重组，城市中遗留下来的厂区要么被拆除变身为房地产，要么成为文化产业园，如北京的798（前身是50年代东德援建中国的军工项目718军工厂）以及南京秦淮河畔的"晨光1865"（前身是清朝末年李鸿章于1865年创建的金陵机器制造局），从事非物质生产的先锋艺术家们成为"工厂"的新主人。这些曾经作为工业、现代化表征的工厂建筑变成了后工业社会需要被淘汰的污染源，布满广告牌的购物广场、步行街成为去工业化的主要都市景观，一种文化创意经济的生产取代了大工业时代的生产。在这里，以消费主义为核心的后工业社会与其说不需要生产，不如说用后工业的生产（如文化生产）取代了工业化大生产。

新世纪以来，中国也出现了一种典型的后工业故事，就是对于工业时代的哀伤叙述。如《铁西区》(2003年)、《钢的琴》(2011年)等影像作品讲述工厂空间的消逝以及工人阶级消亡的故事，在人们通过影像记录、回望那段东北老工业基地剧烈转型的历史之时，也不自觉地认同于这种工人阶级必然逝去的挽歌。在电视剧《大工匠》(2007年)中把50年代到70年代描述为工业版的"激情燃烧的岁月"，这虽然是一群能工巧匠感天动地的故事，但毕竟是已经过去的历史。老工人被赶出"生老病死有依靠"的社会主义单位制的时代，正是新一代产业工人如洪流般涌现进现代资本主义工厂的时刻。而2011年广受好评的影片《钢的琴》则讲述了20世纪90年代初期东北老工业基地工人下岗之后的悲喜剧，剧中的华彩段落是陈桂林重新把昔日的工友聚集在废弃的厂房中造一架钢琴，这种重新回到废弃的工厂、使工厂暂时"复工"的行为本身是一种对工厂废墟化的微弱拒绝和反抗。

当人们带着不无惋惜的心情感慨工人阶级消失的时候或者是面对废墟而产生的浪漫主义式的怀古之幽情，恰恰忽视或遮蔽了当下中国2.6亿新工人正是工业生产线上的产业工人的基本事实，工人在全球产业转移以及中国社会内部的去工业化过程中从来就没有消失过，这也正是废墟化的工厂所无法看到的新工人的故事。阶级政治的失败不仅导致社会主义体制内部工人阶级的瓦解，更严重的后果是对于体制外的新工人来说始终无法获得工人阶级的命名。这些都让后工业时代的消费者误以为工业生产真的成为历史、工人真的退出了历史舞台，这不过是后工业社会的自我幻想。这种以消费为核心价值观遮蔽了生产者的世界，生产者并没有消失，只是转移到别处了。更为荒诞的是，这种对于生产者身份的剥夺，使得后工业空间的消费者自身作为非物质生产者的身份也被遗忘了，直到他们真的无力消费之时，才意识到自己作为知识生产劳工的"底层"位置。

三 "工业"的污名化

相比消费主义作为后工业社会的主流文化以及消费者占据文化舞台的中心，毛泽东时代的文化则是一种典型的工业文化、生产文化，一种与工业化大生产相匹配的文化。在这个意义上，集体主义、组织化本身与工业化大生产是密不可分的意识形态。正如雷锋作为毛泽东时代最重要的文化偶像，雷锋精神之一就是甘心做一枚螺丝钉。这种螺丝钉的想象本身建立在把社会看成是一架自动化的机器，每个人就是这架偌大的社会机器运行之中的螺丝钉。这种个人与社会的比喻是现代社会、机械时代的典型想象，一方面可以引申出个人是社会机器中无差别的、永不停歇的零件，另一方面每一个螺丝钉又是不可或缺的部件。从这里也可以看出20世纪50年代到70年代充满了对现代社会、工业时代的浪漫化想象。下面以一篇新闻报道为例来呈现工业文化为何在后工业时代变成了人人厌恶的"污染源"，这种对工业的污名化本身支撑着后工业文化的幻想。

2013年12月18日晚间，中央电视台财经频道《经济半小时》播出了一篇记者调查报道《"迷雾"里的江苏申特钢铁》，讲述的是江苏省溧阳市申特钢铁厂环评不达标，可当地政府却不把钢铁厂搬走，反而是动员钢铁厂附近的村庄搬迁，村民被迫歇耕，生计没有保障。十年来，村民多次上访反映特钢厂的污染问题，但始终没有得到主管部门的正面回应。记者经过"亲自"测量发现钢铁厂距离村庄太近，完全达不到国家规定的标准，记者跟随村民来

主体魅影

到当地环保部门"暗访",环保部门来回推诿。最后主持人得出如下结论:"一个地方的雾霾严重,表面上看是污染造成的,但更深层次的原因,是当地的环境执法不公开、不透明、不得力,环境执法的'雾霾'才是导致空气雾霾的最主要原因。……十八大以来党中央更是提出各级党政部门要积极回应群众诉求,要走群众路线,要破除官僚主义、形式主义的"四风"问题。为什么本应公之于众的信息在溧阳成了机密?为什么面对群众的呼声溧阳环保部门不理睬不回应?我们在这里呼吁,溧阳市政府部门要切实抓好四风建设,落实十八届三中全会的相关精神,用实际行动去化解群众质疑,重建群众信任,这本也是党的群众路线教育实践活动提出的基本要求。对江苏申特钢铁涉及的污染问题,央视财经《经济半小时》也将持续跟进报道。"

这篇指责地方环保部门监管不力的报道并没有特别之处,关注的是近一两年来日益严重的"雾霾"问题,这种国家、上级媒体来监督地方政府和企业也是中央电视台的"特权",而且央视媒体非常熟练地把一个老生常谈的、"政治正确"的环保问题与新一届领导人上台后推行的反"四风"运动和群众路线教育实践活动结合起来,可谓"与时俱进"。看完这篇报道,我的疑问有两个:一是这篇报道虽然主要批评地方管理部门不作为,但从头到尾申特钢铁厂都是罪魁祸首,为何冒着大烟囱的现代工厂会成为人人喊打的过街老鼠,仿佛钢铁厂主要生产的不是钢铁而是污染;第二,记者非常"在意"饱受污染之苦的附近村民的感受,也愿意站在他们的角度代替他们问责地方环保部门和申特钢铁厂,可是就如同始终在工厂外面采访的摄影机一样,人们并不关心在钢铁厂工作的工人是否更要遭受污染之害,换句话说,从事农业生产的农民比工厂工人拥有更大话语权,作为现代发明的摄影机为何会偏袒比工业更为落后的"农民"的利益呢?其实,这两个问题是一个问题,就是在这篇报道中钢铁厂、工业、工人为何是匿名的、不可言说的、压抑的他者?什么样的力量或意识形态主导这种新闻报道的叙事?

新闻记者、摄影机与其说站在农业、农民的立场上说话,不如说他们拥有后工业社会的"尚方宝剑"。也是在后工业社会的位置上,工业尤其是重工业才会变成污染源；也是在后工业社会的"描述"中，工人阶级作为工业时代的产物是已经消失的群体；进而，借助后工业的"进步"视野，农业、农村这一"前"现代的田园又散发出"后"现代的光晕。在这篇报道中有一个小细节是，钢铁厂附近的很多村庄都已经被搬迁了，反而距离钢铁厂更近的、污染更严重的沙涨村保存完好，原因是江苏省文化厅、常州市文化局认为沙涨村年代久远，是七八百年的古村，还有一个老祖宗的古墓是省级保护文物，在这种背景下，人员暂搬迁，村庄和住宅暂不拆除，对村中的文物予以保护，画外音说"沙涨村这个古老的村落暂时保全了下来"。这种后现代的光晕就是古村落的文化价值，而文化产业、文化旅游业正是后工业社会受到大力扶持的绿色产业之一。在这里，没有污染的文化产业与钢铁工业是后工业时代与工业时代的象征。

四 后工业社会的文化田园

这两三年，《舌尖上的中国》成为最知名的电视纪录片品牌。这部纪录片有意规避更为讲究、更有文化底蕴的宫廷菜、私家菜和饕餮盛筵，反而不惜跋山涉水寻找穷乡僻壤的野味，或走街串巷访求市井乡里的味道。正是这最稀松平常的农家饭、家常菜、家乡味，成为现代都市的"异乡客"们念兹在兹、终难释怀的味觉乡愁。那些在少数民族聚集区（相比汉族中心的异域风光）、乡野之间存在的"乡村盛宴"，以及特定的民间习俗、传统节日（如春节、端午节、重阳节）与饮食之间的"心心相惜"都成为不可或缺的"食材"，即使已经消逝、变成民俗旅游项目的高跷浅海捕鱼等也是不可或缺的菜肴。在这里，自然、老传统、手工艺、老味道都成为酿制"乡愁"之酒的酵母菌和酒曲。这种舌尖上的味道，不只是一种食物本身所传递的酸甜苦辣，更有食物的种植者、采摘者以及烹饪者所付出的劳作与智慧，这种从食物到人物的转换，就是舌尖上的秘密所在。在这幕香甜浓郁、咸淡适宜的美食舞台中，占据主角的是掌握特殊技艺的手艺人、从事特殊职业的苦力人以及千千万万普普通通的劳动者。

相比已然高度工业化、高度依赖于现代物流经济的食品产业，《舌尖上的中国》确实反其道而为之，在呈现延续祖先的经验、领略大自然的味道中，带出了一幅自给自足的前现代农业生活的美丽图景。第一季第七集《我们的田野》中讲述了"屋顶上的菜园"的故事。住在胡同里的老北京人张贵春在自家屋顶上精心培育了一个"自己的"菜园。镜头从萧瑟的北京春天拍起，到了夏天，屋顶菜园已是一番"花鸟虫鱼"的丰收景象，立秋时节，邻居们聚在"空中菜园"中一起包饺子，饺子馅就是菜园中收获的大角瓜，真是"采菊东篱下，悠然见南山"。这种自己种自己吃的"幸福感"还不够，相比一般的都市人，张贵春不仅可以吃到"最放心的"、最健康的绿色有机水果和蔬菜，更重要的是可以和邻里之间"短暂地"体验了一把熟人的、亲情的、带有些许集体感的生活状态，这在个人主义的、原子化的、陌生人的都市丛林中是多么珍贵的温馨体验。张贵春的这种个人创造性地"复现"现代人的"菜园"，既是一种乌托邦式的"海市蜃楼"，又是一次对于前现代农耕文明的"戏仿"。这些足以勾起胃酸的视觉画面，也恰好宣告了这种自给自足的"农夫"生活的死亡或灭绝。

与城里人从菜市场、超市购买食材，或直接到饭店就餐不同，《舌尖上的中国》把这种现代社会中生产者与消费者普遍分离的状态重新弥合起来，生动再现了生产者也是消费者的"自然和谐"的状态。如第二季第一集《脚步》一开始，藏族小伙冒着生命危险爬到几十米高的大树上采蜂蜜，只是为了给一家人带来甜蜜的美味；老爷爷等待八个月到深山中采摘香菇，并非要卖出高价钱，只是为了自己独享山中的鲜味。也就是说，亲自付出劳动的人们，也是享受劳动果实的人，这是一种原始的朴实的生存之道。在第二季中还能看到陕西黄土高原用传统技艺制作挂面的老爷爷（节目播出后不久去世），以及徽州农村完全依靠人力来榨菜籽油的磨油坊，甚或是乡民用出售油菜籽来兑换菜籽油的以物易物的前现代交换方式。《舌尖上的中国》宁愿拍摄最后的古老的职业麦客，也不会拍摄机械化收割机这种效率更高的劳作，这种对于前现代劳作的迷恋从褪去工装暂时换上农衣的苗家妹故事中也能看到。

在第二季第一集《脚步》中也有一段感人的情节，是农忙时节从千里之外赶回贵州老家收割稻米的打工夫妻，母亲一到家就换上苗族服装，马上到田间劳作，为留守儿童精心制作苗族美味：糯米稻花鱼和雷山鱼酱。一瞬间，在中国东南沿海地区从事工业生产的打工妹，就变身为中国中西部地区从事农业劳动的村妇。这种跨越千里所完成的"工""农"身份的转换，不仅带出了这20年来中国成为世界制造业加工厂的历史，而且展现了农民工所具有的双重身份。摄影机不会跟随苗家夫妇返回广州的制造业加工厂，去拍摄另外一种工厂里的工业化的劳动。同样作为劳动、同样需要付出汗水，为何我们会"念"此失彼呢？这显然与工业化、机械化生产所带来的负面想象有关。相比高度严格、纪律性的集体化、标准化、异化的工业劳动，个体化、按照自然时节自我劳作的农业生产似乎具有更多的美学诱惑。不过，这种审美化的农业生产以及乡间劳作，恰好是后工业社会的文化逻辑。

从20世纪90年代开始中国大城市也效仿二战后发达国家的发展路线，开始了去工业化的进程，时下的中国城市已经变成没有工业化的后工业"田园"，只是不断侵袭的雾霾时刻提醒着后工业社会的人们，工业生产并没有远去。这种对于前现代农业生活的浪漫化想象自现代社会诞生以来就成为批判工业化、机械化的利器，也正是在这种浪漫主义的批判语言中，愚昧、落后的乡土社会才能重新焕发出"生机"。只是这种后现代社会的前现代怀想，并不能真正使我们摆脱工业社会的深刻影响，因为苗家夫妇终将返回工业化的工厂，这种对于家乡味道的记忆就像苗族留守女孩眼中的泪水，固然动情、可怜，却终将无法也无力留住父母背井离乡的脚步。面对这样一个已然现代化、后工业化的时代，我们在向往前现代的、已经逝去的农业文明的同时，也应该多看一眼与当下生活更加密切的工业化生产及其依然从事这种生产的人们，这也是苗家妹故事的另一面。

如果说后工业社会是发达国家的某种真切的现实体验，那么对于中国来说，这种后工业式的文化表述则充当着一种文化雾霾和屏障的功能，使得中国再工业化的历史变得不可见、不可感知，就连承接全球制造业的新工人也变成了后工业社会的隐身人。也许只有拨开后工业时代的雾霾，我们才能看到一个更加真实的中国和世界。

（写于 2014 年 7 月，发表于《艺术广角》，2014 年第 6 期。）

后 记

于我而言，这本书有着特殊的意义。

这是一本带有阶段性总结的书，收入的是我从学生到工作以来所完成的比较有代表性的论文。这些论文反映了我的三个学术背景：一是影视文化研究，二是文化理论研究，三是大众文化研究。这些年，我基本的研究方法是文化研究。文化研究坚持文化唯物主义的视野，把文本内部的分析与社会政治的背景结合起来，一方面把社会、政治文本化，另一方面又打开文本的政治维度。

第一编"主体位置"涉及晚清画报里的中国人、鲁迅"幻灯片事件"中所呈现的看客、被砍头者和作为启蒙者的"我"以及中国电影中工农主体的沉浮等问题，这些不同的主体位置反映了中国人在20世纪的两大主旋律"启蒙"与"革命"中的复杂状态；第二编"理论反思"主要涉及对经典马克思主义理论、索绪尔语言学、阿尔都塞的理论实践等研究，这些文章写作于2002年至2004年读硕士期间，是研习文艺理论的开始，也反映了语言学转型之后的马克思主义理论是我从事学术研究的底色；第三编"他者再现"是研究弱势群体在大众文化中的再现问题，对中国来说，20世纪90年代以来大众文化成为支配性的文艺形态，也履行着主流意识形态的说服功能，把曾经是历史和革命主体的工农兵放逐到社会的边缘位置，这本身是社会政治经济结构调整的产物。

这本书对我来说还预示着一种学术思路上的调整和转折。尽管这些年在大众媒体上发表了不少文章，但我更想从对当下纷乱扎眼的文化现象转向对历史问题的清理。目前，我有三个研究计划。一是从大众媒介的角度研究20世纪50年代到70年代中国的冷战文化与群众文艺。以民族志和口述史的方式，考察50到70年代电影作为一种群众文化的实践方式。现有的研究更多地聚焦在文化、艺术领域与上层路线斗争之间的关系，缺少一种以人民为主体的文化实践的维度，这涉及三个小的层次：第一，以从中央到地方的各级电影放映机构为基础，形成了覆盖全体人民的电影文化，也形成了各种以城市工人俱乐部、学校、企业、农村人民公社为基层单位的影迷组织以及群众影评，这是一种非常特殊的电影群众文化；第二，社会主义"听觉文化"，主要是广播、广播剧在农村、基层组织的传播，不仅是政治宣传的有效组成部分，也是一种文化共享的机制，其中电影广播剧是一种特别流行的电影形态，这对反思广播这一20世纪最为重要的大众媒体在特定历史时期的功能有重要意义；第三，群众表演"样板戏"运动，"样板戏"不只是一种舞台或电影"样板"，也是"文革"期间各基层单位群众文艺活动表演和扮演的核心文本，通过扮演"样板戏"，不仅使得歌剧、舞剧、戏曲等专业化的演出形式实现了最大限度的大众化，而且群众在扮演过程中完成对革命主体的塑造和自我主体的生成，这需要个案研究和详尽的田野调查为基础。

二是借助媒介物质主义的视野分析20世纪80年代大众文化在中国的兴起。近些年对80年代文学、电影领域的研究成为热点，但更多的研究集中在对精英文化、精英文本的阐释上，我想从流行文化、大众文化的角度来理解80年代文化。借助50年代到70年代全覆盖的广电播映系统，使得80年代进入中国的日本、美国、中国港台地区的流行文化迅速风靡大江南北，这些昔日冷战对立的流行文化对建构改革开放的价值观有着特殊的、"润物细无声"的作用。与此同时，中国本土的大众文化也开始萌芽、发展，这体现在内地与香港合拍的武侠片、流行歌曲、电视剧、摇滚乐、王朔小说等日益瓦解体制内的革命文艺。在技术层面上，电视机（电视剧、广告等形态）的普及、个人录音机

后 记

的流行,从视觉和听觉的双重维度刷新了80年代的感官经验,进而形成一种新的文化记忆。这既关系到电视、录音机等技术、产业发展的维度(是延续"文革"后期国产电视工业,还是引进海外先进生产线),又关系到如何把日本、美国等国的电视剧、流行音乐转化为符合中国大陆观众口味的问题。这些本土流行文化带有诸多的中国"特色",如八九十年代之交王朔及其参与制作的影视剧作品就带有革命文艺和流行文化的双重特征,一直到20世纪90年代、新世纪以来的姜文、冯小刚的电影都受此影响。

三是研究20世纪60年代到70年代的好莱坞电影与美国社会的关系。2015年至2016年,我有幸获得国家留学基金艺术类人才培养特别项目支持,在美国加利福尼亚州大学圣地亚哥分校文学系从事访问研究工作。通过在美国高等学校的学习和生活,我感受到之前学的很多西方文化理论实际上是与美国社会直接相关的,是一种基于美国本土的社会和历史提升出来的理论表述。美国电影工业很发达,好莱坞电影在中国和全世界尤其流行,我体认到好莱坞电影是一种高度美国化的电影,是与美国人的生活、社会和价值观密切相关的电影,比如西部片、科幻片等都与美国自身的历史和后工业社会的境况有关。90年代好莱坞电影重新进入中国,这种大片式的美国电影也为产业化改革之后的中国电影提供了样板,但其实大片对于美国电影来说也是20世纪70年代才出现的一种新形态。60年代和70年代的好莱坞电影有着更加丰富的层次,也是美国电影史中一段难得的自我反思、自我批判的时期,这与60年代的反文化运动有着密切关系。通过对六七十年代新好莱坞电影的考察,可以更加清晰地看出冷战压力背景下美国当代文化的转型。

这本《主体魅影:中国大众文化研究》与之前出版的《历史魅影:中国电影文化研究》《文化魅影:中国电视剧文化研究》形成了一种呼应关系,也是"魅影三部曲"的最后一部。在这个意义上,这本书既是对过去的总结,也预示着一种生命和学术状态的调整。最后,感谢中国艺术研究院设立青年学术文库的出版规划,并感谢李心峰、祝东力、方李莉、李荣启、陈剑澜等答辩委员们所提出的修改意见,感谢中国艺术研究院电影艺术研究所所长丁亚平的支持。同时，一路走来，也离不开家人和朋友们的关怀！

期待能有新的开始！

2016 年 12 月 1 日于北京百望山